FUI SUICIDA

Elza Ferreira

Por el Espíritu

Francisco

Traducción al Español:

J.Thomas Saldias, MSc.

Lima, Perú, Octubre 2024

Título Original en Portugués:

"Fui Suicida"

Traducido al Español de la 2da. Edición portuguesa.

World Spiritist Institute

Houston, Texas, USA

E – mail: contact@worldspiritistinstitute.org.pe

Del Traductor

Jesus Thomas Saldias, MSc., nació en Trujillo, Perú.

Desde los años 80's conoció la doctrina espírita gracias a su estadía en Brasil donde tuvo oportunidad de interactuar a través de médiums con el Dr. Napoleón Rodriguez Laureano, quien se convirtió en su mentor y guía espiritual.

Posteriormente se mudó al Estado de Texas, en los Estados Unidos y se graduó en la carrera de Zootecnia en la Universidad de Texas A&M. Obtuvo también su Maestría en Ciencias de Fauna Silvestre siguiendo sus estudios de Doctorado en la misma universidad.

Terminada su carrera académica, estableció la empresa *Global Specialized Consultants LLC* a través de la cual promovió el Uso Sostenible de Recursos Naturales a través de Latino América y luego fue partícipe de la formación del **World Spiritist Institute**, registrado en el Estado de Texas como una ONG sin fines de lucro con la finalidad de promover la divulgación de la doctrina espírita.

Actualmente se encuentra trabajando desde Perú en la traducción de libros de varios médiums y espíritus del portugués al español, habiendo traducido más de 350 títulos, así como conduciendo el programa "La Hora de los Espíritus."

ÍNDICE

A mi amiga Úrsula, mi abrazo cariñoso

Que este libro pueda ser una luz al final de túnel, para los que de él necesitan, siendo Jesús un guía seguro.

Para ti, querido(a) amigo(a) mi abrazo cariñoso.

Elza Ferreira

PREFACIO

TRAYECTORIA EN LA DOCTRINA ESPIRITISTA

Elza Ferreira, nacida en cuna católica, llegó a abrazar la Doctrina Espírita definitivamente en 1985. Por el dolor llegó al Grupo de Edificación Espírita con mediumnidad ya despertada; sin embargo la falta de esclarecimiento hacía que ella no aceptase el bendito postulado mediúmnico.

Hubo muchas luchas, pero terminó entendiendo que preferiría entregarse a Jesús y trabajar a favor de sus hermanos que estaban más necesitados que ella.

Abrazó entonces su don mediúmnico, ya sin rebelarse. Las orientaciones de Casa espírita que la acogió no le faltaron en ningún momento. Francisco, su amigo espiritual, le ha dado suficiente apoyo para irse estableciendo cada día más.

Felicitamos a nuestra amiga por la valentía de exponer su trayectoria espiritual, para que pueda servir de ejemplo, principalmente, para aquellos que tienen ideas suicidas.

Que ella sea bendecida para seguir ayudando al prójimo en nombre de Jesús, en el anonimato que nos guía esta Doctrina de amor.

Elza Ferreira

Que el libro "Fui Suicida" se pueda difundir y llevar consuelo a quienes lo necesitan.

Un fuerte abrazo para Elza Ferreira.

Mércia Aguiar[1]

[1] Mércia Aguiar es presidenta fundadora del Grupo de Edificación Espírita y autora de las obras *"Proyecto Dos Corazones, Proyectando Luz en el Hogar y Amor en la Revolución Francesa."*

PRESENTACIÓN

Esta narración poco común de la vida de la autora en varia encarnaciones en la Tierra y en algunas regiones de la Espiritualidad, notoriamente en aquellas en las que el remordimiento y el arrepentimiento conducen a sufrimientos sin nombre, sin límites de tiempo y de espacio. Al escribirlo no buscó el excelente dominio de la técnica literaria, sino un coraje inusual y un aura de esperanza - que surge de la persistencia en ejercicios mediúmnicos, que pretende entender su destino, sus desacuerdos, sus dolores físicos y morales - se mostró por entero, en su verdad, en su generosa intención de evitar que tantos seres humanos entren en el camino del suicidio.

Algo prodigioso de Elza Ferreira es el mérito de establecer firmemente una fe absoluta en la reencarnación, en el libre albedrío, en la ley de causa y efecto, principios básicos de la Doctrina Espírita . El siguiente relato, a cada paso, desafía a los lectores que son llamados al análisis y comprensión de las experiencias de la autora. En términos simples, la historia no es un lugar común, tal es la intensidad con la que muestra mundos diferentes uniéndose, existencias que se interpenetran, almas culpables que se encuentran, al amor resumiendo en todos ellos, como un hilo de luz a conducir al equilibrio y la felicidad que todos alcanzaremos algún día.

La primera parte del libro, *Fui Suicida,* muestra el aporte inequívoco de Francisco, espíritu amigo del autor, que se mueve entre el cariño y la sublimidad, el amor y el deber, no solo en los amargos sufrimientos, sino también en la preparación para las reencarnaciones.

La segunda parte, titulada *Encarnada*, muestra el día a día de una vida en la que las marcas de varios suicidios cometidos provocaron sufrimiento, insuficiencia, hasta el momento en que el reencuentro con los espíritus amigos, en la obra de la Doctrina Espírita, revela la otra cara de la moneda: el daño causado al periespíritu, reflejado en el cuerpo enfermizo.

Después de descubrir las causas de sus dolencias, las actitudes de la autora cambiaron, llevándola a evitar, en esta encarnación, la equivocada salida de los problemas mediante el suicidio y construir una vida de trabajo en Siembra del Bien.

Estoy convencida que la lectura de esta narración contribuirá en gran medida a evitar el suicidio al mostrar el terrible camino de sufrimiento que conlleva y que tan bien supo mostrar Elza, en la sencillez de su generosidad y deseo de ayudar a los demás.

Lívia María G Monteiro.

TESTIGO

Testigo...

"Persona llamada a asistir a ciertos actos auténticos o solemnes. Persona que vio u oyó algo, o que es llamada a declarar sobre lo que vio u oyó."

Nuevo Diccionario Aurélio.

Testigo...

He aquí la palabra símbolo de este libro.

Un relato que se ajuste a la definición lingüística, respetando la veracidad de la persona asistida al mismo tiempo que se presenta siendo parte. Todo acto de valentía es admirable.

Es así que se puede llamar esta obra: un acto de valentía. En contrapartida, para mostrar valentía es necesario tener fe. Principalmente en aquello que se hace, porque creer en ti mismo aprovecha los recursos necesarios para cualquier realización.

De manera coloquial y alegre, en la fidelidad a sus características, la autora lleva al lector a través del vaivén del tiempo con sus experiencias, las complejidades del cumplimiento de la Ley a la cual estamos inexorablemente subordinados.

Centralizando el relato en la temática del suicidio y, más aun, colocándose como ejemplo concreto, Elza abre el campo a las reflexiones, identificaciones, valoraciones del sufrimiento y causas para el mismo. Independientemente de si creer o no en el contexto espiritual, ampliamente abordado, esta lectura brinda apoyo para concluir que la vida requiere valentía sostenida por la fe. Una comprobación de nuestra esencia divina.

En muchos pasajes el escrito suena como una ferviente oración de agradecimiento por las oportunidades recibidas. La búsqueda de clarificación indica, sin rodeos, la posibilidad de aprender a servir como escala evolutiva.

Incluso hablando de un tema tan triste como el suicidio, este trabajo logra mostrar la viabilidad de superarlo, eligiendo la vida y no la muerte. Páginas llenas de esperanza, amor y fe. ¡Una tríada que produce caridad!

Cruza este puente con Elza.

¡Vale la pena!

Marisa Peñas

Dedico este libro a

Lázaro

Y los hijos: Wilton

Wânia

Wilder.

INTRODUCCIÓN

No tenía intención de escribir otro libro autobiográfico en esta vida, pero cuando noté detalles, minucias que podrían ayudar a alguien, algo que confirmase concretamente mis vidas pasadas, la reencarnación, después de todo lo que he pasado, si no lo hiciese sentiría remordimiento y, como mínimo, desagradecimiento hacia la espiritualidad, hacia Jesús, nuestro Maestro, y Dios, nuestro Padre, por lo mucho que hicieron por mí, especialmente la ayuda para no dejar esta esta existencia, mediante suicidio directo o indirecto.

Presiento que van a ser momentos difíciles, que tal vez no me guste recordar. Pero, ante quienes bordeaban los caminos oscuros de la vida, estancados en el desequilibrio, en la amargura y en la tristeza, no entendí mejor manera de ayudarlos que colocándome como una hermana que un día cayó bajo las amarguras de la vida cayendo en el fango de las tribulaciones que parecían no tener fin. Solo quien sufre, ha sufrido o tiene una sensibilidad agudizada para ponerse junto a los hermanos que yacen en las sombras de la desesperanza.

Luego caí, no pude soportar las presiones de la vida y cometí la locura de suicidarme en mis últimas tres existencias.

Mi intuición me ayudará a escribir y mi amigo Francisco siempre estará a mi lado, guiando mis recuerdos, como una brújula segura, porque como él está en el plano espiritual, su visión es clara guiándome en los recuerdos de otras existencias. Encontramos en el mentor Alexandre la guía segura para orientar nuestra vida en el plano espiritual. No es mi mentor, pero como ser superior respondió al pedido de una gran amiga, la Madre Consuelo, de quien es mentor y a quien ha acompañado durante varias encarnaciones. Solo tengo que agradecerles a ambos el permiso que me dieron para la claridad de estos escritos. Alexandre nos guio a mí y a Francisco, y fue a través de sus manos que llegué a este mundo. Él hizo por nosotros lo que solo un gran espíritu podría hacer.

Ya encarnada tuve la inmensa alegría de recibir un mensaje suyo que constituye una prueba más de todo lo que transcribo en este libro. Francisco será el encargado de ayudarme a recordar poco a poco todo mi recorrido en el plano espiritual, ya que sola no podría realizar esta regresión. Estas pruebas son para mí de capital importancia, pues aclaran y demuestran que, a pesar de nuestros errores, Francisco, Alfredo y yo, vamos avanzando hacia nuestro mayor logro: la búsqueda de la paz interior. Seremos Francisco y yo dos amigos intercambiando ideas, con el objetivo de ayudar a los demás, a nuestros hermanos en Cristo.

No pretendemos ni escribiremos nada que pueda ofender la dignidad de nadie, perdería su valor si esto sucediera, ya que los mayores deudores somos nosotros mismos, por lo que intentaremos ser lo más dignos de confianza posible, tanto en lo que respecta a mi estancia en el plano espiritual y en la existencia presente como reencarnada.

Durante mucho tiempo, antes que me dieran la oportunidad de escribir, me horrorizaron hechos que descubrí por casualidad, aunque sé que la casualidad no existe, en dos cuadernos escritos cuando tenía entre 17 y 20 años, en mi adolescencia. Logré llenar varios cuadernos, escribí porque sentía algo extraño en el mundo, no podía hacerme entender, mi lenguaje no hablaba de novios, bailes o fiestas, sino que hablaba de mi amor a Cristo, mi búsqueda de la esencia de la vida, la depresión y la huida del suicidio, la desesperación en la búsqueda de un lugar al sol, con alguien que me entendiera.

Encontré la paz deseada cuando entré a iglesias vacías, cuando me conecté directamente con Jesús y María. ¿Cómo puedo explicar estos deseos si ni siquiera yo mismo puedo encontrar una explicación? Empecé a hacer del cuaderno mi confidente, y las palabras allí escritas, mi único y mayor tesoro. Sin saberlo estaba escribiendo el libro de mi vida, porque allí quedan grabadas las premoniciones de los acontecimientos de mi existencia, guardando recuerdos del mundo espiritual a través de mis indagaciones. De los tantos escritos arrojados al viento, los principales se salvaron, para ser ahora prueba concreta de lo que escribo, fueron los únicos supervivientes que pasaron por el tiempo conmigo.

Durante cuarenta años los leí con los ojos de la tierra, sin ver en ellos ningún significado, ninguna preciosidad que algún día pudiera ayudarme a responder a mis insistentes preguntas sobre por qué vivía. Letras infantiles, diario de una joven que se busca a sí misma, sueños fantásticos de adolescente, con mucha fe en Jesús y María, sin encontrar nunca la paz. Solo cuarenta años después me dieron permiso para leerlos con los ojos de mi alma.

En realidad, nunca intenté suicidarme, pero lo consideraba algo muy querido y deseado. Mi mente era suicida. Solo la verdad podría liberarme de este atroz sufrimiento. Busqué respuestas en otros lados y estaban cerca de mí, pero mi despertar solo pudo darse en el momento justo de mi crecimiento personal e intransferible. Hasta entonces no tenía la madurez necesaria para comprender todo el arsenal de información que estaba a mi alcance, aun no estaba preparada para comprender lo importante que es la vida es significativa guiados por la cosecha que hacemos de la paja o del trigo. Jesús dijo: "*Conoceréis la verdad y la verdad os hará libres.*"

Como no sabía cómo posicionarme en esta existencia, afrontar los complejos problemas de la vida, pensé erróneamente en tomar un autobús, salir sin rumbo, dejar atrás a mis hijos y a mi marido e irme a un lugar donde nadie me conocía y, a través del suicidio, que mi alma descanse. Quería el descanso eterno. Ella era amiga de la muerte, nunca me asustó. Pero algo más fuerte que mis ganas de irme me decía que no podía cometer semejante locura.

No sabía lo que me esperaba después si lo hubiera cometido. Abrí mis caminos marcados por el dolor, el renunciamiento y la locura, sintiéndome sola y abandonada, porque aunque hacia mí se extendían manos amorosas, no tenía la capacidad de percibirlas. No está escrito que sentí el amor de la gente por mí, lo que me animó siempre fueron los libros de los grandes maestros, las vidas de los grandes misioneros, los filósofos, los que entendieron el dolor del mundo. Calmaron mi corazón, mostrando que en algún lugar había personas que entendían el sufrimiento humano.

Quizás sea difícil plasmar en papel mis sentimientos sobre todas las experiencias que he pasado, no sé si será un libro intelectual como dicen las personas alfabetizadas, solo sé que será lo más real posible: Espero traerles el tiempo que pasé en el mundo espiritual, que encaje exactamente con mi vida actual como encarnada, y tal vez pueda hacer que alguien ame la vida con menos sufrimiento que el que yo pasé. Francisco y yo no pretendemos convencer a nadie de la reencarnación, que ya hemos estado juntos en otras vidas, solo queremos ayudar a las personas que sufren, que piensan en el suicidio por depresión, tristeza por sentirse coaccionados por la vida, ya sea por una enfermedad no diagnosticada, quienes la padecen entran en sintonía con espíritus ignorantes y sufrientes, llevando al ser humano a un proceso obsesivo. Queremos consolar a quienes se encuentran desheredados de la vida, por no creer en Dios, Jesús, ya sea un ama de casa, un estudiante que estudia duro para el examen de ingreso, la prostituta que desconoce los placeres de la vida, el paciente de SIDA, el hombre de negocios que se encuentra luchando con una política voluble, el joven drogadicto, hasta al alcohólico, al grupo familiar que lucha en discordia, a todo aquel que se cree sin esperanza, sin fe.

Este es nuestro objetivo, adentrarnos, si es posible, en lo más profundo de cada uno que pone sus ojos en estos escritos, recorriendo con los pies descalzos los caminos del Pescador de Galilea para que pueda repensar su vida y venir a unirse a nosotros, que a pesar de tener caídos, desgarrados en los callejones de vidas pasadas, encontramos en Cristo nuestro refugio seguro y en la Doctrina de los Espíritus el ancla de nuestras vidas. Optimismo y nuevo comienzo fue nuestro lema. Creo que este libro será leído y disfrutado por quienes buscan caminos espirituales, por quienes se sienten firmes en la Doctrina Espírita, por quienes dudan, para quienes no creen, espero sea un libro de ayuda para aquellos que temen a la vida y se sienten presionados a poner fin a su propia existencia. Intentemos demostrar la reencarnación mediante ejemplos, siempre escuchamos "Nadie volvió jamás a decirnos qué existe después de la muerte."

Lo creas o no, estoy de vuelta, traigo hechos concretos, hechos que no creía por mí misma, pasando años debatiendo en las asperezas desconocidas de un ser en busca de sus verdades.

El propósito de este libro es tratar de aliviar el dolor de quienes sufren, sin encontrarse a sí mismos, sin saber qué hacer con sus vidas, pidiéndole a Jesús que puedan, antes que yo, disfrutar de la paz interior que me llevó décadas lograr adquirir. *El Libro de los Espíritus* en la pregunta 920 dice:

- "¿El hombre puede disfrutar, en la Tierra, de una felicidad completa?

- No, ya que la vida le fue entregada como prueba o expiación. Pero de él depende aliviar sus males y estar lo más seguro posible en la Tierra."

Pero aprendí que al encontrar la paz íntima, podemos acercarnos lo más posible a la llamada felicidad terrenal. Estuve a punto de suicidarme, pero a mis sesenta y un años puedo vislumbrar una parte de esta felicidad que debe existir en mundos de regeneración donde el bien prevalece sobre el mal.

No sé exactamente cómo guiará este libro, ahora me guía la confianza que logré adquirir en la espiritualidad, en Francisco y primeramente en Jesús, nuestro Más Grande Maestro. Me pregunto si todo lo que pasé en ésta y otras vidas valió la pena. La respuesta llega rápida y certera: valió la pena todo el sufrimiento que pasé para alcanzar la paz deseada; no voy a renunciar hoy a este arresto domiciliario en el cuerpo de carne. Realizaron conmigo una regresión espontánea, curé mis aristas de dudas e incertidumbres. Sé qué caminos me esperan, a veces la puerta estrecha, a veces la puerta ancha, pero he adquirido una certeza: me siento arraigado, estoy encarnado, puedo dirigir mejor mis caídas y frustraciones. Si me llaman fanática, extraña u obsesionada, ya no me importan estas etiquetas, soy un poco de todo, pero ya no me dejan cabizbaja, porque estoy segura, aunque con dificultades, que estoy ganando la mayor de todas las batallas que me propuse al reencarnar:

Todavía estoy viva, gracias a Dios.

I PARTE

DESENCARNADA

I. FRANCISCO

¿Recuerda el espíritu su existencia corporal?

Sí; es decir, habiendo vivido muchas veces como hombre, recuerda lo que fue, y te aseguro que, a veces, se ríe con lástima de sí mismo.

Pregunta 304 - El libro de los espíritus.

Los árboles formaban altas copas, impidiendo que el Sol penetrara en ese profundo y frío valle.

El suelo resbaladizo nos recordaba lugares oscuros y repugnantes. Solo podía moverme muy lentamente, mi cuerpo debía estar roto, no hubo un solo movimiento que no me hiciera gemir.

Cuando intenté levantarme, además del dolor punzante que quemaba mi carne, fuertes cadenas me ataban al suelo.

A mi lado, figuras negras, gimiendo y aullando, parecían lamentar sus desgracias. Ratas y cucarachas se arrastraban por mi piel, que desaparecía bajo una capa pastosa que la cubría. Describir los horrores en los que luché es casi imposible, ya que nadie podría suponer la existencia de tal lugar. Cuanto más peleaba, peor se ponía, las heces se mezclaban con el vómito y no lograba nada en un intento de mejorar la situación. La desesperación y el terror se apoderaron de mí. Escuché fuertes risas y gritos estridentes.

- Cerda asquerosa, ¿cómo te atreves a destruirme, a quitarme la vida, asesina? ¿Cómo te atreves a acabar con mis sueños de amor?

¿Pensaste que todo había terminado, sin amigos? Pero los tengo donde estoy, sufrirás mucho más que yo. Hoy te mando, ahora me perteneces, nadie vendrá a aliviar tu dolor. Sufre, ve hasta qué nivel has caído, dónde yo te he colocado. Ya no te librarás de mí, te quedarás conmigo para siempre.

- ¡No puedo verte! ¿Qué te hice para tratarme así? Perdóname si te causé algún daño. ¿Dónde estoy? Libérame.

-¿Por qué hablas de perdón, si no sentiste pena por mí? ¿No me reconoces? Escucha mi voz, la reconocerás y sabrás quién soy. Vamos, te refrescaré la memoria.

Las cadenas se apretaron más, la sangre parecía brotar de todo mi cuerpo. En mi boca siento el sabor de la sangre y el vómito.

- Vamos, saca de tu memoria, si aun la tienes. Un sacerdote, una monja, un joven inocente, un niño asesinado.

- ¡Alfredo! Ahora te recuerdo, te engañé, sí, pero fue por amor. Perdóname, Alfredo. Te hice mucho daño, pero no me tortures más, déjame en paz, déjame en paz, por amor a Jesús.

- No pronuncies ese nombre aquí. No tiene fuerzas para quitárnosla, estamos en el lado más oscuro del Valle de los Suicidas. Nadie sale de aquí, los rescatistas no tienen acceso a este lugar. No pienses que serás rescatados por la luz, aquí solo vivimos nosotros, los verdugos, y ustedes, los marginados de ninguna parte. Ahora cállate, que sino apretaremos más las cadenas. Más adelante trabajarás para ganarte la vida, no creas que vivirás de la brisa.

Una risa espeluznante atravesó las sombras, seguida de innumerables carcajadas.

Sentí un odio mortal. Quería matar a Alfredo. Los recuerdos aparecían y se borraban de mi mente, no podía coordinar mis ideas. Tuve la aterradora impresión de haber estado ya en ese lugar salido de la nada.

Sabía a qué obra se refería Alfredo. Sería un juguete en manos de esos horribles seres, mitad hombres, mitad animales. Casi sin fuerzas, estaba en el umbral de la locura, la locura que devora la mente, impidiendo el razonamiento.

La desesperación se apoderó de mí. ¿Quién podría ayudarme? En ese momento recordé las oraciones que conocía y, por primera vez desde que tenía uso de razón, oré con toda la fuerza y el sentimiento que pude reunir. Quería suicidarme, pero en primer lugar, por mucho que lo intentara, no pude lograr mi objetivo. Reuniendo las fuerzas que me quedaban, pedí a Jesús y a María que me perdonaran por los errores que había cometido, no recordaba exactamente cuáles eran, pero quería una nueva oportunidad, quería salir de allí.

- Madre querida, estoy débil, enferma, mucho mal debo haber hecho para estar en este lugar, ayúdame, María, madre de Jesús, ayúdame y trataré de ser buena.

Sin saberlo, en doscientos años en ese lugar, fue la primera vez que realmente oré con sinceridad, pidiendo ayuda divina.

Vi una luz intensa acercarse, luego apareció un color amarillo, rodeándome por completo, me sentí abrumada, las cadenas se soltaron. Mis ojos se cerraron y sentí que me desmayaba.

Abrí lentamente los ojos. Ya no tenía frente a mí la imagen de los horrores. Cama blanca, habitación limpia, tuvieron lugar en mi conciencia. ¿Cuánto tiempo estuve inconsciente?

Sentí una intensa debilidad dentro de mí. ¿Qué ubicación sería esa? ¿Quizás el cielo? Había estado en el infierno, pero decían que nadie salía nunca de allí, ¿o el purgatorio era un castigo más leve? Respiré hondo, devastada por todo lo que había pasado. ¿Y si de repente Alfredo entrara por la puerta? ¿Sería posible que me encarcelara nuevamente?

Intenté levantarme, pero ante la fragilidad de quien me encontraba, me recosté nuevamente. Sentí presencias a mi alrededor, pero ya no sentí ese miedo, ya que eran figuras diferentes, había una emanación de fuerzas que eran buenas para mí. Pasaba horas durmiendo, todavía confundida, y las pesadillas regresaron. Después comencé a sentirme más despierta que dormida y ya podía vislumbrar presencias vivas a mi alrededor. Oraron por mí, extendiendo sus manos, ofreciéndome agua para calmar mi sed. No sé cuándo ocurrió realmente esta mejora. Un día me desperté para recibir oraciones de quienes me impusieron las manos. Finalmente logré articular palabras:

- Así que estoy viva, todo fue solo una pesadilla, muy real, es verdad. No morí, aunque muchas veces deseaba estar muerta.

- Cálmate hermana, tu condición aun requiere cuidados, no te apresures a hacer preguntas ahora - escuché una suave voz tranquilizándome.

- Alfredo no puede entrar aquí, ¿verdad? Dime si no estoy soñando y si la pesadilla comenzará de nuevo.

- No, querida Amatista, ahora estás en un lugar seguro. Alfredo también fue rescatado y se encuentra en otro hospital, nadie puede hacerte daño, excepto tú misma, a través de tus pensamientos.

- Recuerdo una luz intensa, no recuerdo nada más. ¿Dónde me encuentro? ¿Estoy viva o muerta?

- Estás en un hospital, para recuperar fuerzas. No te preocupes, Jesús y María te están apoyando. Tu recuperación tardó mucho y ha llegado el momento de coger fuerzas para escuchar las aclaraciones que vendrán.

- ¿Cómo te llamas? ¿Por qué eres tan amable conmigo?

- Mi nombre es Francisco, soy ayudante en este campo, también busco evolucionar. Ayudar a nuestros hermanos que sufren ayuda en nuestra transformación, por eso pedí permiso a los mentores espirituales para comenzar mi aprendizaje aquí, trabajando por mi prójimo. Y tú eres mi prójimo más cercano, querida Amatista.

- Aun no sé cuál fue mi error, no reconozco a nadie, solo recuerdo a Alfredo que me esclavizó. Soy terrible, soy asquerosa, acabo de salir de un lugar oscuro, algo horrible debo haber hecho para haber estado en ese lugar.

- Todos tenemos ajustes que hacer, nos estamos ajustando a las leyes de la vida, pero lo importante, nunca lo podemos olvidar, es que Jesús está a nuestro lado, él no nos abandona por muchos errores que cometamos, él no juzga, y él siempre está dispuesto a empezar de nuevo a caminar con nosotros.

- Creo en Jesús y María, sé que puedo confiar en ellos. Mis ojos se cerraron adormilados y me quedé dormida, serenamente, algo que no ocurría desde hacía mucho tiempo.

Francisco fue mi primer contacto en el plano espiritual. Me dio una paz incomparable. Sus ojos no eran extraños, sentí que podía confiar en él, que no me decepcionaría.

Poco a poco comencé a reconstruirme. Ahora podía sentarme, comer sola e incluso caminar por los pasillos del hospital. En las alas del hospital había música ambiental y se podía oler el aroma de las flores. Francisco, siempre que fue posible, estuvo a mi lado y me presentó a otros pacientes y trabajadores del lugar.

Doña Lourdes, una señora de cabello blanco y sonrisa amable, siempre venía a visitarme. Me dijo que estaba esperando que su nieto, que estaba en Valle de los Suicidas, regresara para ayudarlo a recuperarse. Le pregunté:

- ¿Cuál es la recompensa para las personas que trabajan aquí y que pagan mi alojamiento?

- Aquí en la espiritualidad, Amatista, es diferente a la Tierra. Todos somos voluntarios y trabajamos en nombre de las personas más vulnerables. Nuestra ganancia es la recuperación de los seres queridos, de amigos a quienes nos dedicamos. Aquí nadie paga tu estadía, todo se ofrece gratis y la mejor forma de pagar es trabajar para nuestra evolución y, al reencarnar, intentar poner en práctica lo aprendido aquí. Estoy aquí en una labor de amor mientras espero a mi amado nieto, para luego saber el rumbo que tomaré en mi nueva existencia.

- ¿Entonces todos los pacientes de este hospital vinieron de Valle de los Suicidas, incluyéndome a mí?

-Tienes razón, fuiste al Valle antes de venir aquí.

-¿Estoy viva o muerta, me puedes decir, porque intenté suicidarme y todavía me siento viva?

- Los mentores espirituales, en el momento oportuno, les darán las aclaraciones necesarias, no soy capaz de responder, solo soy un trabajador.

- Qué prisa, Amatista – dijo Francisco entrando. Podemos decirte que aquí la muerte parece tener otra connotación, no tiene la forma que siempre experimentamos, no existe un "murió, se acabó."

- Usted ya está bastante iluminado, ¿no cree, doña Lourdes?

- No, Amatista, estoy aquí como un pequeño ayudante deudor de la justicia divina, haciendo lo que puedo para ayudar a los que llegan aquí, ayudándolos dentro de mis pequeñas posibilidades. Soy como doña Lourdes, estaba esperando que mis seres queridos saldaran las deudas juntos. Hay un dicho que dice "mientras descanso cargo piedras."

Doña Lourdes se despidió diciendo que tenía compromisos que atender, su nieto ya estaba en proceso de ser rescatado y podía llegar en cualquier momento.

- Todavía no sé si estoy viva o muerta. ¿Cuánto tiempo llevo en este hospital? Me tengo que ir, ya me siento bien, pero al mismo tiempo siento un miedo enorme de irme, no sé lo que me espera. ¿Podrías explicármelo, Francisco?

- Me han dado permiso para responder algunas preguntas que sean apropiadas para mí. Vivir o morir es un estado de ánimo. Por lo que he aprendido, realmente nadie muere, solo pasa al mundo espiritual, en el que nos encontramos ahora, y quien se equivoca regresa a la Tierra en un nuevo cuerpo. No sé muchas cosas, pero trabajando intento aprender la Doctrina de los Espíritus. Parece que llevas unos 500 años aquí en el plano espiritual, entre el Valle de los Suicidas, tu estado de inconsciente en el Hospital de Regeneración y ahora en tratamiento.

- ¿He estado aquí todo este tiempo? ¿Cómo puedo vivir tanto tiempo y no envejecer? Es realmente sorprendente.

- El tiempo aquí no se cuenta con el tiempo terrestre.

Se necesita tiempo para la recuperación espiritual.

- ¡Dios mío celestial! He estado enferma durante tanto tiempo y mi mente está en blanco. Aparte de Alfredo que me persiguió, no recuerdo nada ni a nadie. No eres extraño para mí, siento una fuerte conexión contigo, pero mis recuerdos están dormidos.

- Así es, este hospital está ubicado casi dentro del Valle de los Suicidas y muchas personas tienen que pasar por aquí antes de proceder a las Colonias.

- Estás aquí porque quieres, ¿no, Francisco?

- Sí y no, Amatista. Junto con otros trabajadores, estoy esperando mis desafectos; es decir, las personas a las que, de una forma u otra, influí para que tomen el camino del suicidio. No podría, aunque quisiera, continuar mi viaje en la evolución sin pagar las deudas pendientes. Soy cómplice de actos desequilibrados.

- Por lo que pude entender, me suicidé, pero parece que no morí como imaginaba. Adquirí más sufrimiento para mí, porque los horrores que pasé no los puedo olvidar.

- Aquí hay una palabra clave: reencarnación. Quiero decir, vivir de nuevo para arreglar lo que hicimos mal. Sé que aun no has oído aquí esta palabra. Espero que puedas dedicar más tiempo cada día, estando siempre agradecida por la oportunidad recibida. Cuando se despiertan, algunos se ponen muy tristes al descubrir que no murieron.

- Es todo muy extraño, pero me parece familiar, ya consigo entender un poco mejor ahora. Es como si ya supiera todo lo que dijiste, solo que está olvidado en los rincones de mi mente.

Doña Lourdes entra nuevamente y dice:

- Vine a invitarlos a la conferencia que tendremos esta tarde. Será el comienzo de tu aprendizaje, Amatista. Te acompañará el hermano Francisco.

II. MENTOR GLAUCIO

¿Acaso el espíritu protector abandona a veces a su protegido cuando éste se rebela contra sus consejos?

- Se aleja cuando ve sus consejos inútiles y que el deseo de sufrir la influencia de espíritus inferiores es más fuerte.

El *Libro de los Espíritus* - Pregunta 495.

La palabra reiniciar significaba lo que ya me había dado cuenta, empezar de nuevo algo que ya debería haber aprendido, pero no había podido para no volver a cometer errores. Me comprometí conmigo misma a estar muy atenta a lo que me pasaba, ya que necesitaba ser digna de la ayuda que estaba recibiendo.

Por la tarde fuimos al anfiteatro, sencillo y de medianas proporciones. Nos sentamos con otros compañeros. Comencé a divagar, sin iniciar la charla, sobre lo que la vida me deparaba después de los trágicos acontecimientos que había vivido en Valle de los Suicidas. Sentí la calidez y el cariño de quienes nos trataron. Empezaba a darme cuenta que me quedaba un largo camino por recorrer, sentía que había cometido un error, que había sido intrascendente. El miedo se apoderó de mi corazón. Nos dijeron que tendríamos conferencias todas las tardes, estudios sobre la vida, para nuestro aprendizaje y enriquecimiento del espíritu, que ahora me parecía obtuso, ignorante de las realidades espirituales. Aunque debilitada, cuando recordé los crueles momentos pasados en el Valle de los Suicidas, tuve la seguridad de haber abandonado una región oscura. Los gritos y las risas todavía resonaban en mis oídos.

Un escalofrío me invadió, ¿hasta cuándo tendría esos recuerdos? Lugares oscuros y lúgubres poblaban mi mente, tenía el sabor de las heces con las que me untaba en la boca, mis manos y fosas nasales exhalaban el mismo mal olor que se intensificaba con cada recuerdo de Valle de los Suicidas. A veces los recuerdos eran vagos, como algo lejano de mí, como olas que apenas se insinuaban. Francisco me había dicho que la fuerza del pensamiento tiene un magnetismo muy fuerte, que atraemos lo positivo o lo negativo, sobre todo en el plano en el que nos encontramos. Podíamos formarnos ideas como la fuerza de un potente motor, por eso nos convenía orar cuando nos llegaban pensamientos negativos.

Ya me habían informado de mi expulsión, nombre que para mí significaba la muerte. Miré a mi alrededor e imaginé que allí todos estaban muertos. Quería reírme cuando pensaba en nosotros como un montón de cadáveres parlantes.

Me dijeron que tuviera paciencia, que en su momento todo se aclararía. También sabía ya que me había suicidado, pero no de qué manera, pues mis recuerdos permanecían latentes, tal vez debido al prolongado período de mi recuperación. Pero yo era inmediatista, prefería saberlo todo de una vez y acabar con las dudas y las expectativas. Pero me habían dicho que esta vez sería totalmente diferente, no reencarnaría como otras veces, ya que habría mayor interferencia espiritual en las decisiones a tomar por mí. Dudé entre creer o no en lo que me decían, paciencia fue lo que me pidieron y eso fue exactamente lo que no hice.

Un ligero toque de Francisco me hizo volver mi mente hacia la sala donde comenzaría la conferencia. Las luces se apagaron, dejando la habitación en una suave oscuridad.

El mentor Gláucio se acercó. Una luz blanca perfilaba su cuerpo - luego me explicaron que era su aura - y brillaba intensamente, revelando su espíritu elevado. Llamó a todos a la oración:

- Hagamos una oración, para sintonizar mejor nuestro espíritu con Jesús y los fluidos positivos que están presentes.

"Dios, Padre nuestro, aquí se reúnen espíritus comprometidos en camino de readaptación, saliendo del Valle de los Suicidas, preguntándose aun si todo lo que allí vivieron fue realidad o imaginación. En este momento, te pedimos Tus bendiciones, ya que solo Tú puedes ayudar.

Estos espíritus que pasan por la prueba de la prueba del reajuste resultante del suicidio podrán sostener a los que aquí sufren y decirles: "*Hijos Míos, calmad vuestros corazones, recuperad la fe. Nadie que quisiera estar conmigo fue abandonado. Te amo, ven, sígueme, no te pasará nada, estoy aquí para ayudarte. Sígueme y sentirás alivio de tu dolor acumulado durante tanto tiempo, dejando consecuencias de sufrimiento infinito. En el Valle de los Suicidas, cuando pidieron ayuda, me dieron la oportunidad de ayudarlos, porque el primer paso, el deseo de liberación, tenía que ser de ustedes, amados hijos, nada podríamos hacer siempre y cuando no pidieran ayuda al Cielo.*

Soy misericordioso con mis hijos, comprendo sus aflicciones y torturas íntimas, ven conmigo y encontrarás la paz que tanto deseas. Venid, queridos hijos.

Estas palabras, Padre de todos nosotros, las escuchamos con el pensamiento vuelto hacia Ti, con la certeza que algo mejor vendrá para quienes permanecieron en Tu fe y Tu esperanza. "

Al final de la oración lloramos en silencio. El mentor, respetando nuestros sentimientos, esperó unos minutos para continuar su conferencia.

- Queridos compañeros y amigos: ahora más reconfortados, hablemos del lugar de donde vienen: el Valle de los Suicidas.

Muchos permanecieron allí durante cientos de años, otros menos tiempo, pero aquí en el mundo espiritual el tiempo no es un factor predominante, la evolución de cada espíritu es lo que marcará la diferencia en la calidad de la nueva existencia.

En el Valle no hay paz, armonía, felicidad, como recuerdan, solo desesperación y angustia. Hablamos hoy del Valle de los Suicidas y del sufrimiento que allí hay, para no enmascarar la realidad de cada uno, para que no predominen en ustedes la vergüenza y los sentimientos de culpa. A veces ponemos una máscara sobre nuestras realidades, pero en este momento tan propicio al cambio de actitudes, debemos quitarnos las máscaras por nuestra propia cuenta, mostrando la realidad de los espíritus carcomidos por los errores, el egoísmo y el orgullo. Cuando caiga la máscara, verán la realidad: aunque esté en el fondo, ha llegado el momento sublime de la redención, el comienzo del ascenso de la evolución espiritual.

Queridos hermanos, no hay ser superior que no haya sentido las penas del sufrimiento. Miren los espíritus de San Francisco de Asís, San Agustín, Joana D'Arc y tantos otros que alcanzaron su iluminación a través del dolor, el gran educador. La Doctrina Espírita se llama Salvador, Redentor, porque tarde o temprano redime a todos, transformando seres caídos, pero dispuestos a cambiar, en seres elevados, dirigiéndolos a mundos de Regeneración, donde el bien prevalece sobre el mal. Su paso por el refugio humano de los cuales lograron salir por mérito de cada uno, será solo un triste recordatorio de no volver a cometer errores, quitándote la vida. Será un punto de inflexión para comenzar una nueva encarnación, con una estructura más firme, basada en el Evangelio de Jesús.

El silencio parecía querer murmurar algo, como pidiéndonos reevaluar nuestra situación y perder el miedo de algún día regresar a ese lugar tan lleno de miseria y sufrimiento.

Nos pidió evolucionar para no estancarnos en nuestro camino espiritual. El mentor Gláucio expresó con palabras nuestro pensamiento:

- No tengan miedo, solo volverás al Valle de los Suicidas si así lo deseas; es decir, haciendo un mal uso del libre albedrío. Mientras busquen el conocimiento de sí mismos, siguiendo el ejemplo de Cristo, seguramente podrán mejorarse y curar sus heridas. Estamos dentro de las regiones del Umbral, en el Hospital de Regeneración, ya que muchos de ustedes aun no tienen las condiciones espirituales para ser llevados a otros hospitales y/o Colonias más avanzadas. Hasta aquí lograron llegar sus fuerzas mentales, pero tengan por seguro, Jesús y espíritus superiores los protegen en este lugar, dándoles la seguridad necesaria para la recuperación de cada uno. No les pasará nada malo, este hospital está muy bien equipado contra el ataque de la oscuridad. Solo serán golpeados aquellos que quieran ser golpeados, conectándose en pensamiento con los verdugos de ayer.

Con sentimientos de odio, ira y resentimiento formarán un cordón fluídico negativo y, dependiendo de la fuerza del pensamiento, será atraídos hacia las zonas inferiores. Así como sacamos de las regiones oscuras a quienes se unieron a nosotros a través de la oración, ellos también podrán rescatar a quienes se alinean con ellos en ideas devastadoras. Por esta razón, hay música ambiental a tiempo completo, conferencias todos los días, flores y plantas en abundancia, además de conversaciones edificantes. La gente que trabaja aquí está brindando asistencia porque quiere y tiene una formación especial para afrontar las situaciones que se dan aquí. Muchos espíritus aun permanecen en estado de hibernación, como ya lo han estado ustedes mismos, por lo que el despertar de cada uno se produce lentamente, sin prisas, con mucha oración y pases magnéticos, para que, al despertar en la nueva realidad, no los hagan no entrar en shock, volviendo al estado de demencia angustiosa, con repercusiones negativas para el espíritu. De ahí el especial cuidado de los mentores por este Hospital de Regeneración, cuyo nombre coincide con el que aquí existe.

Recuerden: nada ni nadie puede hacernos daño cuando no hay armonía de pensamientos.

Dejó de hablar por un momento, como si nos diera tiempo para asimilar lo que habíamos oído y continuó:

- Al lado de cada silla hay un botón; si alguien quiere hablar, simplemente tóquenlo.

Estaba segura que no podría exponerme, ya que no sabía con certeza qué me había pasado. Lo que me estaba pasando era interesante: aunque no lo recordaba, parecía haber vivido ya esos momentos, todo me resultaba familiar a pesar que mi memoria estaba en blanco, la amnesia era lo que parecía ser. Miré a Francisco y sentí que mi corazón se calentaba. Sí, lo conocía, su presencia me daba una sensación extraña, era como un eslabón de una cadena que me unía.

Se enciende una luz en el panel del fondo.

- ¿Puedo hablar, mentor Gláucio?

- Claro, querido Alberto. Estoy seguro que su presentación servirá de ejemplo para quienes la escuchen.

Con la voz ahogada por la emoción, empezó a hablar:

- Lo siento, Dios mío, por el acto de cobardía que cometí. Hoy me encuentro en un mejor estado de discernimiento, gracias a la intervención de bienhechores espirituales que intercedieron por mí. Joven aun postulando en el movimiento espírita, llegué a ser presidente fundador de un grupo espírita, donde ayudé a muchos, mitigando dolores tanto espirituales como materiales. Con mi suicidio quedé mentalmente alienado, mitad hombre, mitad animal.

Sin entender lo que me estaba pasando fui rescatado por valientes hermanos rescatistas, después de una sentida oración que logré decir. Los mentores espirituales me aclararon con palabras amables y fraternales, pero con firmeza, que ya había dejado la vida terrenal y ya era parte de los espíritus desencarnados. Al reportar mi condición suicida, me sugirieron seguir a las enfermeras que estaban a mi lado, quienes me llevarían a un hospital en la espiritualidad y luego, en mejores condiciones espirituales, comprendería la situación en la que me encontraba. Entonces vine medio dormido a este hospital. Después de un período de hibernación, puedo entender mejor lo que hice con la vida que Dios me dio. Muchos de ustedes pueden tener factores atenuantes: no lo sabían de la gravedad del suicidio, no conocían la Doctrina Espírita ni las consecuencias del acto suicida, pero no puedo eximirme de mi culpa, por ser espírita.

Aquí me encontré con espíritus a quienes ayudé a superar la barrera de la ignorancia espiritual y que hoy se encuentran en mejores condiciones que yo.

Estas ayudas cuentan a mi favor, nadie puede imaginar cuánto bien hecho en la Tierra es recompensado aquí en el mundo espiritual. Sin embargo, mi falta de vigilancia mientras encarnaba abrió brechas en la obsesión que comenzó sutilmente, siendo esta una de las peores formas de acoso espiritual, pues, como una sombra invisible, sin que yo me diera cuenta, se apoderó de mis pensamientos, haciéndome caer víctima al sexo fácil y la actividad sexual desenfrenada, facilitada por la posición de respeto que ocupaba.

Amigos espirituales, tanto encarnados como desencarnados, intentaron advertirme que tuviera cuidado, velara y orara más. Me sentí resentido, orgulloso de mi pseudo-dignidad. ¿Quiénes eran para advertirme sobre mi curso de acción? Era envidia, estaban obsesionados, pensé. Uno por uno, los amigos leales se fueron, dejándome con los aduladores y aquellos influenciados por la oscuridad. Aunque estaba casado, con una esposa e hijos que me respetaban y amaban, no pude resistir los encantos de las más jóvenes, que se vendieron a cambio de mis dones espirituales, esperando que yo les diera una vida más digna. Confiaron en mí y yo abusé del magnetismo personal que tenía, haciéndoles falsas promesas. Abracé el camino de la lujuria, prediqué con mis labios, no con mi corazón, sobre amor, dignidad, fidelidad.

Cuando una joven me dijo que estaba embarazada, tomé décadas de su vida en mis manos. En una jugada demencial, encontré a alguien que realizara el aborto criminal, y ella, a los 16 años, murió como resultado de mi acto innoble. Las sospechas cayeron sobre mí y cayeron sobre mí las declaraciones de otras jóvenes de cuya inocencia había abusado. Acción y Reacción. En la obsesión en la que me había enredado, nunca imaginé que algún día la verdad saldría a la luz. Mi juicio ha sido programado. Sabía que había llegado el momento del ajuste de cuentas, que no podría escapar de la implacable realidad y que ya no tendría el coraje de enfrentar a mis seres queridos.

No podía soportar la situación. Completamente influenciado por espíritus obsesivos a los que me había conectado por pensamientos inferiores y, impulsado por el orgullo, por el miedo a lo que pudiera pasarme, en lugar de intentar corregir mis errores al encarnarme, expiando parte de mis faltas, pensé en una manera fuera diferente.

A pesar del conocimiento, la práctica y los estudios espiritistas, seguí sufriendo los efectos de la obsesión. La idea del suicidio empezó a tomar forma en mi mente debilitada. Una vez más mis amigos espirituales intentaron advertirme, palabras de valentía y aliento vinieron de verdaderos amigos que se habían alejado, pero regresaron para extenderme la mano. Esa vez tampoco quise escucharlos, alejándolos nuevamente de mí, completamente entregado a los crueles obsesores, quienes me decían que el suicidio era la única salida digna para mí. A medida que avanzaban las investigaciones, tuve más certeza que era la única solución, a pesar del gran temor que sentía por lo que encontraría al otro lado de la vida.

Alberto se detuvo, tomó aire, dándonos tiempo para calmar nuestros corazones que latían con fuerza mientras escuchábamos su historia, que, la verdad, era un poco diferente, a la nuestra, ya que el final era el mismo: suicidio.

Alberto continuó:

- Empecé a releer lo que ya sabía. En *El Evangelio según el Espiritismo,* capítulo V, parte del ítem 17, releo:

"El espírita tiene así varias razones para oponerse a la idea del suicidio: la certeza de una vida futura, en la que, sabe, será tanto más feliz cuanto más infeliz y resignado haya estado en la Tierra; la certeza que, al acortar sus días, llega, precisamente, al resultado opuesto al que esperó; quien se libera de un mal, para incurrir en un mal peor, más largo y más terrible; que se engaña a sí mismo, imaginando que, matándose, irá más rápido al cielo; que el suicidio es un obstáculo para reunirse en el otro mundo con quienes eran objeto de sus afectos y a quienes esperaba encontrar; de ahí la consecuencia que el suicidio, que solo le trae desilusión, es contrario a sus propios intereses."

- Leía y releía el capítulo completo. Solo quienes han pasado por esta terrible experiencia conocen la tortura mental y espiritual que atraviesa un espíritu manipulado por obsesores en un proceso suicida. No pude orar.

Alberto continuó su doloroso discurso:

- Para adquirir valor moral y no quitarme la vida, tuve el Evangelio en mis manos, pero los espíritus que iniciaron el proceso de obsesión, de manera sutil, encontraron refugio en los lugares espaciosos de mi mente, dominando mis pensamientos y acciones. La peor caída es la del espíritu ya iluminado. Al final me suicidé para evitar las consecuencias de mis errores, olvidando que mi degradación moral y espiritual sería mucho mayor que si los hubiera sufrido estando aun encarnado. Lo más importante no es solo predicar la Doctrina Espírita, es difícil ejemplificar el Evangelio de Jesús.

Nada de lo que leí sobre el suicidio me preparó para lo que encontré en este otro lado de la vida, aunque permanecí en Valle de los Suicidas por algunos años, debido a mi trabajo mientras estaba encarnado.

Gracias a Dios la esperanza es una llama viva y trataré de hacerlo bien la próxima vez.

Alberto guardó silencio y todos quedamos conmovidos por su relato. Por un momento volvimos a los horribles recuerdos del Valle de los Suicidas. Era lo que había descrito y más.

Se enciende otra luz en el tablero. Una señora, con cara triste, pidió permiso al mentor Gláucio para contar su historia.

- Claro, querida hermana Letícia, puedes hablar.

- No sabía nada sobre la vida después de la muerte, solo lo que me enseñaron, sin mayores detalles, que suicidarse era pecado, que mi alma ardería por el resto de mi vida en los fuegos del infierno. Estoy en proceso de reajustarme. El cariño y el amor que he recibido aquí son como agua cristalina para mí, saciando mi sed de cariño después del largo tiempo pasado en ese horrible valle. Yo era católica, tenía una fe superficial, nunca pensé seriamente en profundizar en la verdad sobre Dios. Le dediqué un amor obsesivo a mi marido. Los celos fueron mi mayor y cruel aliado en la ignominiosa batalla de intentar obtener mediante el sentimiento de posesión lo que no había logrado mediante el amor que libera.

Entrando en la madurez, con los hijos ya criados, supe que mi marido había vivido muchos años con otra mujer, con quien había criado dos hijos. Un odio mortal, casi rayano en la locura, se apoderó de mí. Médicos, oraciones y misas, nada podía apaciguar mi odio. Sufrí e hice sufrir conmigo a mis hijos y familiares, porque ya no sabían qué hacer para aliviar mi dolor. Creo hoy que lo que sentí no fue amor verdadero, sino mucho amor propio y orgullo herido.

Estaba en comunión de ideas con mis familiares espirituales, quienes me inspiraban el deseo de venganza. Quería vengarme de forma cruel, sin apelación. Pensé en matarlos a ellos, a él y a la otra familia, pero pensé que mi venganza sería pequeña y que la mejor manera de castigarlo sería suicidarme y culparlo a él. Escribí una carta culpándolo y, loca de odio y dolor, me arrojé al precipicio. Por increíble que parezca, no morí, comencé a revivir el mismo acto de tirarme una y otra vez. Me vi llegar al suelo y dolores abrasadores atravesaron mi cuerpo expuesto en un charco de sangre. No pude descansar. Cuando intenté descansar entre los escombros de mi cuerpo fétido, comenzó de nuevo el sufrimiento de arrojarme y el odio salió más fuerte de mi interior. No sé cuánto tiempo estuve en ese estado, o si eso era Valle de los Suicidas, hasta que un día me di cuenta de la presencia de mi pequeña hija, aun niña, que extendía sus manitas y me pedía que la siguiera, pero para ello necesitaba querer ser ayudada, tenía que decir una oración a Jesús. Aliviada por su presencia, queriendo salir de aquel lugar, le pedí a Jesús que me librara de aquel tormento. Ya no podía soportar tanto sufrimiento, ya que no podía perdonar la traición que había sufrido, pero me esforzaría para que el perdón ocupara el lugar del odio.

Hice la solicitud con sinceridad. Cerré los ojos y me quedé dormida. Cuando desperté, estaba aquí, donde permanecí durante decenas de años y pronto partiré hacia la Colonia María de Nazaret, donde adquiriré nuevos conocimientos, reestructurando mi periespíritu para una nueva encarnación. Estaremos nuevamente juntos, todos comprometidos dentro de la familia.

Hoy soy consciente de lo que el odio y la ira pueden hacerle a una mente perturbada, en conexión directa con las fuerzas del mal. No pude llevar a cabo mi venganza. Me enteré que, después del *shock* que me causó mi muerte, mi marido se casó con su ex pareja. El plan fracasó. Lo dejé libre para seguir su camino. La Justicia Divina algún día los alcanzará, pero no será hecha por mis manos. Yo fui quien más perdió, debido al sufrimiento que viví en el Valle de los Suicidas. Estoy tratando de borrar los terribles recuerdos que hay allí. Los bienhechores espirituales me muestran el perdón como garantía segura para recorrer nuevos caminos. Todavía no he aprendido a perdonar, pero estoy comprometida a hacerlo.

Todos los días participo en una sesión de terapia del Evangelio, dirigida por un mentor, en la que, como grupo, cada persona expone sus problemas y nos adaptamos a las lecciones del Evangelio. Les pido a todos que oren por mí.

Lloramos por nosotros y por aquellos que ya supieron ver sus errores y buscaban, llenos de esperanza, nuevas experiencias para enmendar el crimen de quitarse la vida.

Escuchamos la voz del mentor Gláucio, clara y segura:

- Queridos compañeros: han escuchado testimonios de compañeros que se encuentran en la misma situación que ustedes y ya se deben haber dado cuenta que desde el momento en que se desea sinceramente, nadie queda a merced de su propia suerte, siempre y cuando tenga el suficiente coraje y fe en Jesús, todos serán rescatados de sus sufrimientos. Incluso los espíritus endurecidos tendrán su día de liberación. Jesús ama a todos con compasión y no ofrece el infierno a nadie. Los espíritus son quienes fabrican sus infiernos privados. La Doctrina Espírita es una Doctrina de esperanza, fraternidad y sabiduría. Ella recibe a todos con los brazos abiertos, ofreciendo como alternativa segura que, tarde o temprano, todos encontrarán un mundo mejor, donde reine el amor y conduzca a la paz interior. Esperanza, por tanto, es la que todos deben tener, de ahora en adelante, en la certeza que evolucionarán hacia el bien. Si ahora sientes el peso del error que cometiste, no te tortures ni te culpes a ti mismo ni a los demás. Pronto encontrarán nuevas oportunidades de redención, pues la vida no cesa ante las adversidades y llegará el momento sublime de saldar sus deudas con la Justicia Divina. Ya no tenemos la ley de Moisés, ojo por ojo, diente por diente, y Dios es misericordioso con nosotros. ¿Quién sabe, algunos de ustedes no pasarán la prueba final en su nueva existencia, yendo después, como lo hacen, a otras moradas de la casa del Padre? Jesús garantizó el paso a estos discursos, cuando el espíritu logra levantarse. Dios conoce nuestras imperfecciones y no castiga a nadie, cada uno recibe lo que merece y hasta un poquito más. Jesús los bendiga a todos, dándoles valor, fe y esperanza.

Salimos pensativos. Quisiéramos borrar nuestros recuerdos, borrar para siempre los horrores vividos en Valle de los Suicidas, pero aun no estábamos preparados para la bendición del olvido. Para alcanzar la gracia de la liberación de las cadenas del pasado, aun tendríamos que extirpar los tumores de nuestras imperfecciones.

Francisco me apretó la mano, dándome fuerzas para superar la apatía moral en la que me encontraba.

Miré al cielo, vi las luces que surcaban el infinito, estrellas brillando, la alfombra verde de suave hierba, contrastaba con el lugar de donde procedía, embarrado y pegajoso. Sin querer, pensé en los horrores por los que había pasado y, tratando de fijar mis pensamientos en Jesús, juré no volver nunca más a ese lugar. Todavía no podía saber si la calma vendría después de la tormenta, porque, aunque mejor, la tormenta continuaba en mis pensamientos, y la calma tardaría en llegar, por lo que deducía de mis estudios y conferencias.

Tenía algo de paz. Me separé de Francisco, sin querer hablar, al fin y al cabo mañana sería otro día.

III. HOSPITAL DE REGENERACIÓN

Cada uno de nosotros, los espíritus endeudados, al renacer en la carne, llevamos con nosotros al ambiente humano un pedazo de cielo que soñamos conquistar y un vasto manto del infierno que nos hemos creado.

Acción y Reacción - Espírito André Luiz - Francisco Cândido Xavier.

Despertada por una música suave, sentí un consuelo sublime, curando las heridas de mi corazón. Con la luz del Sol calentando mis pensamientos torturados, observé el lugar en el que me encontraba. Los jardines de flores silvestres, de colores suaves, avenidas bien cuidadas, donde los trabajadores se afanaban en hacer jardinería, no daban la impresión de pertenecer a un hospital, sino más bien de un lugar propicio para la meditación. Noté que las rejas blancas que nos separaban del ambiente exterior demarcaban los alrededores del hospital y tenían una luz que impedía el ingreso.

Si se acercaban espíritus sinceramente arrepentidos, las rejas captaban las ondas positivas, transmitiendo el deseo de reconciliación con el bien a los espíritus gobernantes del hospital y, de inmediato, un grupo de rescate salía en busca de quienes pedían ayuda. Por lo tanto, no eran rejillas ordinarias, sino que estaban compuestas de materia muy sutil, que nuestro entendimiento aun no era capaz de captar. Como todavía no me habían permitido recordar mi pasado fuera de Valle de los Suicidas, tuve la vaga impresión que ya conocía el lugar, pero al mismo tiempo pensé que era poco probable que alguna vez hubiera estado allí. Mi único recuerdo era que no quería vivir, pero no sirvió de nada.

Escapé por suicidio, ya que todavía estaba viva y atrapada en un gran sufrimiento, con horribles pesadillas.

Caminé por las avenidas, donde grupos de personas conversaban, y me detuve a escuchar:

- Estamos muertos, sí – dijo alguien.

- ¿Cómo que muertos, si sentimos las mismas sensaciones? - Exclamó otro.

- ¿Es todo esto solo una ilusión?

Alguien que pareció entender mejor la situación, aclaró:

- Cuando llegué aquí, también pensé que estaba en un hospital psiquiátrico. Todo me parecía confuso y complejo. Poco a poco, a través del estudio y las conferencias, fui tomando conciencia de los acontecimientos. Este hospital es un refugio seguro para quienes, como nosotros, se han suicidado. Como ya hemos explicado, si intentáramos hablar con un ser querido, él no nos vería ni nos respondería, ya que hemos abandonado el cuerpo físico y somos solo espíritus. Somos parte de otro estado de vida.

Pregunté, ansiosa de explicaciones:

- ¿Significa esto que después de suicidarnos y haber permanecido en la Valle de los Suicidas por un tiempo indefinido, nuestros recuerdos se vuelven confusos, impidiéndonos recordar con claridad hechos anteriores?

- Más o menos hermana mía, estamos todos aquí con la misma deuda, aunque con diferencias. Algunos llegan con todos sus recuerdos, otros con algunos y otros más, en lugares especiales, sin recordar nada de lo sucedido antes del suicidio. Cada caso es diferente, depende de la gravedad de la situación de cada espíritu. Pero en cierto modo no somos diferentes unos de otros, somos iguales, porque éramos rebeldes y autoritarios, queriendo hacer el papel de Dios quitándonos la vida.

- Pero, ¿quitarse la vida es un acto tan horrible? – Argumenté -. ¿Y aquí se promociona el libre albedrío?

El compañero que se presentó como Ismael, respondió pacientemente:

- Nuestro mayor tesoro es la vida. Es el mayor activo que tiene el ser humano, porque, a través de vidas sucesivas, el hombre se va perfeccionando hasta alcanzar la perfección. El libre albedrío, bien utilizado, es otro tesoro dado por Dios. Tenemos que saber distinguir el bien del mal, el mal del bien. Era tan respetado en nosotros que nos atrevimos a burlar las Leyes Divinas y nos quitamos la vida. Pero tarde o temprano tendremos que enmendar el acto que realizamos, cosechar lo que sembramos. Nadie que planta malas hierbas espera cosechar flores. Pudimos haber tenido paciencia, humildad, amor por nuestra vida, pero no consideramos nada de esto, quisimos acelerar nuestra salida de la vida terrenal y nos suicidamos, y tenemos un alto precio que pagar por esta conducta desastrosa ante la Justicia Divina, por la mala elección que hicimos en nuestras vidas.

- Gracias Ismael, tus aclaraciones fueron valiosas para mí, no quiero perder la oportunidad de educarme.

Aparece Francisco y me pregunta si estoy mejor.

- Me siento mejor, pero avergonzada por la pérdida de mi memoria, está en blanco y este es un sentimiento extraño, pero al mismo tiempo siento un enorme consuelo al sentirme protegida. Estoy segura que ya te conozco, pero no recuerdo de dónde.

- No te preocupes, Amatista, los mentores te ayudarán. Tus recuerdos volverán poco a poco, de la mano de quienes puedan ayudarte.

- Siento que algo más profundo que la amistad me une a ti, pero no logro entender qué significas en mi vida.

- Puedes estar segura que hay espíritus que te quieren mucho, pronto todo se aclarará, solo ten un poco más de paciencia.

- Parezco demente.

- Casi todos los que abandonan el mundo por las puertas del suicidio están dementes. Coopera contigo misma, trata de no impacientarte, calma tu corazón.

- Estás siendo amable conmigo, Francisco, y como no me siento muerta, quién sabe, tal vez pueda volver a donde estaba antes de quitarme la vida. No soy como los demás, creen que murieron y viven en otro plano de la vida, creen que la vida continúa, pero eso no puede ser cierto, te pido que me muestres el camino correcto, no el del Valle de los Suicidas. Saldré de aquí tranquilamente, sin molestar a nadie, si quieres puedes venir conmigo. Hazme este gran favor y te estaré eternamente agradecida.

Francisco sonrió y dijo:

- Amatista, es muy pronto para pensar en regresar, y huir de aquí no es posible. Definitivamente regresarías a Valle de los Suicidas y no querrás volver allí, ¿verdad?

- Dios no lo quiera, ni siquiera lo pienso, pero ya entiendo que estoy en este hospital, recuperándome de las consecuencias del suicidio que cometí y que este es un delito muy grave.

- Este es el camino, amiga mía, pronto podrás comprender mejor lo que pasó. Por el momento, no recuerdas lo sucedido para tu propio beneficio, pero Jesús, médico de las almas, seguramente podrá curarnos de la enfermedad que nos ata desde hace tanto tiempo. También tengo mis deudas que pagar. Llevo sobre mis hombros la cruz de una culpa difícil de expiar, pero tengo confianza en que esta vez todo se resolverá. Saldaremos nuestras deudas. Confía y espera.

- Por lo que dijiste, entiendo que hemos estado caminando juntos. Por eso esperaste mi llegada y has sido tan amigo mío. Intentaré tener paciencia, quién sabe, tal vez pueda lograr esta hazaña, ya que siento que no me iluminará más de lo que ya lo has hecho.

Tenía ganas de comer algo y Francisco me llevó al comedor. Ya conocía a algunos de los que estaban allí. Era interesante la necesidad que teníamos de hablar. Me alimenté y regresé a los jardines. Cansada, me senté, mirando al horizonte en espera de más explicaciones. Tranquilidad, paciencia, no eran mis puntos fuertes. Siempre tenía que estar alerta, quedarme quieta era casi imposible para mí, necesitaba estar ocupada buscando no sé qué, tal vez algo que me trajera la paz perdida.

Alberto, que había expuesto su vida en el auditorio, se me acercó:

- Lamento molestarte, pero veo que estás muy inquieta. ¿Puedo ayudarte con algo? ¿Cómo te llamas?

- Amatista. Tu discurso en el auditorio demostró que sufriste mucho. Presté mucha atención a lo que dijiste, pero todo me resulta muy confuso. Sé que me suicidé, pero no esperaba encontrar esta otra vida. Soy católica apostólica romana, fiel al Papa. Quiero hablar con un sacerdote. Necesito más aclaraciones, tengo hambre de información y parece que puedes ayudarme.

- No estoy confundido, porque ya estaba siguiendo el camino de la Doctrina Espírita, completamente desconocido para ustedes.

- Ella realmente parece ser especial, dando mucho consuelo a los que están aquí, no puedo negar que ella es de mucho consuelo, pero ¿cómo puedo creer en algo que no sé?

- Amatista - explicó pacientemente Alberto -, aquí en el mundo espiritual hay lugares frecuentados por sacerdotes y católicos que, como tú, no aceptan la Doctrina Espírita. No sé si aquí hay sacerdotes, y si no se te llevó a los católicos es porque tu caso debe ser diferente y necesitas convivir con espíritas. El Espiritismo existe desde los primeros tiempos de la Humanidad. Moisés prohibió hablar con los muertos, porque abusaban de las evocaciones, los hombres tenían el corazón muy endurecido. En Francia, muchos siglos después, nació Léon Hippolite Denizard Rivail, quien pasó a ser conocido como Allan Kardec, cuando codificó la Doctrina Espírita, en la que varios espíritus respondieron a sus preguntas. La Doctrina Espírita es ciencia, filosofía y religión. El Espíritu de la Verdad coordinó toda la programación de la vida de Allan Kardec en la Tierra. El fundamento principal del Espiritismo es la reencarnación:

Nunca morimos, seguimos cambiando de nivel hasta ser seres perfectos.

- Nunca había escuchado esta explicación antes, pero por lo que tengo entendido, tendré que vivir en la Tierra nuevamente. No quiero, todavía no sé qué me pasó, pero debe haber sido algo terrible no recordarlo. Quiero pasar el resto de mi vida en este hospital, no quiero nacer de nuevo. De ninguna manera. Y tú, ¿quieres nacer de nuevo?

- No es cuestión de querer o no querer, Amatista, tengo que volver, reencarnarme de nuevo y tratar de no volver a cometer errores. Me cobrarán mucho más, ya que soy consciente de mi situación y de mis errores.

- Tú comprendes la Doctrina Espírita, pero según tengo entendido, ese conocimiento no pudo librarte del suicidio.

- ¿Viste lo débil que estaba? Fue una experiencia horrible, leí y releí *El Evangelio según el Espiritismo.* Me conecté con enemigos espirituales que me dominaban, fijando en mí esta horrible idea. No tuve el coraje de enfrentar el juicio de los hombres. Invertí mis valores, ya que el juicio humano se volvió más importante que la Justicia Divina. Debo emprender el viaje nuevamente y sé que será muy difícil. Si estás en este hospital recibiendo tratamiento es porque también te suicidaste. Considérate satisfecha, querida amiga. Ya hemos salido del estado ovoide, del coma, en el que muchos todavía yacen aquí. Estamos en mejores condiciones, así que tómatelo con calma y espera.

- Francisco, un amigo mío, me pide tranquilidad y paciencia. Además aunque quisiera, en el estado en el que estoy no podría hacer nada, no tengo a dónde ir. Alberto, ¿viviste con Kardec?

- No, Amatista, nací en Brasil, donde comencé mi viaje espiritual, cuando aun era joven. Esta última encarnación mía no duró mucho, pues me fui por suicidio, como ya expliqué. El tiempo que pasé en Valle de los Suicidas fue relativamente corto, debido al trabajo realizado a favor de los necesitados en mi último paso por la Tierra. Después de reequilibrarme espiritualmente, quise reencarnar lo antes posible, y lo hice. Necesito urgentemente saldar mis deudas ante la Justicia Divina

Llegaron algunos compañeros y la conversación continuó con el relato de las vivencias de cada uno.

Más tarde, cuando me retiré a mi habitación, los exhaustos crisantemos amarillos exudaban un aroma dulce y calmante que parecía reponer mi energía. Oré pidiendo a Jesús y María que me protegieran y me quedé dormida.

IV. ACLARANDO DEUDAS

Solo en la vida futura podrá realizarse la compensación que Jesús promete a los afligidos en la Tierra.

El Evangelio según el Espiritismo.

Casi al anochecer regresamos al auditorio. No había visto a Francisco, aunque mis ojos lo buscaron ansiosamente.

El Mentor Gláucio se dirigió a nosotros, después de una sentida oración:

- Aunque ya han escuchado otras conferencias, ha llegado el momento de nuevas aclaraciones, respecto al proceso de reajuste, para que puedan ser ayudados individualmente. La comprensión que provenían del Valle de los Suicidas y, para algunos, incluso las razones que los llevaron a él, ahora es más clara.

Queridos amigos, tenemos mucho amor para brindarles, este lugar y quienes aquí trabajan por los heridos del alma son prueba de este amor, aunque tenemos que ser firmes y claros en nuestras enseñanzas, porque quien ama educa y tratan de mejorar a quienes aman, Él no se queda estancado en la complacencia, al contrario, con amor fomenta el perdón, con amor enseña humildad, con amor explica sobre el egoísmo, con amor enseña a los demás a valorar la vida. Este amor que nos rodea se revela en el deseo de ayudarlos a encontrar sus propios caminos. Algunos aquí son suicidas conscientes, realizaron el acto, premeditadamente, influidos por espíritus inferiores a quienes dieron permiso para instalarse en sus pensamientos. También les faltaba la oración que ahuyenta los pensamientos negativos.

Otros se suicidaron en otras encarnaciones y ya han reencarnado con la mente desequilibrada, careciendo también de la oración, mejor antídoto contra las influencias obsesivas; otros son suicidas inconscientes, que se quitaron la vida mediante el abuso de alcohol, drogas, cigarrillos y relaciones sexuales desequilibradas. Todos, sin excepción, podrían haber evitado este trágico desenlace si hubieran utilizado su libre albedrío para practicar la caridad y la oración, imbuidos de la fe que mueve montañas. Pero nada está perdido, vendrán nuevas oportunidades, en una nueva encarnación. Vendrán con algún fundamento espiritual, para fortalecerlos en momentos de lucha, y nuestra asistencia será permanente, siempre y cuando emitan pensamientos de amor, perdón y humildad.

No abandonaremos a quienes recorren los senderos de la puerta ancha, pero nuestro acceso quedará bloqueado por las ondas negativas que emiten, a pesar que tratemos de llamarlos a la razón de las verdades eternas, siempre que sea posible.

Algunos de ustedes, recién llegados a la etapa de comprensión espiritual, se preguntan si están vivos o muertos. En el Universo, regido por la ley del amor, no hay muerte real, solo cambio de estado. En esta transición, para algunos, los elementos de apoyo existencial son el amor, la caridad, el perdón, la fe y la esperanza; para otros, en cambio, son odio, egoísmo, orgullo... Cada persona trae al mundo espiritual lo que logró almacenar en su experiencia en el cuerpo físico e irá a otras moradas del Padre, según su etapa evolutiva. Trajeron el equipaje del suicidio, cultivaron esta idea como un escape de los compromisos que asumieron, pensando en liberarse de sus dificultades y sufrimientos. ¡Craso error! Bajo ninguna circunstancia, por mucho que sufra, el ser humano no tiene derecho a poner fin a su vida, don de Dios para su crecimiento espiritual. Para mayor aclaración, quienes estén en condiciones de hacerlo serán asistidos por un mentor, ya sea por mérito individual de otras existencias, o por petición de un ser querido.

Nadie está perdido en el mar de su existencia, como un barco suelto por el viento. Todos tenemos nuestros afectos encarnados o desencarnados, que oran y piden a Jesús por nosotros. Él es como una brújula que nos guía por el camino correcto a seguir. Cuando se sientan inseguros, desanimados, con dudas sobre qué hacer, oren y esperen, que todo tenga su tiempo, un tiempo para sembrar, un tiempo para cosechar. ¿Cómo se ve hoy?

Si es un mal, puede convertirse en un bien en el futuro.

No importa que algunos no crean en las verdades espirituales. Espiritistas, católicos, evangélicos, budistas, ateos, no necesitamos una denominación religiosa, todos somos hermanos en Cristo. Acuérdense de los que todavía están en el Valle de los Suicidas, cerrados a la oración y a las bendiciones y ayuda del Señor. Gracias a Jesús y camina siempre hacia adelante. Cristo les extiende sus manos y los bendice.

Francisco llegó al inicio de la conferencia, y su presencia llenó mi ser de una inmensa ternura y una mezcla de confianza, y miedo al mismo tiempo.

La charla fue muy profunda, me había silenciado, no tenía preguntas que hacer, todo estaba muy bien explicado. Intenté absorber todo lo que escuché tanto como fuera posible.

Nos fuimos y no teníamos nada que decir, pero sí mucho sobre qué reflexionar. En mi habitación había otro jarrón con crisantemos amarillos recién cortados, que sugerían paz y comodidad. Eso era lo que más anhelaba: sentir dentro de mí la paz que decían que existía y que no podía lograr. ¿Llegaría el día en que la sentiría? Mis sentimientos eran antagónicos: mientras esperaba ansiosamente la paz interior, me alejaba de ella, sintiéndome cada vez más angustiada.

Cuando logré conciliar el sueño, el sueño volvió a ser inquieto. Me vi de nuevo en las cámaras del horror, sin luz, sin sol. Gemidos y malos olores llenaron mi mente mientras dormía inquieta. Entre despertar y dormir, sentí una mano posarse en mi frente y, en el mismo momento, me tranquilicé hasta poder tener un sueño reconfortante.

Nunca sabré quiénes fueron esos trabajadores anónimos, capaces de calmar mi espíritu cansado de tantas luchas.

V. RECOMPONIENDO ENERGÍAS

Por tanto, las vicisitudes de la vida derivan de una causa y, como Dios es justo, esta causa debe ser justa.

El Evangelio según el Espiritismo.

Cuando desperté, el sol iluminó el ambiente invitándome a levantarme. La visión del Sol, este amigo que no discrimina sexo, color, nacionalidad, pobreza o riqueza, era indescriptible en ese lugar. Como había pasado innumerables veces sin sentirlo acariciar mi piel, era maravilloso poder mirar, sentir su presencia amiga aligerando las nubes oscuras de mi existencia. Francisco, el querido amigo, entró en la habitación, preguntando:

- ¿Cómo pasaste la noche, Amatista?

- Después de algunas turbulencias, logré pasar una noche tranquila. Me pareció que alguien me estaba cuidando, colocando su mano en mi frente. Luego de este acto generoso me quedé dormida, tranquilamente, sin mayores problemas, pero lo que realmente me interesa es saber el motivo por el cual llegué a este estado deprimente. Sé que fue algo muy serio, pero no recuerdo por qué me quité la vida y terminé en Valle de los Suicidas. ¿No podrías iluminarme? Siento una ternura cada vez mayor por ti. Tu presencia es un bálsamo para mi tristeza. De hecho, siento un profundo amor por ti. No sé de dónde viene este sentimiento. Me siento bloqueada, impedido de saber lo que me pasó.

- También siento por ti un gran cariño por ti. Todo será aclarado en el momento adecuado, recuerda que el mentor Gláucio nos exhortó a la paciencia, y esta palabra debe ser recordada y ejercitada. Voy a llevarte a tratamiento de recomposición de energías. Te están esperando.

- Estoy lista para acompañarte. Me da vergüenza, pero siento el estómago vacío, extraño la comida y no veo a nadie alimentándose tanto como lo hago.

- Aquí cada uno aquí tiene su propio modo de alimentación. A medida que pase el tiempo entenderás mejor lo que quiero decir. Los que se sienten mejor, ya han aprendido a alimentarse del espíritu, aquedando la materia en segundo plano, pero en este hospital son pocos los que lo consiguen. Tu desayuno será servido ahora.

Un ligero toque en la puerta, y he aquí, aparece una joven trayendo algunas delicias. Alimentando con lo que me pareció el cuerpo físico, ahora podría intentar alimentar el espíritu.

Caminamos juntos hacia una de las numerosas cuadras del hospital, no sabría caminar hasta allí sola. Francisco me condujo a una salda, diciéndome que me esperaría afuera, pues el tratamiento era individual.

Suave toque a la puerta que se abrió, y una señora de rostro alegre me invitó a entrar, llevándome a una cómoda silla para revitalizar fuerzas, así me explicó la enfermera que dijo llamarse Clara.

Se realiza 1 ll' tratamiento antes de pasar al

- Este tratamiento es necesario antes de pasar al Ministerio de la Memoria. Vamos a energizarte para que tengas mejor soporte de energías para comprender más fácilmente qué pasó contigo. Se hará a través de la energía tomada de las fuerzas de la Naturaleza.

Será un tratamiento a nivel periespíritu, de una sutileza aun no conocido por el espíritu encarnado. Sentirás que los colores parecen tener su propia luminosidad y el Sol tendrá una influencia saludable para tu organismo, reconstituyendo las células en desequilibrio. En algunas Colonias, este tratamiento se encuentra en etapas mucho más avanzadas, dependiendo de las condiciones de cada espíritu.

Recostada en el sillón, seguí el consejo de Clara, cerré los ojos y me sumergí en la sutileza de la música, desconectando mis pensamientos del vértigo interior.

Clara me puso un casco ligero que me cubría todo el rostro y mi respiración era normal dentro del mismo. Los colores suaves comenzaron a fluir en ondas. Sentí mi cuerpo relajado, pareciendo flotar. Apareció una luz amarilla. Apenas sentí mi cuerpo, quedé extasiada por esa luz que más parecía un Sol. No se me ocurría nada, solo sentía una paz enorme y coraje para continuar. La nada se apoderó de mis recuerdos. No sé cuánto tiempo permanecí allí, fundiéndome con la luz resplandeciente, que me parecía un Sol magnífico, lleno de paz y amor. Suavemente, las luces se apagaron, dejando solo el suave sonido de la música. Me quitó el casco. Clara me pidió que moviera los pies, las manos, sintiera mi cuerpo y me levantara. Mis movimientos eran suaves y lentos. De pie me sentí muy bien, mi cabeza no parecía tan confundida, aun no tenía los recuerdos anteriores al suicidio, pero, por primera vez, miré a mi alrededor con otros ojos, con una ligera confianza en que todo sucedería. Me di cuenta que Jesús me había dado un regalo invaluable. Abracé a Clara agradeciéndole su ayuda.

Ella simplemente habló en voz baja:

- Si has llegado hasta aquí es porque el mérito ya forma parte de tu proceso de aprendizaje.

Abrió la puerta y en silencio me mostró la salida.

Francisco me esperaba en una de las avenidas, con una leve sonrisa en los labios.

- Querido amigo, estuve en el cielo, sucedieron cosas increíbles, me siento con más energía, puedo ver y sentir el lugar donde estoy mejor, con más coraje, optimismo. Estoy absolutamente segura de haber estado aquí antes, que eres un ser querido, aunque no recuerdo nada de lo que viví antes de Valle de los Suicidas, solo Alfredo, mi torturador. Ya nada me parece extraño, todo me resulta familiar. Me siento como una persona diferente, pero tengo miedo de despertarme y darme cuenta que todo fue solo un sueño maravilloso.

- Ciertamente, el tratamiento que se realiza desde hace un tiempo ha tenido el efecto esperado, permitiéndote captar mejor lo que te será transmitido. Muchos de los que te aman esperaban este resultado. Tu recuperación fue lenta, pero hoy se dio un gran paso hacia tu recuperación y preparación para la misión que te espera.

- Ya sé que llevo mucho tiempo aquí y veo lo cariñosos y amables que son todos, sin un ápice de impaciencia o desánimo. También creo que soy suicida, que estuve en el Valle de los Suicidas, que estoy viva, pero no recuerdo qué me llevó a suicidarme. Soy religiosa, tengo fe y siempre pensé que iría al cielo, al infierno o al purgatorio, pero aquí todo es diferente a lo que aprendí.

- La hora aquí no corresponde a la hora en la Tierra. Tampoco tengo muchos conocimientos sobre estos temas. Aunque no soy directamente suicida, pasé mucho tiempo en el Umbral, lo cual no es muy diferente de Valle de los Suicidas. Me trajeron mucho antes que a ti y tengo serios compromisos que redimir. Con la mejora de hoy, te concertaron una cita mañana en el Ministerio de la Memoria, donde darás los primeros pasos para conocer tus vidas anteriores y por qué me tienes en tan alta estima. El mentor

Alexandre te guiará a través de estos recuerdos. Cuando salgan a la luz, habrá que tomar nuevas posiciones en un futuro próximo.

- No me dejes Francisco, tengo miedo de conocer el pasado y, por lo que dijiste, hay un vínculo entre nosotros. ¿Por qué no puedo recordar?

- En este momento, recordar sin asistencia espiritual puede provocar desequilibrio y destruir años de trabajo, que habría que reiniciar. Olvidar es por nuestro propio bien. Fue así conmigo también. Ahora, entremos, porque para ustedes comienza el mañana, por qué no decir, para nosotros, nuevas oportunidades, abriendo un capítulo muy importante en nuestras vidas. Esperemos en Jesús, Él nos guiará.

Me interesé más en las cosas que me rodeaban. Fui a un grupo de personas que estaban intercambiando experiencias. Nos hicimos amigos de quienquiera que encontráramos, con la seguridad de ser iguales, suicidas, hermanos de sufrimiento común.

- No sé cómo me pasó algo así - dijo una señora llamada Marta -. Fue desesperado. Dediqué mi vida a mi familia, mi mundo eran mis hijos y nietos, a quienes amaba profundamente. Casi no tenía amigos, me dedicaba tiempo completo a mi familia. El mundo exterior no existía para mí, solo mi pequeño mundo. Hoy me arrepiento profundamente de no haber ampliado mi amor a los extraviados de la suerte. Había mucho trabajo voluntario a mi alrededor, pero yo, siendo egoísta, no lo veía, pensaba que mi obligación era solo familiar. En la vejez, me encontré en una situación financiera terrible. Acostumbrada a cubrir excesos y gastos innecesarios de los familiares, descubrí demasiado tarde que mientras los apoyaba me trataban bien y recibía demostraciones de amor, pero, después de ayudarlos tanto, no me preparaba para la vejez y de repente me encontré sin recursos para ayudarlos e incluso para mantenerme. Me rebelé, y un odio mortal se apoderó de mí, cuando, sin consideración alguna, me internaron en un asilo público, pobre en instalaciones y calor humano. No sabía vivir sin mis hijos y nietos que solo me visitaban ocasionalmente. Pobre, sin cariño y sin afecto, sintiéndome humillada, a los setenta y nueve años, me colgué de una cuerda en la viga del cobertizo que me cobijaba y me quitó la vida.

Quería lastimar a mi familia, quería que sintieran remordimiento por lo que me habían hecho, pero fue inútil. No morí y comencé a tener pesadillas horribles. Busqué a mi familia, pero no me escucharon y me di cuenta que en lugar del remordimiento que quería causar, les causé alivio, porque ya no tenían que preocuparse por mí. Me volví aun más odiosa y los pensamientos negativos me impidieron abandonar mi cuerpo putrefacto. Mis sentidos se volvieron brutales, estaba rodeada de gente que también quería venganza. Comenzó un círculo vicioso: cuanto más odio sentía, más me revolcaba en espantosos miasmas, hasta que un día recordé a mi marido, fallecido años antes que yo, un alma noble, que se apegaba a los pobres y desvalidos, y me llamaba la atención para que no me apegara tanto a los míos, aunque no sirvieron de nada sus advertencias.

Espiritualmente, él tenía una mayor comprensión de la vida que yo. Solo me acordé de él, sin pedirle ayuda. Fue un recuerdo fugaz. Pero poco a poco, cansada de sufrir tanto, comencé a pensar con más frecuencia en él, hasta que, en un destello de humildad, le pedí que me ayudara y me sacara de aquel lugar fétido. Pronto apareció una luz, me quedé dormida y cuando desperté me encontré en este hospital. Como saben, tuve un largo despertar y tardé mucho en darme cuenta de lo que me había pasado. Estaba en un proceso de locura y obsesión, empezando por el sentimiento de propiedad sobre mi familia. Para mí eran todos míos, nadie se apartaría de mi lado y los compraría con dinero. A través de pensamientos inferiores, atraje espíritus afines. No tenía religión, solo creía en

Dios, pero como llevo aquí mucho tiempo, con la ayuda de mi querido esposo, conferencias y conversaciones individuales, he entendido que para mi liberación tengo que sacar el odio de mi corazón de una vez por todas, ya que nos destruye, impidiendo que sentimientos nobles como el amor, el perdón, la humildad ocupen nuestro hogar mental. Sé que tendré que reencarnar para reparar los errores. Espero llegar a la Tierra con horizontes más amplios, no limitándome solo al campo familiar, que es importante, sino también trabajando por la Humanidad que es parte de nuestra familia espiritual. Espero lograr mi objetivo.

Una vez más la emoción se apoderó de nosotros. Compartimos el dolor de nuestra hermana, que era nuestro propio dolor. Nos abrazamos en conmovida fraternidad. Aunque fue un exilio necesario allí para nuestra recuperación, el trato fue excepcional, lo que nos llevó a varias consideraciones. Nadie trabajaba allí de mal humor, no vimos el orgullo y la vanidad acampar allí. Al contrario, prevaleció la humildad en el trato con nosotros y el deseo de ayudarnos. En el ambiente no hostil nos sentimos a gusto, sin culpa ni vergüenza por haber caído tan bajo. Cada trabajador fue firme en sus posiciones, pero amablemente nos ayudó a sanar nuestras heridas con caricias de amor.

La enfermera Clara se acercó invitándonos a pasar, ya que había llegado el momento de ir al Ministerio de la Memoria. Algunos, como yo, comenzaban el trabajo de recordar ese día, otros ya habían recorrido algunas partes del camino y decían que se sentían mejor al darse cuenta de sus errores y aciertos. ¿Qué pasaría conmigo? ¿Me sentiría mejor o todo se volvería aun más extraño? Miré a mi alrededor y mis ojos encontraron a Francisco quien me estrechó la mano, me miró con firmeza y dijo con calma:

- Comenzarás a comprender muchas cosas que antes eran incomprensibles. Estamos juntos y unidos permaneceremos para siempre. No cometiste errores solo, fuimos compañeros de las tramas que surgirán en tu memoria.

- ¿Has estado alguna vez en este Ministerio?

- No, Amatista. Cuando me recuperé, no había perdido todos mis recuerdos como tú. Con la ayuda de los benefactores, recordé episodios básicos de mis vidas pasadas, pero me pidieron que esperara aquí a que abandonaran el Valle de los Suicidas, para que juntos podamos gestionar mejor nuestras vidas en el futuro, que pronto será el presente.

- Entonces mi corazonada era correcta. Lo que siento por ti va más allá de la simple amistad, es algo más profundo, inexplicable.

- Estamos cerca de intentar un nuevo ajuste a las leyes divinas. De nosotros depende tomar las riendas de nuestra vida y hacer todo lo posible para hacerlo bien, sin importar las dudas que nos asalten.

VI. MENTOR ALEJANDRO

Reconciliaos con vuestro adversario lo más rápidamente posible, mientras estáis en camino.

Mateo, 5: 25-26.

Acompañamos a la enfermera Clara hacia nuestro destino. En pequeños grupos o individualmente, las personas se alojaban en habitaciones que se abrían al suave toque de Clara. Llegó nuestro turno, se abrió la puerta, entramos a una sala grande, con sillas en círculos, con una pequeña mampara al frente.

Se nos acercó un hombre con túnica blanca, tez clara, sonrisa tranquila y barba blanca. Todo en él irradiaba confianza y armonía.

- Soy el mentor Alexandre, pero llámame Alexandre. Para mí siempre serán hijos queridos, ya que los conozco desde hace mucho tiempo. Esperé este momento, ansioso por cooperar con tu nuevo viaje. Las solicitudes de ayuda con esto me llegaron a través de personas que te desean lo mejor, encarnados y desencarnados. Así como se hicieron enemigos, también ganaron muchos amigos por los servicios que prestaban a los menos favorecidos; es decir, porque encarnados practicaban la caridad.

Miré su rostro y con profundo respeto permanecí inmóvil, entre lágrimas silenciosas, sus ojos penetrantes parecían leer los rincones de mi espíritu.

- Llora, hija querida, las lágrimas son como el rocío de la mañana, que salen de las tinieblas, que el Sol ilumina, y renace el día.

Francisco, presencia de fuerza y esperanza, no dijo nada.

- Por lo que ya he podido deducir, estoy muerta, pero viva al mismo tiempo. Otro tipo de vida, eso es seguro. Logré salir del Valle de los Suicidas, donde permanecí por un tiempo desconocido, gracias a la divina providencia y la ayuda de benefactores espirituales. Lo que me molesta es que aquí nada me parece extraño. Realmente no entiendo lo que me está pasando. Todos son amables y gentiles, nadie me culpa de nada, pero aun así me invade un enorme sentimiento de culpa, porque no estaría aquí si no me hubiera suicidado. Tengo la sensación que Francisco y otras personas están involucradas en los hechos, y esa sensación me da mucho miedo, ¿me entiendes?

- Sí, querida hija. Te miro y veo un espíritu muy sufriente, pero aun inconsciente de los errores cometidos en vidas pasadas. Te ayudaremos como podamos. Tu impresión de conocer ya este lugar, que todo te parece familiar, no es solo una impresión. De hecho, ya has estado aquí dos veces. No te asustes, usa la paciencia y el amor a Cristo y pronto comprenderás los verdaderos motivos de tu estancia aquí.

- A veces me invade un miedo, un miedo demencial. Tengo ganas de dejarlo todo, de no saber nada, pero la razón me dice que me quede y trate de entender lo que me pasó. Entonces quiero salir corriendo y tirarme por el primer precipicio que vea. Parece ser la única salida a los dramas que preveo por delante, pero sé que si hago eso, no moriré y regresaré a Valle de los Suicidas, y solo estaré horrorizado al pensar en este regreso. Ayúdame, Alexandre, a encontrar un poco de paz.

Tomando mis manos, con una mirada que transmitía amor y comprensión. Alexandre dijo:

- Tenemos la esperanza que esta vez asumas verdaderamente tus responsabilidades ante la vida, lo cual no puede seguir siendo un juguete en tus manos. Se te ofrecerá una nueva oportunidad, una prueba de confianza, en la que tu libre albedrío podrá definir tu futuro, decisión en la que interferiremos, ya que aun no estás preparada para tomar algunas acciones importantes por tu cuenta con respecto a tu nueva encarnación.

En cada uno de tus pasos por el mundo espiritual se te ha permitido una gran interferencia en los destinos de tu existencia en el cuerpo físico, solo que esta vez será un poco diferente. Tomarás conciencia de tus acciones y de los resultados negativos obtenidos, pero no te corresponderá decidir cómo se restablecerán los hilos que te atan al pasado. En cuanto a tu reencarnación con oponentes de otras épocas, actuaremos juntos. Tu miedo proviene de momentos difíciles en los que no usaste bien tu libre albedrío. Pero no te preocupes, estamos aquí para ayudarte a deshacerte de esos recuerdos, para apoyarte, para que te sientas dispuesta y tengas la fe para no volver a enredarte en la red del suicidio.

Después de una breve pausa, continuó:

- Aquí no hay juicio de palabras, no estamos en la corte y depende de ti decidir si quieres reevaluar tu pasado ahora, pero si no lo haces, solo estarás posponiendo enfrentar los recuerdos borrados por tu propio bien. Al lado de Francisco, que ya conoce tu pasado, tendrás que afrontar las circunstancias que te llevaron a Valle de los Suicidas.

Emocionada, temblando. Respiré hondo, miré esa mirada que me daba confianza y me di cuenta que ese era el momento que tanto había estado esperando.

- No tengo otra opción, Alexandre. Necesito despertar del sueño en el que estoy, solo así podré salir de este estancamiento, de esta tristeza en la que me encuentro, dando nuevos rumbos a mi existencia. No importa lo malo que haya sido el pasado, recordarlo no será más doloroso que el tiempo pasado en Valle de los Suicidas, ni este tortuoso vacío. La verdad dolerá, pero será mejor que la duda que me acomoda en el miedo de tomar decisiones. Tengo que afrontar los motivos que me llevaron a suicidarme. Estoy lista.

Francisco se acercó a mí, ofreciéndome sus manos fuertes y seguras.

- Mira lo que tienes delante, dijo Alexandre, y observa los acontecimientos, recordando que estoy a tu lado para ayudarte.

La habitación sufrió una pequeña transformación; se escuchó música suave y la pantalla se activó.

- Amatista, no vamos a recordar todos los hechos de tus vidas anteriores, solo aquellos cuyo conocimiento es necesario para tu nueva encarnación, aunque tú misma puedas recordar espontáneamente una u otra circunstancia, dependiendo de tus bloqueos mentales.

En pantalla apareció un convento austero en su construcción, ubicado en lo alto de una colina desde la cual se divisaba a lo lejos un pequeño pueblo feudal y alrededor del cual había un pequeño bosque lleno de pájaros que parecían bailar en el aire. Entrando al local, pronto llegamos a una capilla donde un grupo de monjas rezaban los maitines. Me reconocí como una de las monjas que estaban orando. Era como si todo estuviera sucediendo en ese instante. Con las manos juntas, en actitud de profundo respeto a Jesús, recé el rosario con fe incontenible. Las monjas terminaron de cantar el canto de alabanza, en silencio y con la cabeza inclinada se fueron una por una. Tomé dirección contraria a mis compañeras y con pasos apresurados me dirigí hacia un cenador, un poco alejado de allí. Ya me esperaba un sacerdote que parecía un poco mayor que yo y en quien reconocí inmediatamente a Francisco.

- Fray Nazareno, no podemos continuar con nuestras reuniones. Alguien puede sospechar y seremos presa fácil del Clero, que no perdona las traiciones, menos aun las amorosas como la nuestra.

- No, Luísa, no puedo separarme de ti, te amo con enorme pasión, solo pienso en nosotros - dijo abrazándome fuertemente.

Lo siento temblar en mis brazos, sus labios se presionan contra los míos, desbordando todo nuestro amor.

- No temas, aquí en el convento estás bajo mi protección. Fui nombrado tu confesor, esto nos hace la vida más fácil y podemos articular mejor nuestros planes. Por cierto ¿cómo te llevas con Alfredo? Él será el puente para mejorar mi posición en la Iglesia. Cuando esto suceda, te trasladaré como Madre Superiora al Convento de Santa Cruz y podremos por fin, sin que nadie lo sepa, vivir nuestro amor con mayor intensidad. Amo a Jesús. Quiero seguir mi vocación de sacerdote, ayudar a los más necesitados, pero no renunciaré a nuestro amor. Eso nunca. Jesús nos perdonará.

- Siento remordimiento por lo que estoy haciendo, sé que va en contra de todas las enseñanzas del Maestro. Para apaciguar mi conciencia, trato de hacer los trabajos más humildes, lavar las heridas de quienes llaman a nuestras puertas y ayudar a los pequeños que llegan aquí con hambre y sin ropa. Aun así, sé que seré castigada. Jesús no perdonará esta traición, soy su esposa, llevo en mi dedo el anillo que recibí el día que me casé con él, pero tampoco puedo sacarte de mis pensamientos. Te amo más que a la vida misma, es un amor que me atormenta y me hace vibrar al mismo tiempo. Soy tuya por toda la eternidad.

Pesadas y oscuras nubes rodearon a los dos, sin que ellos se dieran cuenta.

- Alfredo está cada vez más enamorado de mí. Siempre viene aquí con la excusa de ver a la hermana Clarice, trayendo sus donaciones. Se enamoró de mí y, como me pediste, le di la oportunidad que se enamorara de mí, se convirtió en una pasión, quiere que deje de ser monja y me escape con él. No puede aceptar no tenerme como esposa. Hará lo que le pida.

- Excelente. Como es un joven rico y posee escudos nobiliarios, podemos quitarle parte de su fortuna y hacer una gran donación a la Iglesia. Pasando esto, me levantaré más y más adelante en nuestra jerarquía, tendré amplios poderes, seré Monseñor Nazareno y te haré Abadesa del Convento de Santa Cruz. Alfredo es la solución a nuestros problemas. Seremos libres para amarnos a nosotros mismos.

- Así es Nazareno, hoy me reuniré con él para poner en marcha nuestro plan.

Un beso selló el nefasto plan.

La pantalla se puso en blanco. Estática, casi sin respirar, recordé todos esos momentos. Nuevamente las escenas volvieron a la pantalla.

Sentada en el mismo cenador, ahora junto a un joven alto y apuesto, impecablemente vestido con un uniforme del Ejército Imperial, dijo con voz de falso afecto:

- Alfredo, te amo, pero no es fácil salir del convento. La Iglesia nos excomulgaría y no sabría vivir con este sentimiento de culpa. Soy la esposa de Jesús, ¿has olvidado que hice mis votos perpetuos?

- Mi corazón te pertenece, Luisa. No sabré vivir sin tu dulce presencia. Es un deseo más fuerte que mi propia vida. Quiero tenerte en mis brazos, quiero que me pertenezcas en cuerpo y alma. Huye conmigo, nos iremos muy lejos, donde nadie nos conoce. Si me amas como yo te amo, lo arreglaré todo pronto.

- Yo también te amo, Alfredo - dije fingiendo ternura -, pero creo que sería más fácil para nosotros si donaras tu fortuna a la Iglesia, quedándote lo justo para vivir una vida sencilla en el campo, donde podamos criar hijos y ser felices. Con este gesto generoso hacia la Iglesia, ella hará la vista gorda ante mi rebelión y su mano vengadora no nos alcanzará, dejándonos libres para vivir nuestro amor. Será como comprar un pasaporte a nuestra felicidad.

- ¿Es este tu deseo, Luisa? ¿Crees que esto será más

¿Es fácil renegar de tus votos de castidad?

- Sí, mi amor. Estoy acostumbrada a una vida humilde, no podría acostumbrarme al lujo en el que vives. Estoy segura que, con tu generosa oferta, no seremos castigados severamente, todo será silenciado para no provocar un escándalo. Seremos excomulgados, pero con el tiempo podremos revertir esta situación.

- Así se hará, querida. Estoy de acuerdo con todo mientras vivas para siempre a mi lado. Donaré más de la mitad de mi fortuna personal y la herencia dejada por mi madre a la Iglesia y planificaré nuestra fuga.

- Busca a Fray Nazareno, tu confesor y amigo, y haz la donación por medio de él, así no levantarás sospechas sobre tus verdaderas intenciones.

Se despidió diciendo que así se haría.

De nuevo la pantalla se pone en blanco frente a mí. Me siento vacía, todo va tomando forma. Veo cómo fui débil, falsa, transgrediendo las leyes divinas y terrenas. No tengo el coraje de mirar a nadie. Avergonzada, retiro mi mano de la de Francisco, anticipando las siguientes escenas. En la pantalla aparece otra escena:

- Luísa, todo salió como esperábamos. Alfredo donó sus bienes a través de mí, como su sincero amigo - dijo Nazareno, irónicamente -. Le hice lo más fácil posible, conmigo a la cabeza, la donación de sus propiedades y riquezas a la Iglesia. ¡Cuánto te amo, Luisa! Ya nada nos separará, nada nos impedirá estar juntos sin abandonar nuestros votos perpetuos. Cada vez será más fácil permanecer a tu lado. Mi vida no tiene sentido sin este amor.

En la pantalla aun encendida, la hermana Clarice aparece alterada en su celda. Pluma y papel en mano, modificando su letra, escribe una carta.

Nuevamente la pantalla en blanco, seguida de la aparición de Alfredo con una carta en la mano.

- ¡No lo puedo creer! ¡Imposible! ¿Cómo puede una carta anónima contener tantas mentiras? Luisa me ama, debe tener celos de alguien que no quiere que seamos felices. Pero hoy me voy como recomienda la carta, a medianoche a la puerta trasera del convento para apaciguar mi angustia, porque estoy seguro que el contenido de esta carta es falso. ¡Imagínese, Fray Nazareno, mi amigo, que tanto me ayudó, en romance con mi Luísa!

En la escena, figuras oscuras parecen inspirar ideas de venganza en la mente de Alfredo.

- Tomaré precauciones, podría ser una emboscada para Luísa y para mí, llevaré espada y daga.

Oscurece la pantalla. Me siento atormentada por los recuerdos de las siguientes escenas. El convento aparece nuevamente. Llega la noche. Alfredo mira la puerta trasera.

Aparece una figura cubierta, llama tres veces a la puerta, que se abre y él entra. Por la puerta entreabierta, silenciosamente, también entra Alfredo a la habitación. Oye susurros, se acerca y reconoce la voz de fray Nazareno:

- ¡Ay mi amor! Fui ordenado cardenal gracias a la fortuna de Alfredo. La riqueza que donó a la Iglesia es muy grande. Mi cita ya estaba en la agenda, solo faltaba el empujón de Alfredo. Atrapados por su amor no correspondido, nos brindó la oportunidad que tanto deseábamos. Pediré tu traslado al Convento de Santa Cruz en secreto, y nunca más volverá a saber de ti. Seguiré siendo su amigo y confesor, al fin y al cabo le debemos la realización de nuestros sueños.

Al escuchar el nombre de su amada, Alfredo comprende que había sido traicionado por la persona en quien había confiado su vida. En ese momento se sintió solo, abandonado por su ser querido y por alguien a quien consideraba amigo. Impulsado por fuerzas nefastas que involucran a los componentes de tan bien tejida trama, cegado por el odio, corre hacia Fray Nazareno, ahora cardenal, y lo apuñala varias veces. Fray Nazareno ni siquiera pelea. Los golpes fueron fatales. Agotado, cae muerto a los pies de Luísa, quien, con los ojos vidriosos de terror, cae junto a su amante, intentando reanimarlo. Indignado por la traición y loco de dolor, abandonando el puñal con sus iniciales y su escudo nobiliario, se marcha desesperado, sin extraviarse. La figura de Sor Clarice se acerca gritándole a Luísa: ¡Asesina! ¡Asesina! - Y llora al darse cuenta de la enormidad del acto que había cometido al escribir la carta anónima. No esperaba ese final que arruinó la vida del joven Alfredo para siempre.

Como esperando que me calme, la pantalla se apaga, dando un respiro a las emociones abrumadas. No puedo contener las lágrimas, los recuerdos de ese día burbujearon en mi mente. No podía entender cómo podía traicionar tanto, cómo Francisco y yo podíamos engañarnos, mentir por un amor enfermizo, porque éramos parte de algo sublime, habíamos hecho votos perpetuos en el nombre del Cristo, que nos amábamos mucho. Estábamos cegados por la pasión, creyendo que hacer lo incorrecto era lo correcto.

VII. RECUERDO DOLOROSO

¡Cuántos hombres caen por su propia culpa! Cuántos son víctimas de su imprevisión, de su orgullo y de su ambición.

El Evangelio según el Espiritismo.

Aun aturdida por la triste realidad, escucho la voz de Alexandre que me pregunta:

- ¿Quieres continuar en otra oportunidad? Ya nos acercamos al momento de tu primera llegada a Valle de los Suicidas.

- Continuemos, por favor, déjame beber la hiel de mis acciones hasta el final.

- Tus acciones no, Amatista, nuestras acciones - dice Francisco.

Una opresión comprime mi pecho. Sí, había amado con locura a Francisco y en ese momento de tanta angustia y dolor, estaba segura que todavía lo amaba mucho.

La pantalla se ilumina de nuevo. Veo una prisión fría y húmeda. En el suelo quedan restos acuosos de comida. Sobre un inmundo catre aparece la figura esquelética del que alguna vez fue un hermoso joven: Alfredo.

- Me vengué - dijo con locura -, ella no se quedó con ese maldito Nazareno, que arda para siempre en los fuegos del infierno. Me quedaré en este calabozo el resto de mi vida, cadena perpetua, pero no me importa: las ratas y las cucarachas son mis compañeras. Fui traicionado dos veces, por él, que decía ser mi mejor amigo y confesor, y por mi amor por esa maldita Luísa, que me hizo pobre y me convirtió en un asesino. Quería agradecer a quien me escribió esa carta anónima, esa persona, sí, debió ser un amigo. Cuando muera, quiero ir al infierno y torturarlos, nunca tendrán paz por lo que me hicieron. Me enteré que Luísa, no sé cómo, consiguió una arma y se quitó la vida de un tiro en el corazón. El odio es mi compañero. Dios ya no existe para mí. Ya nadie quiere verme, solo recibo la visita de mi fiel servidor Juan, quien me trae noticias. Siempre estaré agradecido a Juan que, una vez a la semana, viene a verme. No me abandonó como lo hicieron mi familia y mis amigos.

La pantalla se apaga. Se escucha una música suave y una luz azulada aporta penumbra al ambiente. No puedo moverme, conmocionada por los viejos recuerdos, ahora muy vívidos en mi mente. Un dolor profundo adormece mis sentidos. No sé qué decir ni qué hacer, solo me invade un llanto del corazón.

El mentor Alexandre me lleva suavemente a la realidad.

- Amatista, aunque las escenas presenciadas fueron fuertes y los recuerdos llegaron como una avalancha, no te desesperes ni te desanimes. No es con la intención de amargarte que recordamos tu pasado. La fuerza y el coraje, junto con la fe y la esperanza, deben ser tu apoyo, pues tú ya cuentas con los conocimientos necesarios para tomar una decisión importante en tu vida, al igual que Francisco. Todos cometemos errores algún día, incurrimos en deudas ante la Justicia Divina. El amor es el sentimiento más noble que podemos tener y tú lo tienes, porque aunque te rebelaste contra las normas de la Iglesia que abrazaste, amaste a Jesús. Tus oraciones, cuando no estabas involucrada en las tramas de la obsesión, eran verdaderas. Ayudabas a muchos, practicando la caridad hacia los menos afortunados. Tus gestos de amor y compasión cuentan puntos a tu favor. Te equivocaste al traicionar, pero tu mayor error fue quitarte la vida, ya que no hay justificación bajo las Leyes Divinas para un acto de tal rebelión.

Te mostramos estos eventos porque planificamos tu reencarnación, más o menos según tu libre albedrío, ya que algunas decisiones serán tuyas y de Francisco. Alfredo ahora está mejor, ya que logramos rescatarlo, pero su encarnación a tu lado será obligatoria y la mayor responsabilidad de ayudarlo será tuya, Amatista. Ayudaste a muchos, diste agua a los sedientos y pan a los hambrientos y estos factores cuentan en el ascenso de la evolución espiritual.

- Muchas cosas empiezan a aclararse. Puntos sin significado, eslabones sueltos toman forma. Ahora recuerdo todos los acontecimientos, mi desesperación al ver muerto a Nazareno. Alguien me llevó al interior del convento, conduciéndome a la celda, sin que nadie se diera cuenta de mi participación en aquella sórdida historia. Ante los hombres salí ilesa, y Nazareno fue sepultado con honores y gloria, víctima de un joven desequilibrado. Alfredo fue arrestado, nunca tuve el valor de visitarlo y perdí la fe en Dios. Preocupada, la Madre Superiora me envió a pasar unos días en casa de mis padres, donde escondí el arma de mi hermano. Al regresar al convento supe que Sor Clarisa se había hecho carmelita. Sin poder volver a ver a nadie, completamente aislada, viviría el resto de su vida en oración. Hasta ahora desconocía su participación en este trágico desenlace. En la desesperación del anhelo que me consumía, esperando encontrar a Nazareno, tomé el arma y me disparé en el corazón, pidiendo perdón a Dios. Recuerdo haber ido a Valle de los Suicidas. Fui esclavizada y sumergida en actitudes viles. Sé que tengo mucho que corregir, pero quiero recordar poco a poco lo que me pasó. Sé que he estado aquí otras veces. ¿Cómo pude haber estado tan equivocada? Soy culpable, no sé si habrá perdón para mí y solo recuerdo algunas cosas. Sigo bloqueada de otros eventos. ¿Alfredo fue completamente inocente en este episodio que recordamos o tuvo parte de culpa?

- Nadie, hija querida, está libre de culpa en acciones que dañan a otros. Alfredo tiene su parte de culpa, no es una víctima inocente de la situación que se desarrolló en el convento. Existieron entre ustedes conexiones dañinas, de otros tiempos, y como hasta ahora no han logrado alcanzar el perdón mutuo, el drama continúa desarrollándose. Tú y Francisco mantienen su religiosidad, conectándose con las cosas del espíritu. Alfredo ha vivido entre los placeres de la carne, la vida mundana, por lo que le resulta más difícil lograr una encarnación más apacible, centrada en el lado espiritual. Será una ardua tarea intentar conducirlo a alguna nueva experiencia en el campo de la espiritualidad, que ayude a ablandar su corazón. Pero todo a su tiempo.

Alexandre nos miró como para medir si habíamos comprendido la importancia de sus enseñanzas.

- Es importante que no se culpen, ya que el sentimiento de culpa es uno de los peores consejeros de la mente, adopta formas gigantescas, llevando a los menos informados a tomar acciones contrarias a las enseñanzas cristianas. El sufrimiento de los hermanos perdidos influye en la mente de los culpables, exacerbando sus sentimientos de culpa. La mente se convierte en un campo minado de sentimientos, fértil para el resurgimiento del egoísmo, la tristeza y el resentimiento. En su afán por aliviar su culpa, cometen otros errores, que se van acumulando, hasta formar una bola de nieve, en la que no se sabe quién comete más errores, el que quiere disculparse o la víctima que no se disculpa. Es un cuadro doloroso de contemplar. Solo con mucha ayuda espiritual y autoconocimiento, el espíritu comienza a identificar los verdaderos valores de la vida, por eso, queridos hijos, no sean víctimas de sus propios actos en los caminos que recorrerán, sino defensores de la verdad, para que puedan alcanzar lo que anhelan desde hace mucho tiempo: permanecer juntos, pero con tranquilidad de conciencia, haciendo lo correcto según los preceptos divinos.

Se abrió la puerta y la enfermera Clara preguntó:

- ¿Me llamaste, mentor Alexandre?

- Te llamé, Clara, acompaña a tus queridos hijos. Mañana, si están listos, seguiremos con los recuerdos.

- Gracias, mentor Alexandre, por tu capacidad de consolar los corazones heridos, sin juicios que destruyan nuestro foro íntimo. Recordaré tus palabras y me recuperaré de este shock inicial y mañana quiero continuar el proceso. Yo creo que Francisco también lo quiere.

- Este es también mi mayor deseo - dijo Francisco. Esperé estos momentos con gran ansiedad. Aunque recordé los hechos por otros medios, ver en pantalla lo que realmente nos pasó me impactó mucho, y recordar juntos facilitará la tarea de decidir con los mentores qué será lo mejor para nosotros.

Recuerden, queridos hijos, que no se recuerda nada que los haga sufrir, sino con los reajustes necesarios en mente. Jesús esté con ustedes.

Salimos acompañados de Clara, que notó nuestras ganas de estar solos.

- Siéntanse libres, hermanos. Como ya conocen el lugar, pueden caminar un poco para aclarar sus pensamientos. Para algunos siempre es así, salen un poco confundidos, y caminar por los bulevares llenos de flores renueva sus energías. Jesús los bendiga.

Caminamos en silencio. ¿Qué decir después de todo lo que habíamos visto?

A mi lado estaba el gran amor de mi vida, pero un abismo nos separaba en ese momento: la distancia de la inseguridad, la vergüenza de las acciones cometidas, el desamor hacia los demás. Finalmente logré decir:

- Realmente, cuando salimos del Valle de los Suicidas, tan brutalizados, solo quedaba este hospital de Regeneración para darnos el apoyo necesario para el equilibrio. No podríamos llegar más lejos. Con los recuerdos de hoy nos dimos cuenta de lo egoístas que éramos en nuestro amor. En nombre de este amor, transgredimos las leyes de Dios y de los hombres. Pero mi error fue mayor, fui débil, no tuve el valor de admitir mis actos desleales y me quité la vida.

- Como decía el mentor Alexandre, no podemos sucumbir al sentimiento de culpa, que no nos ayudará a progresar. Soy parte de tu vida, soy tanto o más culpable que tú. Hoy mi amor sigue siendo el mismo, pero puedo verlo de otra manera, porque llevo más tiempo en tratamiento. No podemos, en nombre del amor, dejarnos llevar por los instintos primitivos. Seremos testigos de otras viles caídas en su nombre. Un día conoceremos el amor verdadero.

- Como todavía no podemos comprender el amor en su plenitud, distorsionamos este sentimiento, convirtiéndolo en un juguete para nuestras necesidades. Cuando amamos a alguien, pensamos que nunca volveremos a amar a nadie, que solo amamos de verdad una vez. ¡Qué error! Si amamos a nuestros hijos, hermanos, amigos, cónyuges, ¿cómo podríamos amar a una sola persona por el resto de nuestras vidas? Nuestro amor debería haber sido un amor de abnegación, sin causar daño a nadie. Eso es lo que tenemos que aprender ahora, Francisco, intentemos entender cómo podremos algún día amarnos plenamente, sin rastros de vidas pasadas. ¿Qué pasó con Alfredo? ¿Dónde estará ahora? No puedo hacer nada a su favor, porque todavía no sé realmente quién soy, ni qué rumbo tomaré con mi vida.

Serenamente, Francisco pone sus manos en las mías, de una manera amable y amigable, lo que me consoló mucho.

- Tómalo con calma, Amatista. Ahora el rumbo de nuestras vidas será otro y, así como nosotros estamos teniendo nuevas oportunidades, Alfredo también tendrá las suyas. Tú siempre tuviste más fe que yo, que me dejé llevar por la ambición. Ora para que Dios nos ilumine y nos dé fuerzas para salir de aquí mejor que cuando llegamos. El factor voluntad será de vital importancia para darle un propósito cristiano a nuestras vidas. Algo comienza a reestructurarse dentro de mí en relación contigo.

Cuando me preguntaron si quería trabajar aquí hasta que ustedes pudieran reconocerme, no esperaba la transformación de este amor-pasión. El amor va cambiando, las cicatrices se van cerrando y lo que siento ahora es un deseo inmenso de protegerte, de no dejar que te pase nada. Te miro y no siento deseo sexual, solo una suavidad está presente. No puedo expresarme correctamente, pero algún día lo entenderás.

- Por mi parte, siento un gran amor, algo más allá de mis fuerzas, que me conecta contigo. Pero tengo un poco de miedo después de lo que vi hoy. No me dejaré llevar por la pasión en este momento. ¿He comenzado mis cambios también? Dijiste que me estabas esperando. ¿No querías seguir sin mí o no te lo permitieron?

- Podía decidir. En un momento u otro tendríamos que saldar nuestras deudas y si no aceptara la oportunidad que me ofrecieron, prefiriendo continuar sin ustedes, me quedaría estacionario. Preferí participar en la decisión sobre nuestra necesaria separación, porque pensé que esto debíamos hacerlo juntos: Alfredo, tú y yo. No podemos posponer más este compromiso. Dondequiera que estés asignada, estés donde estés, siempre estaré a tu lado, te lo prometo. Necesitamos aprender el verdadero significado de la palabra amor. Descansa un poco ahora. Mañana recordaremos más vidas. Me dio un beso en la mejilla y se alejó.

Cuando Francisco se fue, quedé sumida en una mezcla de añoranza y miedo. Necesitaba poner mis ideas en orden, pero no podía pensar con claridad. Sentí una vaga somnolencia, me dejé mecer y me fui a descansar.

VIII. MADRE CONSUELO

Dios permitió la existencia de las caídas de agua para que aprendamos cuánta fuerza de trabajo y renovación podemos extraer de nuestras propias caídas.

Compañero - Emmanuel.- Francisco Cândido Xavier.

Dormir allí era como beber agua cristalina para calmar una sed interminable. Sed de entendimiento, de comprensión. Todo allí estaba programado para la renovación de energía. Esperando el sueño que persistía en tomar tiempo, recordé el tiempo que estuve con Francisco - Fray Nazareno. Pensando que iba a morir, me disparé en el corazón, pero no morí. Sentí la sangre brotar sin parar, un dolor insoportable me consumía, y los estertores no me aliviaban, la escena se repetía una y otra vez, y el dolor era cruel. Vi sombras oscuras a mi alrededor diciendo entre risas:

- Ahora eres nuestra, querías esconderte en el cuerpo de una monja, pero no pudiste. ¡Ay, ay! Nunca lo lograrás, nadie te apartará de nosotros.

Sufrí porque quería dejar mi cuerpo putrefacto, pero ante lo que escuchaba, un miedo enorme me mantuvo cerca de los olores cadavéricos. Recordé el grito angustiado de las monjas, el horror escrito en sus rostros. Mi familia no quería verme: sin velorio, sin misa ni oraciones, fui enterrada fuera del cementerio, en un lugar impío destinado a los suicidas, en una fosa común junto a los marginados de la vida, sin una cruz en mi tumba, abandonada como un cobarde que había sido al tomar mi vida. No hay alivio para mis tormentos. Solo el dolor, la aflicción y la desesperación me envolvieron en la oscuridad de noches interminables. Nadie se atrevió a orar por mí, tenían miedo que mi espíritu vagara y se les apareciera.

No se equivocaron que deambulase, pues yo no tenía alivio de mis tormentos. Me quité la vida para encontrar a Nazareno, lo cual no sucedió. Además de no poder ver, me enfrenté al horror de no haber muerto y de no saber qué significaba todo eso. La iglesia, los sacerdotes y lo que había aprendido en la fe católica no me habían preparado para lo que enfrentaba. Pensé que debía estar en el infierno, sí, en un infierno del que nadie podría escapar. Recuerdo que, en un esfuerzo desesperado, intenté salir del cuerpo, pero unas figuras esqueléticas me lo impidieron, lo que inició mi peor degradación.

Me convertí en esclava, serví a seres horribles, sujeta por collar y cadenas. Un odio mortal me invadía cuando pensaba en Alfredo, pero cuanto más lo odiaba más empeoraba mi sufrimiento. Pensé en Nazareno y sentí una sed intensa. Intenté con todas mis fuerzas no pensar más en él en un intento de evitar que la sed me consumiera. El odio hacia Alfredo, eso es lo que ocupaba mis pensamientos. Aunque sentí más dolor, alimentó mi deseo de venganza. Pensé que él era el responsable de la situación en la que me encontraba.

No sé cuánto tiempo permanecí en aquel lugar, hasta que un día, cuando casi había olvidado quién era, sintiéndome en el fondo del pozo de una muerte sin fin, noté una luz que provenía de alguien que estaba orando y recordé que un día yo también rezaba. En ese momento se produjo la transformación: con lucidez, superé los miasmas del odio reprimido, levanté las manos en alto y supliqué ayuda a Jesús. Era un pedido sincero, nada parecido a otros que había hecho, sin resultado alguno, cuando suplicaba la misericordia de Dios, llena de odio, con ganas de venganza. Mi grito fue desde el fondo de mi alma, un grito de auxilio, sin odio, sin ira ni deseos de venganza, la oración de alguien al límite de sus fuerzas, que podía aliviar mis sufrimientos. Los relámpagos atravesaron la oscuridad del oscuro valle y fui absorbida hacia las alturas. Recuerdo estar mucho tiempo en coma en este mismo hospital. En ese momento recordaba poco sobre mi recuperación.

Ahora tenía sentido no sorprenderme por el lugar donde me encontraba. Yo era católica, ¿cómo pude haber muerto y permanecer entre personas que decían estar vivas? Donde había estado todavía podía entender que era el infierno, pero allí, en el hospital, era difícil aceptar que había vida después de la muerte. Reflexioné sobre los hechos que me había mostrado el mentor Alexandre, recordándome el momento en que me había suicidado, pero seguí con vida después de dejar el Valle de los Suicidas, como llamaban al lugar que para mí seguía siendo el infierno o el purgatorio. El sueño llegó suavemente y me quedé dormida tranquilamente.

Cuando desperté, una vez más el Sol besó mi rostro como si me presentara su luz.

Me levanté y, en la mesa de al lado, estaba mi desayuno. Creo que dormí unas 12 horas. Sentí hambre, lo cual me pareció muy interesante. Si comía era porque estaba viva, pero quedé muerta, mi cabeza confundida no podía alinear mis pensamientos.

- Buenos días - dijo Francisco, entrando a la habitación.

Lo miré con los ojos de mi alma y quedé profundamente conmovida: yo que tanto lo había buscado hasta que mis recuerdos se desvanecieron en el Valle, ahora estaba ante él. Una ola de emoción inundó mi ser.

- Cuando salí a tu encuentro, Nazareno, lo siento Francisco, esperaba quedarme a tu lado, pero sucedió exactamente lo contrario. Sufrí tanto que no podía ni pensar en ti, porque tenía una sed insaciable. Saqué su dulce recuerdo de mis pensamientos y nunca te volví a ver. Anoche recordé toda mi saga. ¿Qué pasó contigo después del asesinato? ¿Tú también me buscaste? ¿Nunca nos volvimos a ver, hasta ahora?

- Cuando desencarné, Amatista, unas figuras sombrías me rodearon. Eran sacerdotes viejos, personas que se entregaban al golpe de la Inquisición. Ya no me acordaba de ninguno de ellos, pero me estaban esperando. Me llevaron a un lugar llamado Umbral, donde me esperaban sacerdotes y monjas, dispuestos a juzgarme. Según la sentencia, casi todos éramos considerados esclavos, con la obligación de acosar – obsesionar -, a personas cuyas acciones y pensamientos eran similares a los nuestros; es decir, tenían el mismo contenido vibratorio. Fui esclavizado y, con otros compañeros, deambulé por muchos lugares, principalmente Centros Espíritas, predicando la discordia entre los miembros del grupo, inculcando en ellos envidia, orgullo y vanidad. Cuando no conseguíamos el efecto deseado, éramos castigados hasta la locura.

Quien acudió en mi ayuda fue mi querida madre quien, a través de la telepatía, me recordó a Dios. Lo llamé y entonces ella pudo ayudarme a salir de ese lugar. Al igual que tú, odié mucho a Alfredo y lo obsesioné mucho en la prisión en la que estuvo. En cada lugar al que iba, intentaba encontrarte, porque no sabía qué te había pasado. Solo después de un largo tratamiento logré descubrir qué te había sucedido. Sé que sufriste mucho más que yo, porque el Valle de los Suicidas es uno de los peores lugares que existen aquí en la espiritualidad. Nunca te abandonaría, querida, no por mi voluntad, pero también sufrí por mis errores, fui más culpable que tú. Yo era mayor, vestía las túnicas del alto clero de la Iglesia y no todos los conocimientos que poseía me salvaron de cometer un error tan grande.

- ¿Qué nos sucede después de todo? ¿Crees incluso estar vivo? ¿No es esto la muerte?

- Fue difícil creer todas estas noticias. Estoy estudiando la Doctrina Espírita, tratando de rendirme a la evidencia, pero sigo con mi fe católica, no puedo negar los santos votos que una vez hice y, por ahora, todavía tengo ganas de ser un sacerdote.

- ¿Conoces al mentor Alexandre?

- Sí, lo conozco, él también me ayudó mucho. No está vinculado al quehacer diario de esta institución, solo aparece aquí en casos especiales a petición de los coordinadores de esta casa.

- ¿Es entonces nuestro caso especial?

- Eso parece. Por lo que sé, nuestro caso merece una atención especial por su parte. Siento que tenemos que armonizar los relojes de nuestra vida, tenemos que cambiar, eso lo tengo claro. Sé que se nos mostrarán tiempos difíciles. Unidos podremos entender todo este proceso que estamos atravesando.

Nos quedamos en silencio.

Sentí que mi amor emergía fuerte, pero diferente a lo que había experimentado antes. Algo indescriptible empezó a surgir dentro de mí, un deseo de bien, sin la lujuria y la locura del pasado. Él también me miró con cariño.

- Vamos, Amatista, el mentor Alexandre nos espera en la sala de la memoria.

No sé si quiero recordar otros episodios, pero necesito hacerlo. Siento que nadie me está engañando. Todo es muy convincente. Como católica, temo que sea obra de brujería, pero al mismo tiempo sé que no lo es. Oscilo entre verdades y mentiras. Creo que es una forma de no querer asumir responsabilidades, de afrontar las consecuencias de mis errores. Ya que pareces más familiarizado con los acontecimientos, tu comprensión parece ser más fácil.

- Calma tu corazón. Un día podrás entender lo que está pasando aquí. No creas que es fácil aceptar lo que está pasando. Yo era estudiante de la Biblia, nunca había oído hablar de la reencarnación y repasar conceptos es difícil. Estoy aquí como aprendiz esperando nuevas tareas. Todavía no logré captar todo lo que se refiere a esta Doctrina Espírita, pero lo que importa ahora es que estemos juntos, unidos.

Caminamos de la mano hacia el pabellón de la memoria. El entorno no nos proporcionaba mayores deseos que ese amor fraterno. Y en ese amor encontramos la paz.

Llamamos suavemente a la puerta.

- Entren, queridos hijos. Puedo ver que se llevan muy bien. Los hemos hecho sentir libres para hablar, facilitando así una mayor comprensión de los acontecimientos pasados.

- Mis recuerdos parecen estar envueltos en espesas nubes, todavía no puedo recordar nada más que las escenas que se ven en la pantalla.

El mentor Alexandre explicó:

- No es fácil recordar el pasado. Has bloqueado los recuerdos más fuertes para no sufrir, pero tendrás que afrontarlos antes de continuar tu viaje espiritual. Hay créditos a tu favor, pero es necesario saldar las deudas para que, con la casa mental limpia, tú y Francisco puedan disfrutar de este amor que los une desde hace siglos. Ha llegado el momento de comprender tus faltas y redimirlas. Concéntrate en la fe. Pídele fuerza a Jesús, Él te aliviará el peso que llevas en el corazón. Francisco ya está al tanto de los hechos, prefirió internarse en esta institución hasta que despertaras, para tomar compromisos de futuro juntos.

- ¿Por qué te preocupas tanto por nosotros, Alexandre?

- Somos almas en quiebra. Nadie se preocupaba por mí, incluso me enterraron en tierra impía. Siento que tienes mucha compasión por los desheredados.

- Todos somos hijos de Dios. Una vez fui preceptor de Francisco, un joven de rara inteligencia y desde entonces hemos estado muy conectados. Amatista, alguien vinculado a ti por lazos espirituales muy fuertes te pidió que lo ayudaras en este momento. Tu nueva existencia tendrá que implicar muchas renuncias. Deseo verlos algún día unidos, en equilibrio. Pueden estar seguros que los quiero mucho, porque los he convertido en hijos de mi corazón. Ten paciencia hija, con el tiempo entenderás lo que te digo. Ahora pasemos a la segunda etapa de los recuerdos.

Una luz suave apareció en la habitación y la pantalla se abrió frente a nosotros.

De nuevo apareció en pantalla un austero convento. Nada indicaba hora o fecha, pareciéndose que no tenía más importancia que los acontecimientos mismos. Apareció una capilla iluminada con antorchas, donde se cantaban cantos gregorianos. Las monjas rezaron el rosario, se confesaron y se marcharon en silencio.

- Sor Marta, me gustaría hablar con usted.

- Claro, Madre Consuelo, a tus órdenes.

- Vamos a mi habitación.

Siguieron pasillos iluminados y entraron en una sala grande, cómoda y austera, como todo lo que rodeaba el convento.

- Siéntese, sor Marta, por favor.

Cuando miré a la monja que se llamaba Marta, me reconocí en ella: otro estilo, otra época, pero sin lugar a dudas era yo. Miré a Francisco, me dio unas palmaditas en la mano, mirando la pantalla.

- Sor Marta, estás con nosotros desde pequeña. Desde que te conozco, nunca he oído hablar de nada que te desacredite. Has sido una monja digna de ser esposa de Jesús. Últimamente he estado preocupada. Estás pálida. Noto que apenas has comido y, en la capilla, te veo con los ojos enrojecidos por las lágrimas no derramadas. Confía, fui yo quien te recibió de manos de tus padres, quienes me la confiaron. Eres especial para mi corazón, eres mi hija espiritual. Estoy aquí para ayudarte en lo que necesites, cuenta conmigo. ¿Qué te hace sufrir tanto?

- No se preocupe, Madre Consuelo, solo siento una ligera indisposición, que pronto pasará.

- Entiendo tu tristeza – dijo tomando mi mano fría y mirándome a los ojos -. Recuerda que Jesús murió en la cruz para salvarnos. No abandona a ninguno de sus seres queridos, especialmente a nosotras que dejamos el mundo con sus placeres para ser sus esposas, compartiendo con él los dolores en la cruz.

- No tengo nada que decir, madre - dije, con lágrimas cayendo por mi rostro.

- Como no puedes hablar conmigo, voy a llamar a nuestro confesor, Fray Almir. Quién sabe, en confesión podrás decir lo que tanto te inquieta.

- No, no hace falta, Madre Consuelo, estaré bien - respondí ansiosamente.

En silencio, con una mirada de cariño y cariño, toca el timbre pidiendo la presencia de Fray Almir.

Pasan unos minutos y entra Fray Almir. Alto, fuerte, algunas canas insistiendo en aparecer en su joven frente. Mirándolo reconocí a Francisco a mi lado. Una vez más él está en mi existencia.

- Bueno, Madre Consuelo, ¿en qué puedo ayudarte?

- Sor Marta parece necesitar la presencia de un sacerdote. Los dejaré en paz, quién sabe, tal vez ella abra su corazón. Me entristece mucho verla tan abatida.

Desapareció silenciosamente por la puerta. Un silencio fuerte y pesado reinó en la habitación después que ella se fue.

- Marta, mi querida Marta, ¿qué te pasa? ¿No es nuestro amor suficiente para sostener tu vida solitaria? Nunca pensé en romper mis votos sagrados, pero no pude resistir tu dulce presencia. No podemos hacer nada ante este amor imposible que me lleva al cielo y al infierno, tal es el sentimiento de culpa que invade mi alma. Cuando te tengo en mis brazos quiero alejarte para no caer más en el abismo de la tentación. No puedo negar mis sentimientos, te amo con cada fibra de mi corazón y mi cuerpo clama por tu cariño.

- ¡Oh, querido Almir, mi destino es muy triste! Nuestro amor me sostiene en los momentos de soledad, pero no puedo soportar solo el peso de esta cruz que me castiga. Sí, estoy siendo castigada por Dios, a causa de este amor ilícito, que nunca debió brotar en mí.

Sor Marta lloró profusamente. Fray Almir, tomándola en sus brazos, besó su rostro, sus labios, queriendo reducir su sufrimiento.

- Dime, querida, qué te atormenta para que pueda aliviarte de esta agonía que te maltrata.

- Almir, nuestro amor será castigado, sé que voy al infierno, traicioné a Cristo, soy su esposa y no me comporté como tal. Fui hipócrita, fingida y disimulada, traicionando la confianza de la Madre Consuelo quien ha sido madre y hermana para mí. ¿Cómo decirle la verdad? Tengo miedo de lo que pueda pasar. Fui castigada. Dios nunca me perdonará.

Fray Almir la miró y se dio cuenta que era algo muy grave.

- Habla, amada mía, ¿qué es lo que tanto atormenta tu alma?

- Almir, Almir, ¿qué hicimos? Estoy embarazada, embarazada, vas a ser padre. No habrá perdón para nosotros, ya no serás Monseñor, hemos traicionado a todos los que depositaron su confianza en nosotros, no tenemos escapatoria, solo la hoguera del Santo Oficio es lo que nos espera.

Si un rayo hubiera caído allí en ese momento, no le habría hecho más daño a Fray Almir que esa noticia. Se alejó de Marta. El asombro y el miedo a las represalias de la Iglesia lo invadieron como una bola de fuego, quemando sus ideales de ascenso dentro de la congregación franciscana. Había abandonado la vida mundana para amar a Cristo, pero también quería ocupar un puesto importante en la Iglesia, estaba a punto de ser nombrado Monseñor. Estos pensamientos vinieron a su mente en una fracción de segundo. Pensaría en qué hacer a continuación. Mostrando asombro, preguntó:

- ¿Estás segura, Marta? ¿No puedes estar equivocada?

Marta, casi desmayada, tomó la mano de Fray Almir y la colocó sobre su vientre, que notó abultado.

- No sé exactamente en qué mes de embarazo estoy, todavía no me ha aparecido la barriga porque me beneficia el hábito. Solo noté algo diferente en mí cuando mi barriga se movió. Intenté sutilmente descubrir cómo era estar embarazada y mis sospechas se confirmaron. Mis reglas tienen un retraso de seis o siete meses. ¿Qué vamos a hacer? Madre Consuelo aun no lo sospecha, pero, se te cuenta que me está pasando algo diferente. Estoy traicionando su amistad y confianza. No sé qué hacer con mi vida.

- Tenemos que estar tranquilos, Marta. Calma tu corazón, porque Madre Consuelo no puede percibir nada diferente entre nosotros. No te voy a abandonar, voy a pensar en algo y pronto tendré una solución. Confía en mí. Recemos ahora el rosario para no levantar sospechas.

Figuras sombrías y oscuras eran parte de esa escena. Hilos oscuros surgieron de las mentes de los dos amantes y se fusionaron con las figuras que los rodeaban. En ese momento llaman a la puerta y entra la Madre Consuelo en la habitación.

- Entonces, Fray Almir, ¿lograste calmar este corazón afligido?

- Sí y no, madre. Hablamos y me dijo que tiene remordimientos, ya que no ha tenido paciencia para hacer el viacrucis de maitines y como es muy sensible eso la ha molestado un poco, pero ya le he dado recomendaciones y creo que todo se solucionará. Ahora debo irme, porque el Abad me espera para celebrar juntos la Santa Misa.

- Gracias, Fray Almir. Haré todo lo que esté en mis manos para ayudar a Sor Marta. Ella es muy servicial, siempre ayudando a los pobres que están cerca, quienes le tienen un cariño especial. Pidamos a Jesús que le dé la paciencia necesaria para cumplir con su obligación en el Vía Crucis. Ella también es especial para mí, le tengo un gran cariño.

- Hasta pronto, Madre Consuelo, Jesús te bendiga.

IX. NUEVA LOCURA

Cuando la plantación fue invadida por plagas, el cultivador no la abandonó. Le ofreció recursos defensivos.

Tocando el barco - Emmanuel - Francisco Cândido Xavier.

La pantalla se apaga. Siento que un profundo desánimo se apodera de mí. Apenas tengo tiempo de recuperarme y la pantalla se enciende, continuando la escena. Aparece la Madre Consuelo en el refectorio. Reunida con todas las monjas, hizo un pequeño anuncio.

- Sé que se estarán preguntando por qué Fray Almir fue reemplazado por Fray Gaspar hace unos días. Fray Almir fue llamado de urgencia para hacerse cargo, como Monseñor, de la parroquia de la provincia de La Costa, debido al fallecimiento del párroco local. No creo que lo veamos pronto, ya que La Costa está muy lejos. No se despidió porque la tarea era urgente.

Se escuchó un ruido sordo. Sor Marta yacía en el suelo desmayada. Todos respondieron amablemente.

Acercándose, Madre Consuelo intenta reanimarla. Luego nota su voluminoso vientre e inmediatamente les pide a todos que se vayan y vayan a la capilla a orar. Esperó a que sor Marta volviera en sí, la sentó en un sillón y la miró pensativa, y preocupada. Sor Marta lloró profusamente. Madre Consuelo sentada a su lado, mirándola con firmeza, como exigiendo una explicación sincera, traduce en palabras lo que piensa:

- Sor Marta, siempre te he dado un cariño especial, pero me doy cuenta que esto no fue suficiente para que confiaras en mí. Ahora tengo el deber de saber qué está pasando realmente. No me atrevo a pronunciar el nombre de lo que mis ojos y mis manos percibieron. Necesito que seas honesta conmigo, solo así podré ayudarte. Sea lo que sea, confía en mí, no te abandonaré, puedes estar seguro de mi cariño y amistad.

- ¡Quiero morir! ¡Quiero morir! ¡No merezco estar viva! Traicioné la confianza de Jesús y la tuya, Madre Consuelo. No soy buena, soy mala, perversa, debo ser castigada en el fuego del infierno, he pecado contra Dios, me he entregado al amor ilícito, cuando debería haber conservado la castidad.

- Entonces es cierto lo que observé con tu desmayo, un niño está por venir al mundo, fruto de un amor prohibido. Según su reacción ante los hechos, asumo que es el padre Fray Almir.

- Es verdad, Madre, traicioné la confianza de todos, y él, cobardemente, me abandonó a mi suerte. Sabes que no hay perdón de la Iglesia para este horrible crimen, solo destierro. Seré excomulgada. Mi familia nunca me recibirá de vuelta. ¿Qué será de mí ahora?

Una inmensa tristeza nubló el rostro de Madre Consuelo. ¿Qué hacer con esa niña que era la hija de su corazón? ¿Dónde esconderlo de las manos de la Iglesia? ¿Fue cómplice del infame acto? Su corazón sangró por el sufrimiento que vendría por ese acto intrascendente. Fray Almir había escapado de la responsabilidad, no habría manera de incriminarlo, sería la palabra de una simple monja contra la palabra del ahora alto dignatario de la Iglesia. Esta idea era inconcebible, incluso ella, como Madre, sería considerada responsable de no haber cuidado los derechos de sus ovejas. Pero estaba segura: no negaría ayuda a esa alma sufriente.

- Hija, hija... No puedo juzgarte, porque Jesús dijo, al referirse al pecador: *Que tire la primera piedra el que nunca ha pecado.* En su misericordia perdonó a la mujer adúltera y le dijo: *Ve y no peques más.* Yo te ayudaré. No te voy a crucificar, como tampoco te estás castigando a ti misma. Llegaste a este convento siendo niña, nunca conociste las perfidias del mundo, siempre tuviste mucha fe y aquí floreciste para ser la esposa de Jesús. Aunque mi corazón esté cargado de dolor, no te abandonaré. Déjame pensar con calma, encontraré un lugar donde cobijarte.

Cuando nazca el niño, lo pondremos en el círculo. Será criado por monjas o en un hogar cristiano. Seguiré su camino de cerca, te lo prometo. Todavía no sé exactamente cómo actuar, dónde ponerte hasta que nazca el niño. Entonces quién sabe, puede que te envíen al convento carmelita, donde nunca tendrás contacto con otras personas que no sean las monjas del convento. De esta manera podrás escapar de la persecución de la Iglesia y no sabrás nada. Vivirás en oraciones y oraciones, sor Marta. A Fray Almir lo alcanzará la Justicia de Dios. Ve a tu habitación ahora y hasta que veamos qué se nos ocurre, no salgas. La comida la llevará alguien en quien confío plenamente, diremos que es orden médica. Dios me perdone por esta mentira.

Conmovida, sor Marta abraza a Madre Consuelo, agradeciéndole el apoyo recibido.

La pantalla vuelve a cambiar de escena.

Tumbada en un charco de sangre, Marta yace. La puerta se abre y la Madre Consuelo intenta ayudarla, pero ya no se puede hacer nada más. De las muñecas cortadas sale sangre y una hemorragia pélvica revela la cabeza de un niño.

La pantalla se oscurece. Luz suave y música están presentes. El silencio es total.

El mentor Alexandre habla en voz baja, con gran compasión:

- Amatista, una vez más, incapaz de soportar la presión de las fuerzas encarnadas y desencarnadas, desencarna por suicidio, agravado por el asesinato de un niño, que acudiría al hogar de apoyo a niños no deseados, pero tendría una educación cristiana. Alfredo fue el niño abortado a los siete meses de embarazo. Fray Almir tuvo su parte de expiación y sufrimiento ya en aquella época. Mientras estaba encarnado, fue carcomido por el remordimiento y el sentimiento de culpa por haber antepuesto su ambición y el miedo a las represalias del Clero. No se creía digno de ejercer el sacerdocio. Volviéndose frío y cruel, ascendió a los más altos cargos de la Iglesia, obsesionado por enemigos desencarnados, entre ellos Alfredo, que lo empujaban a cometer atrocidades en nombre del Cordero de Dios.

Desnudo, una vez más caminó por los senderos oscuros de las regiones del Umbral. A través de su madre logró salir nuevamente de allí y, si hoy está más equilibrado, es porque desde su última encarnación, de la que hablaremos en la próxima sesión, ha ido aprendiendo verdades espirituales. En cuanto a ti, loca de dolor, de odio y de deseo de venganza, te diriges al Valle de los Suicidas, de donde fue más difícil rescatarte, pues no dejaste que los rescatadores se acercaran a causa de las emanaciones de pensamientos hostiles. Pero como nadie se queda sin ayuda, emisarios especializados en rescates difíciles te ayudaron en un estado de alienación mental. Estuviste cien años en este Hospital de Regeneración, luego pasaste a la Colonia María de Nazaret, donde permaneciste otros cien, cuando tú y Francisco se prepararon para una nueva encarnación.

En ese momento no pudimos rescatar a Alfredo, quien estaba atrapado en crueles obsesiones.

Lloré profusamente sin encontrar palabras para describir mi sufrimiento ante los recuerdos que me atormentaban. Francisco, con la cabeza gacha, dijo:

- Perdóname, perdóname si puedes, Amatista.

- ¿Dónde está Alfredo ahora? ¡Cuánto daño le hicimos!

- Lo estamos ayudando tanto como sea posible. Lograron rescatarlo. Duerme ahora en una de nuestras Colonias. No creas que solo tú eras culpable y él era la víctima inocente. En tiempos pasados, como comandante de los ejércitos cristianos, contrajo una gran cantidad de deudas, incluso contigo, así que intentemos poner fin a este círculo vicioso. Necesitamos de su mayor comprensión, para el reajuste espiritual que es necesario.

Hagamos ahora una oración agradeciendo a Jesús por esta maravillosa oportunidad de aclaración.

- "Amado Maestro, sabemos de tu infinita bondad, estamos seguros que en este momento tu luz de amor baña a estos hermanos sufrientes, cauterizando las heridas abiertas por las pasiones desenfrenadas, el orgullo y el odio acumulado. Lo sabemos, Jesús, fiel amigo de todos los tiempos, que el dolor es una medicina poderosa para quien sabe utilizarla en beneficio propio. Pedimos que esta medicina sea curativa, eliminando el odio, la ira, el sentimiento de culpa de estos hermanos nuestros, tan maltratados por sus conexiones de amor, como un Sol brillante, sanen estas heridas, para que puedan tener la oportunidad de un nuevo comienzo saludable que ahora se les ofrece, para que un día puedan mirar hacia atrás y decir: Gracias, amoroso Padre Nuestro. Crecimos y aprendimos del dolor, nuestro mayor maestro para que encontremos el amor verdadero, el que libera el espíritu de las cadenas de la esclavitud nociva. Que este amor se sublime en ayudar a nuestros hermanos en el sufrimiento."

De las manos del mentor Alexandre irradió una luz que llegó hasta nosotros. Fue como una dulce brisa que nos calmó y nos llenó de paz y tranquilidad. Se despidió diciendo que nos esperaría a la mañana siguiente.

En silencio nos fuimos. No teníamos nada que decir en ese momento, pero sentimos que una fuerza extraña nos unía, una unión triste, dolorosa, pero también de consuelo mutuo.

Mañana sería otro día.

X. MINISTERIO DE LA MEMORIA

El dolor desciende a los recovecos del corazón humano y el alma renovada avanza hacia la belleza sublime.

Compañero -Emmanuel - Francisco Cândido Xavier.

Al día siguiente, antes de ir al Ministerio de la Memoria, nos apetecía hablar a solas, coordinar nuestras ideas. Nos sentamos en un carril, separados de la gente que pasaba.

- Amatista - me dijo Francisco -, ¡cómo te lastimé y te hice sufrir! No sé si podré perdonarme, pero, como decía Alexandre, no podemos caer en la trampa de sentirnos culpables. Hemos cometido muchos errores amiga, ya no quiero esto para nosotros, tengo la firme convicción de intentar hacer todo de la manera correcta. A veces resulta difícil creer en estas verdades de la vida después de la muerte. Todo me parece verdad, no dudo de la veracidad de nuestras vidas pasadas, aquí todo es muy claro y sincero. El mal de la duda está dentro de mí. ¡Qué fuerte es el sentimiento de ser un sacerdote en la Iglesia católica! Me pregunto si todo lo que vemos es verdad. ¿No sería una ilusión óptica, hipnotismo? Pero sé que vengo del Umbral, no lo puedo negar. Con estos recuerdos, todo el sufrimiento, todo el amor que sentimos, todo encaja perfectamente en el contexto, se vuelve indiscutible. Tengo la sensación que tenemos una ardua tarea por delante. simplemente no me gustaría separarme de ti. Es reconfortante contar con tu presencia. Ojalá ahora fuera de otra manera, sin hacernos daño a nosotros mismos ni a los demás.

- También me gustaría no volver a pasar por los crueles sufrimientos que tuve que soportar. Todavía sufro mucho, solo de pensar en el Valle de los Suicidas. Necesito armarme de valor para afrontar los nuevos recuerdos que vendrán. Parece que recordaremos lo último de nuestras vidas en la Tierra, antes de venir aquí. También me siento confundida, es difícil creer en algo que siempre negamos. Pero dadas las aclaraciones y la amabilidad del mentor Alexandre, la incredulidad es prácticamente inaceptable. Tendría que ser alguien del calibre de Alexandre, a quien respetamos tanto, para hacernos creer realmente en otras vidas. A pesar de todos nuestros sufrimientos, te miro y tampoco quisiera que nos separáramos. Pero mi intuición me dice que tenemos un largo camino por delante y siento cierto miedo por lo que nos espera.

Clara se acercó:

Vamos, queridos hermanos, el mentor Alexandre los espera.

Caminamos por las avenidas y entramos nuevamente a la ya familiar habitación de los recuerdos.

- ¿Cómo están, queridos hijos? ¿Listos para otro día de crecimiento? Porque eso es exactamente lo que están haciendo, creciendo espiritualmente, para no cometer errores en el futuro, tratando de comprender el significado real de los mensajes que traen los recuerdos de otras vidas. En la espiritualidad no tenemos tiempo que perder en cosas que no dan buenos resultados, en trabajos que no aportan beneficios a alguien. Actividades de esta naturaleza son realizadas por hermanos sufrientes, frívolos y fútiles, que aun prefieren internarse fuera de las verdaderas responsabilidades, junto a encarnados con quienes tienen afinidad. Este no es su caso, que a pesar de tener dudas, inquietudes y preguntas, están recibiendo bien el itinerario ofrecido en términos de reajuste. Aunque amargos, los recuerdos deberían ser el comienzo de una nueva era que culminará en una paz verdadera.

Por ahora, la medicina es amarga, pero es la única manera que tenemos de intentar erradicar de una vez por todas las heridas del desequilibrio amoroso, que llevan siglos luchando. Luego deben dejar emerger al nuevo hombre, firmes en la creencia que Jesús es nuestro mayor Maestro. Todo en la vida es acción y reacción. ¿Cómo podrían redimir las deudas sino a través de la reencarnación, esa maravillosa oportunidad, en la que el mismo espíritu errante redime las culpas en diferentes cuerpos? Dios es soberano y justo.

Sé que todavía tienen dudas sobre la Doctrina de los Espíritus, debido al tiempo transcurrido como religiosos católicos, pero confío en su tiempo y discernimiento. Como gotas de rocío refrescante, sin darse cuenta, los estudios y la experiencia les conducirán a la necesidad de creer en la verdad suprema: hay vida después de la muerte.

- No recuerdo haber leído la palabra reencarnación en la Biblia - dice Francisco.

- Como Jesús siempre habló por medio de parábolas, para que el conocimiento que traía fuera revelado en cada momento, en muchos pasajes abandonó la enseñanza de la reencarnación, como cuando aclara a Nicodemo.

- ¿Podrías explicar este pasaje? Estudié la Biblia, pero esta parte, como tantas otras, permaneció para mí envuelta en un velo de misterio.

Pacientemente, Alexandre aclara:

- En Mateo, 18:10-13 y Marcos,60: 1-13 está escrito:

"Entonces sus discípulos le interrogaron de esta manera.

- ¿Por qué dicen los escribas que Elías debe regresar primero? Jesús les respondió: - Es verdad que Elías vendrá y restaurará todas las cosas - pero os declaro que Elías ya vino y no lo reconocieron y lo trataron como quisieron. Así harán sufrir al hijo del hombre.

Entonces sus discípulos comprendieron que era de Juan el Bautista de quien había hablado."

La idea que Juan Bautista era Elías y que los profetas podían revivir en la tierra aparece en muchos pasajes del Evangelio. En otro pasaje con Nicodemo, Jesús dijo:

"De cierto, de cierto te digo, nadie puede ver el reino de Dios si no nace de nuevo.

Nicodemo le pregunta: ¿Cómo puede un hombre nacer ya viejo? ¿Podrá volver a entrar en el vientre de su madre para nacer por segunda vez?

Jesús le respondió: De cierto, de cierto te digo, que el que no renazca del agua y del espíritu, no puede entrar en el reino de Dios. Lo que nace de la carne es carne y lo que nace del espíritu, espíritu es. No os sorprendáis que os dijera que es necesario nacer de nuevo."

Alexandre hizo una pausa y continuó:

Como el tiempo apremia, al estudiar encontrarás varias alusiones a la reencarnación en la Biblia.

- Estudiaré, Alexandre, seguro que estudiaré.

El mentor continuó explicando el motivo por el cual los llevaron allí:

- Hoy no vamos a mostrar escenas de la pantalla de la reencarnación. Sería difícil y agotador para ustedes presenciar esta encarnación, que una vez más terminó trágicamente para todos los involucrados.

- ¿De dónde vienen nuestros nombres actuales?

- Alfredo, lo llamamos así, por el primer recuerdo y aquí quedaste registrado con el nombre de la última encarnación en la que estuvieron juntos. El nombre y el cuerpo se pueden cambiar tantas veces como sea necesario, solo el espíritu sigue siendo el mismo.

- ¿Por qué estás tan interesado en nosotros, que no somos dignos de tanta atención?

- Ya hemos explicado un poco sobre nuestros vínculos afectivos, no tenemos compromisos morales, pero Jesús cuidó de nuestros enfermos en espíritu y cuerpo. Intentamos seguir su ejemplo, y estás enfermo de corazón, no puedes permanecer enfermo por la eternidad. Las conexiones que surgen de las amistades espirituales a veces se vuelven más fuertes que los lazos de sangre. Algunos de tus conocidos pidieron nuestra ayuda, pues a pesar de cometer muchos errores, el lado generoso siempre ha estado presente en sus vidas, por lo que hay créditos a su favor.

Francisco permaneció en silencio, dando la impresión de estar meditando sobre lo que vendría.

- Repasaré en breves palabras los principales acontecimientos de esta encarnación. No repasemos hechos dolorosos. Cuando hable, tú, Amatista, recordarás todo lo que pasó. Francisco ya está al tanto de lo sucedido. Queremos que lo recuerdes todo.

Se levantó como para darnos tiempo a pensar en sus palabras. Después de unos momentos, caminó hacia nosotros y, con ojos amorosos, comenzó su relato:

- Después de la última encarnación recordada, llegaste al mundo espiritual en un estado lamentable. Han estado juntos y separados en varias otras encarnaciones, que trajeron más deudas que créditos. No puedo hacer que recuerden todas, solo aquellas en los que estaban más desequilibrados, incluso Amatista se suicidó.

En tu última encarnación, tú, Francisco, renaces en Francia, como noble y terrateniente. Joven y rico, codiciado por las jóvenes de la época, no te interesaba por ninguna doncella. Intentando un nuevo reajuste espiritual, Amatista renace como la hermana favorita del noble, quien la trata con la atención de un hermano mayor. Alfredo, loco de odio y revuelta, desde el plano espiritual, influye en la mente de sus hermanos. Junto a sus compañeros, Alfredo trama la trama que los llevará a nuevas tonterías.

Comprometidos con un pasado lleno de culpa, entran en contacto con Alfredo y sus compañeros, y la obsesión vuelve a tomar lugar en la mente de los dos hermanos. Sutilmente, débilmente al principio, la obsesión desemboca en las primeras caricias amorosas y luego en la explosiva pasión entre los hermanos, que, sin medir las consecuencias, llevan este loco amor hasta el final. Alfredo disfruta de la venganza. Después de momentos de placer, la vergüenza, la culpa, el miedo a ser descubierta se apoderan de ti, Amatista. Ya no tienes el valor de confesarte, aunque mantienes una fe vacilante, ya no puedes orar, te sientes sola, abandonada.

Francisco no se da cuenta del error que cometió y hace su vida habitual. Aunque esté enamorado de ti, es un *bon vivant*. Sin rumbo, sin nadie a quien pedir consejo y temiendo el cruel castigo que le espera, ves, una vez más, el suicidio como única salida. Esta decisión te parece natural. Te arrojas por un acantilado, rompiendo su cuerpo material contra las rocas de un mar embravecido. El cuerpo no pudo ser recuperado. En ninguno de los tres suicidios el cuerpo pudo ser enterrado como exigen las normas religiosas. Francisco, con un insoportable sentimiento de culpa, abandonó la vida que llevaba y, ante el asombro de todos, incluidos sus queridos padres, se encerró por el resto de su vida en un monasterio franciscano.

La familia se desmoronó ante tales tragedias, perdiendo bienes materiales debido al desánimo y la tristeza. Solo en el mundo espiritual pudieron comprender la magnitud de la tragedia que les quitó el espíritu para vivir. Otra encarnación con un desenlace trágico, por el desconocimiento de esta reconfortante verdad: la reencarnación. Por tercera vez regresas al Valle de los Suicidas, cayendo una vez más en manos de Alfredo, a quien el odio transfiguró en un verdadero monstruo. Tu regreso, esta vez, fue el más terrible de todos. Durante más de doscientos años, loca, en extrema fragilidad, permaneciste allí.

No pudimos liberarte porque ni tú ni tus perseguidores nos dieron la oportunidad. Grupos especializados intentaron rescatarlos, pero el miasma obsesivo extendido entre los espíritus allí cubiertos de materia espesa y primitiva se lo impidió. Fue más difícil porque era la tercera vez que estabas allí. El Hospital de Regeneración y la Colonia María de Nazaret dijo las oraciones diarias dirigidas a ti. Un día tuvieron el efecto deseado. Tu fe en Jesús estaba presente. En un momento de lucidez, le pediste que te sacara de allí. Al mismo tiempo, fuiste atendida por socorristas que se mostraron atentos y pacientes. Acabó de nuevo en este Hospital de Regeneración, prácticamente un ovoide. La lenta y paulatina eliminación de los miasmas negativos, impregnados en su periespíritu, fue lenta y difícil, pero el amor y la oración vencieron los fluidos negativos, quitando la influencia maquiavélica de Alfredo. Finalmente, Alfredo también fue rescatado y llevado a la Colonia Girasol, donde ya no te molestó más. Los tres se encuentran ahora en el plano espiritual, restableciéndose para asumir nuevos compromisos.

Francisco vivió en el monasterio hasta su muerte. Allí se autoflageló, y el sentimiento de culpa no le permitió un mayor crecimiento espiritual. También estuvo influenciado por Alfredo que lo obsesionó en el campo genético. Podría haberse liberado de la perniciosa influencia de Alfredo, mientras oraba, ayunaba e hacía lo que podía para practicar la caridad dentro de los muros del monasterio. Curó a sus hermanos enfermos, limpiando sus heridas, pero no pudo hacerlo, debido a la terrible culpa que cargaba. Desencarnado, regresa al Umbral, donde es rescatado nuevamente por su amada madre.

Ahora está libre de cualquier influencia obsesiva. Los fluidos negativos que los unían a Alfredo se deshicieron. Esperamos que permita que estos enlaces negativos se rompan para siempre. Que sepan utilizar bien el libre albedrío. Este es nuestro objetivo contigo.

Una vez más sentimos la mirada bondadosa de Alexandre, fijándonos, llena de amor y cariño, transmitiéndonos fuerza, seguridad, certeza de un rumbo seguro.

Confiados, no sentíamos vergüenza de los errores que cometíamos, solo un deseo inmenso de no querer cometer más errores. Nos dimos cuenta, en ese momento, que solo un espíritu de la magnitud de Alexandre podría hacer la regresión de nuestras vidas, sin juzgarnos, sin humillarnos, a través de gestos o palabras que nos harían sentir avergonzados de existir. Solo comprensión, compasión, amor y ganas de ayudarnos. Él era especial.

- No tengo palabras – dije -, fue todo muy fuerte y real. Recuerdo todo el sufrimiento que pasé y las personas a las que hice sufrir. Ya no hay ningún misterio para mí, ahora sé lo que hice y lo que soy. No quiero insistir en el aterrador pasado. Me siento más aliviada, con la esperanza que surja una nueva vida. ¿Tuvimos solo encarnaciones dolorosas?

- No - dijo Alexandre con una leve sonrisa -. Entre estas encarnaciones, fuiste al cuerpo físico varias veces. Han estado juntos y separados, pero todavía no han logrado volver a estar juntos. Solo mostramos aquellas que llevaron al suicidio. Como dije, habrá que tomar una decisión muy importante para una nueva encarnación.

- ¿Será - dijo Francisco - que algún día podremos ajustar cuentas con la Justicia Divina? ¿Existe realmente esperanza para nosotros? Nuestro amor o lo que llamamos amor nos ha destruido. ¿Cuál será el verdadero significado del amor?

- Cuando en la espiritualidad los espíritus comprenden el amor, el cual, lamentablemente, produce sensaciones totalmente diferentes en los encarnados. El hombre encarnado no puede comprender el verdadero significado del amor. Confunde el amor con la pasión, con el placer del sexo, bendecido cuando no envilecido por el desorden que lleva al hombre a graves obsesiones. El hombre aun no ha logrado, en el planeta de las pruebas y de las expiaciones, comprender la esencia del amor, tan sublime que da al ser amado el sentimiento de liberación. El amor no aprisiona. El amor que duele, hiere y aprisiona, puede ser cualquier otro sentimiento, pero no es amor. El hombre nunca ha estado tan necesitado de amar y ser amado, pero aun no comprende su verdadera grandeza, por eso busca el amor en los placeres fáciles de la vida exterior, cuando en realidad es el tesoro escondido dentro de cada criatura, ya sea el amor de madres, padres, hijos, cónyuges. El verdadero amor no tiene dueño ni jefe, es libre, igualando a los hombres, generando superación espiritual traducida en paz y armonía. El hombre poco a poco podrá comprender la plenitud del amor.

- Entonces Amatista y yo no podemos sentir realmente este amor, dejándonos llevar por el sentimiento de la pasión.

- Ustedes son los que podrán, en el futuro, responder lo que me preguntan hoy, cuando obtengan el conocimiento espiritual necesario. Entonces sí, estarán preparados para saber si lo que sienten es realmente el amor ideal, aquel que no obstaculiza ni lastima a la persona amada.

- ¡Dios mío, cuántos errores cometimos! Las otras veces que estuve aquí ¿no estaba todo tan claro como está ahora?

- Lo intentamos, pero solo ahora nos diste la oportunidad de mayor aclaración. Hasta el día de hoy no han podido enderezar su camino porque se niegan a abandonar sus convicciones religiosas, creen en la fe ciega y ésta no les ofrece el apoyo necesario para superar las tribulaciones, se niegan a creer en la reencarnación. Cuando dejen que esta semilla doctrinaria brote dentro de ustedes, podrán empezar a caminar juntos, ya que estarán cimentados en el verdadero sentido de la vida. En estos momentos están juntos para poder entender un poco más este lado de la vida, pero tendrán que separarse, cada uno tendrá el reajuste necesario, tendrán que ganarse el derecho a estar juntos, para ello necesitan para deshacerse del sentimiento de culpa que llevan. Esto solo será con la redención de deudas adquiridas con otras personas.

XI. JESÚS

Si le preguntáramos a Cristo cómo mirar la felicidad Jesús, ciertamente diría: caridad, caridad

Caridad - Espíritus Varios - Francisco Cândido Xavier.

- Hasta que no acepten la Doctrina Espírita - prosiguió Alexandre - serán como espíritus arruinados, sin apoyo sólido para los tiempos difíciles. Muchos obtienen este apoyo dentro de la fe religiosa que abrazaron, pero para ustedes no fue suficiente. Necesitan conocer la fe razonada que los lleva a comprender por qué estamos vivos y a dónde iremos si fallamos.

- Realmente me conmueve verlo hablar así. Me gustaría saber de dónde viene este amor que tengo por Jesús. Aun arrastrándome por los errores, siento la marca de Su amor, un fuego que no se apaga. Pero ni siquiera este amor fue suficiente para detenerme cuando me quité la vida. Éramos débiles, ahora lo veo claro, Francisco, Alfredo y yo. Espero que me perdones, pero necesito desahogarme, solo así encontraré el camino que busco. Incluso con las experiencias que recuerdo y sé que son ciertas, todavía es difícil creer en otra verdad que no sea la católica. Reconozco que tengo que aceptar esta nueva realidad, pero me siento incapaz de rechazar de una vez por todas mi convicción de católica para abrazar otra religión. Creo que el miedo es lo que me detiene a aceptar la Doctrina de los Espíritus, pero al mismo tiempo me exijo mucho, tengo que estudiar y entender. No quiero volver a fallar.

- Lo importante no es la religión en sí. Hay espíritus que tienen una fe que mueve montañas y logran atravesar las turbulencias de la vida dentro de sus convicciones religiosas, pero para ti esto no ha tenido buenos efectos hasta el momento, lo que significa que te falta algo para fortalecer tu fe y vencer a tus enemigos. Ustedes son los que tendrán que descubrir qué falta. Nosotros estamos mostrando los caminos, pero la decisión será suya.

Alexandre continuó:

- Mostremos momentos felices ahora. ¿Sabes qué, Amatista, de dónde viene tu amor por Jesús, quién te ha ayudado en los momentos difíciles? Querida hija, mereces saber cuándo te tocó este amor tan fuerte. Mira la pantalla nuevamente, no necesitas tener miedo. Ahora verás una de las imágenes más bellas del paso de Jesús por la Tierra.

Jesús apareció, en todo su esplendor, hablando a la multitud, en el sermón de la montaña. El silencio era total, una suave brisa aliviaba el calor, una multitud lo escuchaba embelesada. Dos figuras se movían en silencio, como si quisieran pasar desapercibidas. Envueltos en harapos viejos, solo dejaban visibles sus narices, carcomidas por una extraña enfermedad. Se instalaron en un lugar apartado donde no podían ser reconocidos por la multitud, pero sí pudieron ver al Maestro, quien dijo:

"Bienaventurados los afligidos...

Bienaventurados los pobres de espíritu...

Bienaventurados los que tienen un corazón puro...

Bienaventurados los mansos y pacíficos...

Bienaventurados los misericordiosos..."

De los ojos de aquellas criaturas se derramaron lágrimas y de sus corazones brotó un llamado sincero. Estaban fascinados por el Maestro. En ese momento nació un gran amor por Él, y una de las figuras murmuró una sentida oración:

- Jesús de Nazaret, somos menos que el polvo de los caminos, indignos de alzar los ojos hacia ti, pobres criaturas, que tuvimos que dejar nuestra casa, donde éramos queridos y amados, para vivir en el Valle de los Leprosos. La enfermedad nos quitó la alegría de vivir. No podemos ver a nuestros seres queridos, no somos aceptados en nuestro hogar, vivimos como pobres, de las migajas que nos ofrecen. Estamos marginados por esta enfermedad que devora nuestra carne. Somos jóvenes, hermanas de sangre, queremos ser libres, Amado Jesús. Tuvimos la desgracia de contraer la misma enfermedad, transmitida por nuestra nodriza, ya que solo nos separa un año. No tenemos nada que ofrecerte, pero escuchamos que ayudas a todas las criaturas que creen en ti, solo una mirada tuya puede curarlas. Te pedimos, confiadas en el amor que prende fuego a nuestro corazón, que tus palabras caigan sobre nosotras, limpiando nuestra alma de soberbia y egoísmo, y nuestro cuerpo sea el ejemplo vivo de tu gloria. Prometemos seguirte durante toda nuestra vida, bendecirte y predicar tus palabras de amor, mostrándote como ejemplo a seguir y si es necesario, incluso morir por ti. Ahora somos no-muertos. Sana nuestras heridas del alma y del cuerpo, y buscaremos ser dignos de tu amor."

Abrumada por la emoción, guardó silencio. Ambas se postraron en el suelo, escuchando solo la suave voz del Maestro de Nazaret, como si las palabras fueran dichas solo para ellas, consolando y curando sus heridas. Sintieron como si una luz fuerte atravesara sus cuerpos y, al poco tiempo, todo se calmó. Cuando aceptaron, la gente ya se estaba yendo, y desde donde permanecían escondidas, veían pasar a la gente como si una misteriosa tranquilidad las envolviera. También sintieron una inmensa paz. Al mirar sus manos, las sentía tersas, suaves. Se descubren a sí mismas y no creen lo que ven: ninguna herida en la piel clara y suave. Se curaron y pudieron regresar a su amado hogar. En uno de los rostros descubiertos me reconocí: era el que había dicho la oración.

Lágrimas espesas mojaron mi rostro. Ahora eran lágrimas de felicidad, por haber encontrado a Jesús, por haberlo escuchado y por haber sido sanada por Él. Francisco colocó suavemente sus brazos alrededor de mi hombro, sus ojos también estaban húmedos. Alexandre también se conmovió.

Allí estaba la razón de mi amor por Cristo. Ella quedó marcada por Él para toda la eternidad. Por más que cometiera errores y cayera en precipicios, Jesús siempre estaría conmigo, Él sería por siempre mi tesoro escondido.

A la otra chica, mi hermana, no la reconocí. Alexandre explicó que por el momento no importaba, porque un día nos encontraríamos y yo la reconocería. Lo importante, en ese momento, era saber que dentro de mí el fuego del amor de Cristo ardería para siempre y que ese amor me había salvado del Valle de los Suicidas.

Una tristeza se apoderó de mí al reflexionar que no todo el amor y la fe en Jesús eran suficientes para sacarme del camino del suicidio. Pero la tristeza no pudo apagar la alegría de recordar mi encuentro con el Maestro de Maestros.

- Amatista, fuiste testigo de uno de los momentos más bellos de Jesús en la Tierra, en el que, en las bienaventuranzas, consoló a los pobres y oprimidos, a los agraviados, a los afligidos... Todos fueron consolados por sus enseñanzas, ya que su Evangelio es uno que clama por paz, amor, alegría y, sobre todo, consuelo. Te diste cuenta que tu existencia no era solo una ruina, y tenemos muchas esperanzas que esta vez puedas saldar tus deudas ahora que estás más lúcida para razonar sobre los acontecimientos de tu vida. Ve ahora en paz, pronto serán llamados a tomar decisiones futuras. Jesús los bendiga - concluyó Alexandre.

XII. DOCTRINA ESPÍRITA

¿Los espíritus entienden el tiempo como nosotros?

R. No, y por eso no siempre nos entiendes a la hora de fijar fechas u horarios.

El *Libro de los Espíritus* -. Pregunta 240.

Salimos pensativos. Noté que Francisco estaba más confiado, sereno, transmitiendo energía fluida para unirnos en un futuro tan esperado. A pesar de todas las dudas, no estábamos enojados como habíamos visto en nuestras caídas. Se instaló en nosotros un firme deseo de hacer las cosas bien. En los jardines vimos a Alberto, el hombre que había hablado en una de nuestras reuniones. Fuimos hacia él. Quién sabe, podría ayudarnos a comprender mejor este lado de la vida.

- ¿Cómo estás, Alberto? ¿Podemos sentarnos a tu lado? - Preguntó Francisco.

- No te quedes con ceremonias. Estamos todos en el mismo barco, me alegro de verte.

Con voz angustiada respondí:

- Gracias Alberto, qué difícil es salir del Valle y entender nuestros errores... Verás, Alberto, recién ahora estoy reconciliándome conmigo misma, recordando vidas pasadas y tratando de entender todo lo que escucho.

Francisco explicó:

- No estuve en el Valle de los Suicidas, pero debido a las desgracias cometidas, induje a Amatista a suicidarse y me fui al Umbral varias veces. Por ser católicos, nos resulta muy difícil acostumbrarnos a esta nueva realidad. ¿Cómo no nos ha preparado la Iglesia para la vida que encontramos aquí? ¿Entiendes lo que quiero decir? Estamos intrigados por la reencarnación. Yo era sacerdote, Amatista monja, y lo que vimos en la sala de los recuerdos dejó claro que estamos muy en deuda con el pasado, el presente y el futuro. Nos encontramos sin salida, tenemos que revisar nuestros conceptos. No sabemos qué será de nosotros. Si hemos fracasado tanto, ¿hay esperanza para nosotros?

Alberto nos miró tranquilo:

- Creo que estás menos endeudado que yo. Como dije, conozco la Doctrina de los Espíritus. Motivado por el deseo de no ser un trabajador más, fundé un grupo de estudio espírita. Hoy veo que lo hice por vanidad, por orgullo, para ser honrado. De hecho, era dueño del grupo espírita. Allí todo tuvo que pasar por mis manos, no le di autonomía a nadie. Los espíritus superiores me advirtieron que tuviera cuidado, pues los obsesores estaban influenciándome, pero yo estaba seguro que eso no me sucedería. Sabía cuidarme. Vana pretensión.

- Es cierto que hay espíritus que realmente pueden influir en nuestras acciones?

- Sí, Amatista, en la pregunta 459, de *El Libro de los Espíritus*, nos dicen:

"¿Los espíritus influyen en nuestros pensamientos y acciones?

R. En este sentido su influencia es mayor de la que supones, porque muchas veces son ellos quienes te dirigen."

- ¿Podemos fracasar, influenciados por ellos? - Pregunta Francisco.

- En la pregunta 578, de *El Libro de los Espíritus,* está respuesta a tu pregunta:

"¿Puede el Espíritu fracasar en su misión por su culpa?

R. Sí, si no es un espíritu superior.

P.578-a. ¿Cuáles son las consecuencias para él?

R. Tendrá que reiniciar la tarea; ese es el castigo. Entonces sufrirá las consecuencias del daño que has causado."

- Parece que entiendes bien las enseñanzas de la Doctrina Espírita.

- Sí, Amatista, pero eso no me impidió fracasar en mi misión. Al que tiene mucho, mucho se le demandará, dijo Jesús. Conociendo la Doctrina, cometí el delito de quedarme en la teoría y no ejemplificarla, creo hoy que no la interioricé, quedó solo en la superficie. Era más fácil lidiar con el sufrimiento ajeno, dictar reglas, citar extractos de *El Evangelio según el Espiritismo.* Como muchos otros médiums, con la tranquilidad de mi posición, me dejé llevar por los abusos económicos, el sexo desenfrenado y caí en la trampa de los obsesores. Dios mío, ¿cómo pude fallar tanto y aun así suicidarme? No hay excusa para mí, no soy como tú que no sabía nada sobre la vida después de la muerte. Solo la divina misericordia puede darme una nueva oportunidad de reencarnar. Aquí aprendí que no puedo sumergirme en el sentimiento de culpa: cometí un error, corrijo mi error. Es necesario seguir creciendo espiritualmente, sin lamentos ni quejas.

- ¿Qué dice *El Libro de los Espíritus* sobre el suicidio? - Le pregunté:

- En la pregunta 943, Allan Kardec pregunta a los espíritus:

"¿De dónde viene el disgusto por la vida que se apodera de ciertos individuos, sin razones plausibles?

R. Efecto de la ociosidad, la falta de fe y la saciedad en general. Para quienes ejercitan sus facultades con un fin útil y según sus aptitudes naturales, el trabajo es todo menos seco y la vida fluye más rápidamente; soportan sus vicisitudes con tanta más paciencia y resignación cuanto más actúan con miras a la felicidad más sólida y duradera que les espera."

- Pero en la pregunta 944, complementa tu pregunta.

"¿Tiene el hombre derecho a controlar su propia vida?

R. No, solo Dios tiene ese derecho. El suicidio voluntario es una transgresión de esta ley.

Pregunta 944-a. ¿No es siempre voluntario el suicidio?

R. El loco que se suicida no sabe lo que hace."

Francisco y yo escuchábamos con curiosidad y atención aquellas enseñanzas, pero no sabíamos quién era Allan Kardec.

- Siento vergüenza, pero ¿puedes explicarnos mejor quién fue Allan Kardec?

- Fue el codificador de la Doctrina de los Espíritus. Nació en Francia con el nombre de Hippolyte León Denizard Rivail, pero adoptó el seudónimo de Allan Kardec, nombre que tuvo en una encarnación entre los druidas. Cumplió modélicamente la misión de máximo exponente de la Tercera Revelación. Era la gran voz del Consolador prometido al mundo por la misericordia de Jesús.

- Tú sabes tantas cosas, yo no sé nada. Solo sé que existe el cielo, el infierno y el purgatorio, y que dormiremos hasta el día del juicio.

- Sí, pero no supe utilizar el libre albedrío que tanto predicaba a los demás. Necesitabas verme predicar el Evangelio, atraía multitudes, hablaba con ardor y convicción, tenía un carisma incomparable. Sabía lo que me esperaba, pedí protección a Jesús y nada me impidió cometer el loco acto del suicidio. Podría haber buscado ayuda profesional, un tratamiento de desobsesión, pero me avergoncé de los hombres y no me avergoncé de Dios cuando me quité la vida.

Sé que la Justicia de Dios es verdaderamente justa e imparcial, pero tendré que reencarnar en condiciones adversas para reparar mi error. Aunque olvidaré el pasado, quiero ser consciente de todo lo que estoy aprendiendo aquí para que, a través del estudio y el trabajo incansable, pueda escapar de las redes obsesivas que intentan alcanzarme.

- ¿Cómo olvidar el pasado? Tenemos que recordarlo para no volver a fallar - interviene Francisco.

- En *El Libro de los Espíritus,* pregunta 392, el Espíritu de la Verdad, aclara la importancia de olvidar el pasado para nuestro crecimiento espiritual.

"392. ¿Por qué el Espíritu encarnado pierde la memoria de su pasado?

R. El hombre no puede ni debe saberlo todo. Dios así lo quiere en su sabiduría. Sin el velo que cubre ciertas cosas, el hombre quedaría deslumbrado, como quien pasa, sin transición, de la oscuridad a la luz. Al olvidar el pasado, es más él mismo."

- Esta Doctrina es realmente interesante. Responde a las preguntas que hacemos y no obtenemos respuestas - dice Francisco. Realmente entiendes el tema, ni siquiera tu venida aquí te hizo olvidar las enseñanzas. Debe ser reconfortante saber tantas cosas, porque aunque cometas errores te será más fácil evolucionar y tu intuición te ayudará mucho.

- La responsabilidad, eso sí, será mayor. Aun no sé cuál será mi siguiente paso, mi instructor Claudinei me pide que tenga paciencia, primero necesito recuperarme.

- ¿Pasaste por la sala de los recuerdos, con el mentor Alexandre?

- No fue necesario. El mismo Claudinei, cuando comencé a recuperarme, empezó a hablarme y los recuerdos empezaron a surgir de forma natural. Alexandre solo viene aquí en los casos más difíciles, como debe ser el suyo.

- Nos dijo que tengo que tomar decisiones importantes, ya que me he suicidado tres veces.

- No tengas miedo, querida hermana, estás en excelentes manos. El mentor Alexandre es uno de los espíritus más preparados para resolver casos como el tuyo, y quien realmente quiere ser ayudado encuentra siempre apoyo en la Justicia Divina.

- Te estaremos eternamente agradecidos, Alberto, por aclarar cuestiones de vital importancia para nuestro mejor entendimiento. No podríamos haber tenido una clase mejor que la que nos ofreciste - dijo Francisco -. Ahora debemos retirarnos a reflexionar sobre todo lo que nos han explicado.

- Realmente espero haberlos ayudado, ahora sin ningún interés, solo ayudar con toda sinceridad, agradecido por la oportunidad de empezar a ayudar a los demás. Parto pronto para la Colonia María de Nazaret, para prepararme mejor para la reencarnación. Que Jesús los bendiga.

Nos separamos y algo me dijo que volvería a encontrarme con Alberto. Solos, Francisco y yo expresamos nuestras preguntas.

- ¿Cómo puede ser? No puedo aceptarlo, si no nos han enseñado nada sobre esta vida - pregunté intrigado.

- Creo que vivimos con gente que no sabía o, si lo sabía, no quería ir en contra de las leyes de la Iglesia, que prohibían la comunicación con los muertos. El hecho que existiera una prohibición tan drástica significa que antes se permitía hablar con los muertos. Analizando nuestras vidas pasadas, veo que no tenemos un historial limpio. La gente aquí es amable, educada, tienen tanta buena voluntad hacia nosotros que nos vemos obligados a pensar que realmente estamos en otra dimensión y que la muerte realmente no existe.

- Esperemos lo que Alexandre nos comunicará en la próxima reunión. A pesar que mi vida ha sido tan desastrosa, fui inmensamente feliz al saber que un día estuve con Jesús, lo escuché y fui sanada por Él. Este hecho llena mi corazón de alegría. Solo siento tranquilidad cuando me conecto con Él, quien es una fuente inconmensurable de energía pura. ¿Qué pasó con mi hermana en ese momento, dónde estaba? ¿Estuvo también marcada por el amor de Cristo? Espero que haya logrado hacerlo mejor que yo. Pero intentemos calmarnos y esperar. La paciencia es el ejercicio del día. Retirémonos ahora a nuestros pabellones.

XIII. EXPLICACIONES SOBRE EL SUICIDIO

Al renacer en un nuevo cuerpo carnal, el suicida volvería a la agenda de trabajo y a las diversas luchas de las que erróneamente imaginaba poder escapar por los atajos del suicidio.

Memorias de un suicida - Yvonne A. Pereira.

A la mañana siguiente, con una sonrisa en los labios, el instructor Jeremías, que se presentaba ante mí por primera vez, me preguntó si todo estaba bien. Clara tuvo que irse y él ocupó su lugar.

- Sí, todo está bien, pero todavía tengo muchas preguntas y dudas. Me siento ignorante y testaruda, pero nuestras convicciones religiosas como católicos están profundamente arraigadas en nosotros. Aun no somos capaces de abarcar la magnitud de la vida después de la muerte, que nos ofrece nuevas oportunidades de reajuste. Es increíble que hayamos hablado con Alberto, con otras personas. Sabemos que soy suicida, porque el mentor Alexandre nos mostró vidas pasadas, pero por mucho que queramos creer en estas realidades, todavía permanece dentro de nosotros una pregunta que se convierte en duda. ¿Cómo podemos ser tan incoherentes e ignorantes? Me siento avergonzada.

El instructor Jeremías dijo:

- Para creer en la reencarnación solo se necesita tener una fe del tamaño de una semilla de mostaza, pero que mueve montañas; aprovechar la oportunidad para afrontar nuestras dificultades y problemas con fuerza y valentía y, si no conseguimos solucionar ciertos problemas que en este momento parecen insolubles, opta por la resignación y la paciencia para que, en cualquier momento, como una flor al abrirse, todo se vuelva realidad para ti. Estas transiciones religiosas son a veces muy dolorosas. Este es tu caso.

- Pero sufrí mucho, más allá de mi propia imaginación y solo tengo apego a Jesús y María. Tengo una fe ardiente dentro de mí. Cada día tengo más esperanzas que todo saldrá bien, pero no puedo abandonar mi fe católica, aunque ya esté tambaleada. Cuestiono todo lo que aprendí. ¿Seré algún día digna de creer en el Espiritismo?

- Puedes estar segura de ello, Amatista. Puede que te lleve algún tiempo, quizás solo creas cuando estés reencarnada, pero el camino que empezaste no tiene retorno, créeme, te lo digo por experiencia personal.

- ¿Cómo es esto? ¿Puedes explicarlo mejor? Cualquier ayuda para mí será de inmenso valor.

- No, Amatista. No me da vergüenza hablar, si mi experiencia sirve de algo. En la última encarnación, nací en un hogar donde Dios no era venerado, era solo un nombre que se pronunciaba en momentos de angustia: Dios nos ayude, Dios sabe lo que hace, por amor de Dios. Palabras vacías de sentimiento. Tuve que abrir mi camino espiritual a costa de mucho dolor y sufrimiento.

Un día unos amigos me llevaron a una Iglesia evangélica y allí, agraciado por el cariño y la amistad, comencé mi aprendizaje religioso. Noté lo fácil que era para predicar la palabra de la Biblia: era guapo, tenía una voz excelente, por lo que tomar el curso para ser pastor fue un salto rápido, más por interés propio que por fe en Cristo o Dios. Comencé a predicar y la vanidad se hizo presente en mi corazón. Prediqué apasionadamente, pero adopté el dicho: Haz lo que digo, pero no hagas lo que yo hago. Conocí a verdaderos pastores, llenos de fe, que acorralaban a gente infeliz, drogadictos e incrédulos. Yo era la paja, la hierba, pedía diezmos en los sermones, prometiendo que Dios ayudaría a los fieles a conseguir un coche, un trabajo, riqueza material, etc. A mi Iglesia asistía gente influyente y el dinero fluía libremente en mis manos. No construí una casa de caridad. Para engañarme a mí mismo, maté de hambre a algunas personas. El resto era como la vida de tanta gente ambiciosa: egoísmo, orgullo, sexo fácil, orgías veladas. Me regodeé con lo que es más sagrado, la palabra de Dios. Cometí terribles fraudes, sin el menor escrúpulo, contra mis hermanos de fe que creían en mí.

Asesinado, desencarné y cuál fue mi sorpresa cuando caí en manos de los verdugos del Umbral, quienes me encarcelaron. No necesito describir lo que pasé. A través de la psicofonía de una médium logré ser ayudado, y lo que me alertó para comenzar una nueva vida fue el hecho que yo, un hombre, hablaba a través de una mujer. Estuve vinculado a pastores evangélicos que querían sembrar discordia en Centros Espíritas e Iglesias católicas. Cuando el adoctrinador me habló, había ternura en su voz, tanto amor, que me conmovió, me arrepentí y, junto con mis compañeros, fui llevado a un hospital en la espiritualidad.

Logré un poco de equilibrio y comencé a estudiar Espiritismo. Aprendimos en dos etapas. Aquí tuvimos clases en el mundo espiritual y también fuimos llevados en grupos a grupos de estudio espírita, para aprender junto a los encarnados, y allí nos enriquecimos con experiencias vivas y reales. Quienes estudian el Espiritismo en la Tierra no saben el bien que nos hace a nosotros, los desencarnados, que escuchamos con un deseo sin precedentes de aprender y comprender esta doctrina. Los Centros Espíritas nunca deben dejar de estudiar las obras básicas, y las personas con sincero deseo de evolucionar no deben dejar de hacerlo, ya sea por falta de tiempo, indulgencia o pereza. Durante una visita descubrí este Hospital de Regeneración. Pensé que este sería el lugar ideal para comenzar mi aprendizaje de humildad y el amor por los demás. Aquí estoy desde hace algún tiempo, también tuve mis dudas e incertidumbres, hasta que entendí la vida después de la muerte. Pronto tendré que partir hacia una nueva experiencia en la carne, sin saber qué hogar me acogerá, pero espero no volver a fallar.

- Jeremías, le pido a Dios que también me ayude a fortalecer mi creencia, como pasó contigo. Necesito creer, ya no quiero acabar con la vida mediante el suicidio. No quiero ni puedo volver a pasar por todo lo que pasé. Todo ha sido muy difícil para Francisco y para mí. Mi corazón pide: cree. La razón me dice: no creas. Esta duda es causa de gran sufrimiento. Me siento avergonzada delante de quienes me ayudan, especialmente del mentor Alexandre.

- Jesús te proteja, querida amiga. Si quieres, date una vuelta por los jardines ahora, por la tarde hablaremos con él precisamente sobre el suicidio.

- - ¿Está aquí solo por nuestra culpa?

No, Amatista, él viene aquí cuando se forma un grupo de suicidas desencarnados que se muestran recalcitrantes a aceptar nuevas encarnaciones, casos difíciles de resolver con métodos comunes. Aunque pertenece a una esfera superior, cuando se necesita su presencia en las Colonias, nunca se niega a ayudar a los más necesitados.

Me despedí y partí en busca de mi paz perdida. Francisco ya estaba en los jardines. Mirándolo, entendí cuánto lo amaba. Su presencia calentó mi corazón. Ahora podía comprender nuestro gran y desequilibrado amor, que tanto daño nos había hecho y perjudicado a tantos otros. ¿Alfredo seguiría estando muy desequilibrado?

- Francisco, ¿nuestro amor nunca obtendrá las bendiciones de Jesús, guiándolo hacia el bien y el amor al prójimo? ¿Dejaremos que nuestras emociones se equilibren para ser felices juntos? ¿Viviremos un amor redentor, en la plena aceptación del amor de Cristo? Ésta es la meta que debemos alcanzar, amarnos en Cristo, inspirarnos en su gran amor por los que sufren, caídos al borde del camino.

- No puedo decir nada seguro en este momento. No estamos aquí por casualidad. Algo me dice que tomaremos la iniciativa. Hemos estado cayendo de otoño en otoño durante tanto tiempo. Con todas las enseñanzas recibidas podremos dirigir bien nuestra vida. No sé qué forma encontró la espiritualidad para estos reajustes, pero algo de lo que aprendimos quedará con nosotros cuando regresemos a la Tierra. Siento que arreglaremos nuestras vidas, arrastrando a Alfredo con nosotros, si es necesario. Trabajaremos para evolucionar.

Pasamos el resto del día reflexionando. Por la tarde nos dirigimos al auditorio, donde se daría la última conferencia del mentor Alexandre antes de su partida. Todavía estábamos avergonzados, pero nos hizo sentir tan cómodos que a veces lo llamábamos mentor y otras veces simplemente Alexandre. Esto no parecía tener ninguna importancia para él, ya que realmente se preocupaba por nosotros y estaba haciendo todo lo posible para que todo saliera bien. Confió en nosotros, lo que nos dio seguridad y unas ganas enormes de no fallar. Nunca podríamos agradecerle lo suficiente por el bien que nos estaba haciendo. Quizás otro espíritu no sería capaz de despertar en nosotros el deseo de ser dignos de tanta confianza. Ningún momento de desánimo, de desconfianza en nuestra capacidad de comprensión. Entendió incluso nuestras dudas sin humillarnos. Llegamos a amarlo profundamente, por su gran capacidad de comprender y amar.

El auditorio estaba iluminado por una luz azul.

El amarillo decoraba la habitación. De fondo sonaba una música suave que nos daba algo de la paz que buscábamos. Todos allí buscaban lo mismo: paz interior, ya que nuestros pensamientos emitían tristeza, angustia, dudas e incertidumbres. Nos sentamos junto a los demás y esperamos en silencio.

El mentor Alexandre ya estaba en el auditorio y parecía estar meditando. ¡Cuánta humildad y comprensión! Bajando de las alturas, ser iluminado, para ayudar en la transformación de los espíritus rebeldes, suicidas, para ayudar a los espíritus sedientos de cambio y evolución. Un halo de luz suave y ligera lo cubrió.

Nos miró, posando su mirada en cada uno de nosotros, como para consolarnos y darnos esperanza.

- Queridos hijos de mi alma: No puedo decir que me sienta feliz hablando con ustedes de un tema tan complejo y doloroso como el suicidio. Pido a Jesús, nuestro amado Maestro, que me inspire para iluminarlos mejor sobre este tema, para que esta desgracia no los afecte más en una nueva encarnación.

Diversas circunstancias llevan al ser humano a la locura de quitarse la vida. Sin embargo, siendo un Dios justo y sabio, no deja a ninguno de sus hijos en la indigencia y ofrece a todos la esperanza de liberarse algún día de las pesadas cadenas que los oprimen, dándoles la paz espiritual, la felicidad que ni la polilla ni el óxido pueden consumir.

¿Qué es, después de todo, el suicidio? Es el acto de quitarse la propia vida, que parece sencillo, sin mayores consecuencias para quien lo realiza. Se deben considerar varios aspectos de este acto de rebelión contra el Creador. Los actos suicidas, conscientes e inconscientes, están entrelazados, unidos por hilos tenues, haciendo imposible juzgar sus determinantes en el campo espiritual.

Son pocas las personas que se suicidan, plenamente conscientes del acto dañino, siempre motivadas por desamor o desequilibrios, donde existe la implicación espiritual de sus seres queridos, de la existencia actual o de otras. Cuando surge cualquier idea suicida, si no hay oración, pasa, se puede establecer una conexión con los obsesores que cada vez más alientan esta idea y, muy sutilmente, sin darse cuenta, la persona incorpora a sus pensamientos los pensamientos del infeliz.

Cuando alguien se entrega a adicciones de cualquier naturaleza - drogas, lujuria, entre muchas otras -, en ocasiones está intentando sofocar sus sentimientos de baja autoestima, tristeza e infantilismo por no saber cómo afrontar sus problemas existenciales. Como los niños necesitan leche materna para sobrevivir, muchas personas hacen de estos vicios sus sentimientos de muleta para sostenerlos en tiempos de desgracia. Sin darse cuenta van caminando hacia el suicidio. Viven sin fuerzas, agotados, nada les anima a decir basta a lo que envenena su organismo.

Hay quienes dicen amar la vida, pero quieren vivirla en su totalidad, con salud, fuerza y vitalidad. Haciendo gala de valentía y optimismo, muchos se dedican a los llamados deportes extremos. La mayoría de ellos no practican estos deportes con la intención consciente de suicidarse, pero algunos todavía dicen: "De todos modos morimos, si no es mi día, no moriré." Pero el deporte extremo en sí mismo, por mucho que mucha gente diga lo contrario, es un ataque a la vida. Cuerpos y mentes sanas en busca de algo cada vez más fuerte, que les dé ilusión y una razón para vivir, se lanzan a estos deportes como potenciales suicidios inconscientes. Habrá en el mundo espiritual, detrás de estos atrevidos seres humanos, espíritus frívolos que colaboran para hacerles creer que solo el coraje los mueve a realizar grandes hazañas. No se dan cuenta de la gravedad de estos deportes que pueden provocar la muerte por suicidio indirecto.

Otro tipo de suicidio es causado por la falta de deliberación de una sustancia en el cerebro llamada serotonina, llevando a la persona al desequilibrio, a una depresión leve o más fuerte, dependiendo de cada persona. Existe tensión premenstrual, el síndrome premenstrual, en las mujeres, que las obliga a situaciones de ira, desesperación, tristeza y depresión. También existe la andropausia en los hombres, algo que ahora es muy publicitado por la sociedad médica. Como el ser humano siempre pasa por situaciones difíciles, como la pérdida del trabajo, la separación matrimonial, la pérdida de seres queridos, la falta de salud, el amor no correspondido y muchas otras, esto los lleva a un sentimiento de fracaso, al cansancio de las luchas ignominiosas. Cuando no pueden obtener bienes materiales, están privados de la verdadera fe en Dios, que debe consolarlos, darles esperanza y valor. Quedan a la deriva, a merced de las tormentas de la vida, sin ver dónde echar el ancla para aguantar. Solo ven oscuridad, ninguna luz, ningún faro que guíe sus pasos inciertos. Si la persona no ha cultivado el amor por Jesús, no lo hará. Si te apegaste a tus mensajes, ¿cómo podrás ser humilde y resignado ante la adversidad?

Sin esta fuerza espiritual, los enemigos interfieren en el hogar mental de los encarnados, utilizando su fuerza de persuasión, mostrándoles una salida justo por la puerta del suicidio. Se produce entonces una simbiosis espiritual en la que unos se alimentan de las ideas de otros, encarnados y desencarnados entrelazándose en una unión perfecta de revuelta, odio, egoísmo, orgullo, celos, etc. A partir de cierto punto resulta difícil separarlos.

Urgentemente, los hermanos encarnados necesitan ayuda profesional de médicos y psicólogos y, en el aspecto espiritual, asistencia fraterna en los Centros Espíritas, con tratamiento de desobsesión, pases, agua fluidificada, estudio, lecturas edificantes, Culto del Evangelio en el Hogar, ayuda que beneficie a los encarnados y desencarnados, que seguirán sus caminos. Es necesario que las señales se noten al principio, para evitar el sometimiento o posesión, cuando el tratamiento se vuelve más difícil.

Entren en este momento, queridos hijos, que me escuchan con el corazón herido por los errores, la educación religiosa, la Doctrina de los Espíritus, fuente segura de verdades espirituales que nos dicen de dónde venimos y hacia dónde vamos.

Antes de suicidarse, el ser humano pasa por sufrimientos atroces. Se suicida cada minuto que pasa. Le parece escuchar una canción monótona: "¿Qué sentido tiene vivir? ¡No sirvo para nada! ¡El mundo es falso! ¡No le agrado a nadie! Será un alivio para todos." Por otro lado, la voz de los bienhechores espirituales advierte: "¡No puedes hacer esto! ¿Qué será de tu familia? Dios no quiere esto para ti." Aun así, se deja llevar por el libre albedrío, permitiendo que la depresión domine su espíritu debilitado. Sé, queridos hijos, que muchos de ustedes que hoy me escuchan pasaron por estos momentos angustiosos antes de quitarse la vida. Si pudiera, les curaría las heridas, pero tengo que hablar del asunto, para que no vuelvan aquí suicidándose. Algunos lo intentan, pero con la ayuda de benefactores espirituales no llegan a quitarse la vida. Se les ofrece una nueva oportunidad. Palabras duras como: "No quería morir en absoluto. Fue un chantaje solo para llamar la atención."

Estas personas están seriamente comprometidas con la Justicia Divina. Los más cercanos a nosotros no se dan cuenta de la verdadera causa y piensan que son solo actos de desequilibrio; sin embargo, si no hay un tratamiento serio, tanto de la materia como del espíritu, pueden llegar a la culminación de la desesperación y abandonar la vida mediante el suicidio, también lo hacen las personas con ideas fijas en ideales o sueños incumplidos, con poca conversación, que no revelan sus pensamientos.

Hay otras razones para realizar este acto demencial, pero una cosa es cierta, queridos hijos: por muy grande que sea la voluntad de ayudar a un espíritu suicida, la voluntad de ser ayudado debe ser de ellos. Nadie puede hacer esto por él, el primer paso tiene que ser suyo. Todos los intentos serán infructuosos si no toma conciencia que tiene que realizar reformas internas, cambiar conceptos, limpiar completamente su casa mental, tiene que querer salir de la oscuridad a la luz, empezando por salir de su caparazón a practicar la caridad, buscando, en el Evangelio de Jesús, la fuerza para no dejarse abrumar por la adversidad y cuando nazca en ellos el deseo sincero, se les extenderán manos caritativas, iniciando así el proceso de curación de las heridas del alma.

Queridos hijos, cuando ocurre la muerte del cuerpo físico por suicidio, los espíritus suicidas piensan que encontrarán de este lado la paz deseada. Se equivocan. Cuando llegan, sus familiares espirituales los esperan, llevándolos a regiones oscuras, donde no hay Sol, Luna ni estrellas, solo vacío y oscuridad. Habrá atenuantes, ya que cada caso es particular, no se puede generalizar, pero nadie, en principio, podrá recuperar su periespíritu inmediatamente después de tal trauma, y muchos espíritus permanecen en estado de coma durante años, asediados por terribles enfermedades y pesadillas.

Hacemos esta aclaración para que no cometas el mismo error. Nadie mejor que tú para evaluar el sufrimiento por el que pasaste. Todos fueron rescatados por la bondad divina y tendrán nuevas oportunidades de servicio y aprendizaje. Quizás se pregunten por qué no los ayudamos inmediatamente cuando alcanzan la espiritualidad, pero la ley es de acción y reacción, y no nos entenderían ni se adaptarían a las normas espirituales. Solo después de mucho sufrimiento aceptan nuestra ayuda, ante el sufrimiento en el Umbral y en el Valle de los Suicidas, se debe respetar el libre albedrío y solo cuando el espíritu pide sinceramente nuestra ayuda se ofrece ayuda. No importa cuán graves sean los errores cometidos, siempre habrá esperanza de progreso espiritual para todos. Recibieron asistencia divina porque pediste ayuda y llegaste a este Hospital de Regeneración. Algunos fueron a la Colonia María de Nazaret y otros serán enviados obligatoriamente a nuevas reencarnaciones.

Sigamos adelante, queridos hijos. Recuerden el pasado para no caer en las trampas de la vida. Conéctense con el Creador, nuestro Padre, para que en cada uno permanezca la verdadera fe, adquiriendo así la verdad liberadora. Que Jesús los acompañe en su nueva misión.

El silencio fue total. Se derramaron lágrimas y se contuvieron los sollozos. No quedó nada por decir. Cada uno de nosotros nos hemos encontrado en alguna situación expuesta. Salimos meditabundos, ya que todo estaba muy bien explicado, el suicidio ya no era un misterio. Ahora sabíamos exactamente cómo entramos por esta puerta sin salida y no podíamos, al menos mientras estábamos en la espiritualidad, preguntar: ¿por qué me suicidé? ¿Era la voluntad de Dios?

La voluntad era nuestra y tuvimos que soportar las consecuencias del acto irreflexivo. Nos esperaban días difíciles. Mi fe en Jesús y María era cada vez más fuerte que el miedo que me invadía. Ahora, a pesar de tantas deudas, tenía el crédito de la fe en Jesús. Quería creer en la reencarnación, pero mi primitivismo me arrastraba en esa dirección a paso de tortuga, dudando de la verdad que me había sido revelada.

XIV. REENCUENTRO FELIZ

Necesitamos cambiar, reconociendo que la felicidad tiene mucho que ver con la capacidad de ser felices con la felicidad de quienes se cruzan en nuestro camino.

Historias que traen felicidad - Richard Simonetti.

Dos cosas estaban seguras para mí: primero, no quería volver a cometer errores y segundo, no quería reencarnar. Me enfrenté a la necesidad de regresar a la Tierra y el miedo se apoderó de mí nuevamente.

Esperamos con ansias el futuro. Nuestra intención era no volver a fallar, fue una observación unánime. Entre nosotros nació una gran amistad, surgida del sufrimiento que construye uniones duraderas. Pasamos horas hablando del tema común entre nosotros que nos habíamos suicidado y ahora, con la ayuda que recibimos, estábamos cara a cara con la verdad.

Le preguntamos a Alberto, que entendía la Doctrina Espírita, el significado de la palabra médium, quien rápidamente respondió:

- En el capítulo XIV de *El Libro de los Médiums,* Allan Kardec explica que toda persona que siente la influencia de los espíritus en cualquier grado es, por tanto, un médium. Esta facultad es inherente al hombre y, en consecuencia, no es un privilegio exclusivo. Así, son pocas las personas que no se encuentran en forma rudimentaria. Por tanto, se puede decir que todo el mundo es más o menos un médium. Sin embargo, en la práctica, la calificación solo se aplica a aquellos en quienes la facultad mediúmnica está claramente caracterizada y traducida en efectos patentes, de manera sensible. ¿Te ayudó a entender un poco?

- Sí – respondí -. No quiero esta responsabilidad para mí, de ninguna manera quiero ser médium, todavía no sé exactamente qué es, pero tengo la sensación que me traerá sufrimiento.

- Si tu misión es ser un médium ostensible - dijo Alberto -, no puedes escapar de la responsabilidad, esto es lo que más te ayudará a liberarte de las cadenas del pasado. Es un don de Dios y no se puede rechazar.

En ese momento llega Jeremías, invitándonos a acompañarlo.

Francisco y yo fuimos llevados a otra habitación, donde había una mesa decorada con un jarrón de crisantemos amarillos y cuadros de varios tonos, lo que la hacía agradable y refrescante. Sillones de hermosos colores decoraban la habitación. Alexandre, que ya estaba allí, nos saludó y nos indicó un sillón. Permanecimos en silencio, porque sabíamos que el momento era de gran responsabilidad, de la que no podíamos escapar, como lo había hecho yo en otras vidas.

- Queridos hijos, aquí estamos nuevamente reunidos. Mis días se están acabando en este Hospital de Regeneración, pero antes de partir debemos arreglar algunos puntos juntos. Creo que todo ha quedado muy claro respecto a las encarnaciones en las que estuvieron unidos, culminando en los trágicos acontecimientos.

Se tomó un breve descanso, pero no teníamos nada que cuestionar.

- Entiendo que estén angustiados y ansiosos. Traten de mantener su fe en Jesús, Él será el apoyo al que se aferrarán de ahora en adelante. Me reuní con mensajeros de Cristo, habitantes de dimensiones superiores, y tratamos de sentir qué será lo mejor para ustedes, en este momento decisivo de sus vidas. No pretendemos tomar en nuestras manos la dirección de sus existencias, pero no podemos esto al criterio suyo, por los compromisos de sus vidas pasadas. Varios amigos intercedieron por ustedes, disponiéndose a ayudarlos en el nuevo viaje que van a emprender, amigos de otras encarnaciones que ahora parten para nuevas experiencias en la Tierra, poniéndose a disposición para cooperar con ustedes. Tú, Amatista, teniendo repulsión por la reencarnación, tendrás una encarnación difícil, donde estarás en constante lucha contra el suicidio.

- Discúlpame por interrumpirte, mentor Alexandre, pero al regresar a la Tierra, me siento llena de dudas, y el miedo a fallar nuevamente me consume. Déjame quedarme aquí para trabajar sin descanso para ayudar a los que aquí se encuentran. No me mandes de vuelta - dije entre lágrimas -, no dejo de pensar en esta idea.

- Hija querida, ¿puedes ver por qué te resultará difícil tu encarnación? No puedes quedarte en la espiritualidad, te reencarnarás con un bagaje espiritual que nunca antes habías tenido, conociendo las consecuencias del suicidio. Como pasaste muchos años en el plano espiritual, estás preparada para vencer y no puedes esperar más, el momento es oportuno para tu renacimiento. Percibo que las dudas y la angustia en ti, y ellas son malas consejera, y ellas son malas consejeras para quien desea evolucionar.

- Estoy en la misma situación que Amatista – dijo Francisco -. Pertenecí al alto escalón de la Iglesia Católica y; no obstante, haya fallado, creía en lo que predicaba, estuve en la Iglesia, llevé a los infieles a la muerte, luché contra la comunicación con los muertos y ahora aquí estoy viviendo con las verdades que combatí. No lo creo, pero no consigo aceptarlas plenamente.

- Sabemos que todo este proceso de la vida después de la muerte, necesita mucha comprensión. Algunos llegan aquí y aceptan inmediatamente todo el proceso con naturalidad, otros tienen más dificultades. Teniendo eso en cuenta es que vamos a transmitirles lo que nos parece más razonable para la próxima encarnación. Aquí estamos interfiriendo debido a la delicadeza de la situación, pero en la Tierra, el libre albedrío será enteramente por cuenta suya, así como la total responsabilidad de sus actos.

Hubo un ligero golpe en la puerta. Cuando se abrió, apareció una señora de mi edad, que irradiaba simpatía, y su rostro revelaba amor y compasión. Cuando la miré mejor reconocí a la Madre Consuelo, que intentó ayudarme cuando aborté en el convento.

- Pasa, querida hija - dijo Alexandre -, veo que te ha llegado mi petición de estar aquí en este momento.

- Sí, Alexandre, no pude evitar cumplir tu pedido, especialmente en el caso de estos queridos compañeros, a quienes nos comprometemos a ayudar. Todo lo que esté en mi poder, lo haré en el nombre de Jesús, nuestro Maestro.

- Veo que ya la reconociste – dijo Alexandre -, ella es una de las personas que ha intercedido mucho por ti y está dispuesta a ayudarte en todo lo que pueda.

Me levanté y le pedí:

- Dame un abrazo, Madre Consuelo.

Le di un fuerte abrazo que le expresaba todo mi agradecimiento, acompañado de mi pedido de perdón, por haber burlado las leyes de Dios y su autoridad en el convento.

Ella me devolvió el abrazo con cariño y amor. Francisco también la abrazó afectuosamente. Nos sentamos y hablé, ahogada por la emoción.

- Desde que te vi en la escena en la que estábamos juntas, me pregunté dónde estabas, Madre Consuelo. Debí haber estado en una situación embarazosa con mi acto doblemente demente: el aborto criminal y el suicidio. Perdóname por ser egoísta, no pensar en tu situación y no tener la paciencia necesaria para esperar la ayuda que me propusiste. Veo que creciste y evolucionaste espiritualmente, incluso más que en aquel momento, mientras yo iba de caída en caída, con el odio por compañero, después de haber sido abandonada por quien tanto amaba.

- Yo también, Madre Consuelo - intervino Francisco -. Tengo que pedirte perdón por haber sido cobarde dos veces, primero cuando dejé embarazada a Amatista, defraudando la confianza que ella depositaba en mí y segundo cuando hui de las consecuencias de mi acción, dejándola sola para resolver tan delicada situación.

La Madre Consuelo se llevó los dedos a los labios, como pidiéndonos que paráramos y dijo:

- No estamos aquí para juzgar ni perdonar, queridos amigos, sino para ayudarlos a superar las barreras que los conectan con el pasado. Junto a Alfredo, forman una cadena negativa, cuyos eslabones es necesario deshacer para que cada uno pueda seguir su propio camino.

- Ayúdame Madre Consuelo, no quiero volver a la Tierra otra vez. Sufrí mucho, no quiero sufrir más.

- Querida amiga, la ley de Acción y Reacción no falla. Somos responsables de todo lo que hacemos, por lo que debes analizar seriamente lo que se te ofrecerá. Esta vez tendrás mayor apoyo espiritual y tu fe en Cristo y María te ayudará en esta nueva vida.

Yo también estaré contigo en esta vida. Me haré espírita, porque quiero. Aun joven, abandonaré los dogmas de la Iglesia Católica y tendré mis manos extendidas para guiarte en la Doctrina Espírita, si así lo deseas.

Tomados de la mano, Francisco y yo nos sentimos más preparados para lo que vendría después.

Alexandre, con voz suave y firme, comenzó su explicación:

- Vayamos a los hechos principales. En el Ministerio de la Memoria de este hospital se enteraron de tres encarnaciones con finales trágicos, en las que estuvieron involucrados. Este procedimiento es muy común en el mundo espiritual, ya que muchos espíritus se suicidan en innumerables encarnaciones. Todos reciben ayuda. Algunos logran liberarse más fácilmente del yugo del suicidio, mientras que otros se vuelven locos y tardan más en liberarse de tan trágico acto. Cada caso se analiza individualmente.

En tu caso, preferimos recordarte aquí mismo, en el Hospital Regeneración que el trío Francisco, Alfredo y Amatista necesita ser desmantelado, para dejar espacio a nuevas oportunidades, nuevos logros y una evolución espiritual compatible con las experiencias adquiridas. Por tanto, es esencial revestir al espíritu de un nuevo cuerpo físico.

Un temblor recorrió mi cuerpo. Francisco me estrechó la mano y la Madre Consuelo me dedicó una sonrisa alentadora.

- Esta nueva encarnación no debería tardar mucho en suceder, pues entre encarnaciones y desencarnaciones, cuando se produjeron los suicidios, ya han pasado varios siglos. Esta nueva vida en el cuerpo es urgente. No podemos perder más tiempo, ya que los espíritus que desean ayudarles pronto parten hacia una nueva encarnación. No fue en todas las encarnaciones de estos siglos que esta trilogía estuvo presente. Con el paso del tiempo, cada uno tuvo su espacio individual, aciertos y errores, pero en el subconsciente, siempre ligado al pasado no resuelto.

- Entonces no siempre estuvimos juntos en este amor nuestro, ¿tuvimos otros amores? - Dijo Francisco.

Con una media sonrisa, Alexandre respondió:

- Sería muy exclusivista y también egoísta, si todo este tiempo solo estuvieran pensando en este amor y renaciendo para él. Sí, buscaban algo desconocido, sentían un anhelo indefinido, pero tenían otras obligaciones que cumplir. Mira, Amatista, tú y Consuelo estaban juntas en el convento y, en otra encarnación, que no es el caso ahora, cada una se fue a vivir a diferentes sectores de la vida física. Se reencuentran y Consuelo se propone ayudarlos en su nuevo viaje, ya que pronto reencarnará. Francisco, tú reencarnarás primero. Nacerás de padres muy humildes, serás hermano de sangre de Alfredo, para que lazos más estrechos los unan y faciliten el perdón, y el reajuste futuro. Permanecerás encarnado por poco tiempo, te llamarás Sebastián y luego regresarás al plano espiritual.

- ¿Por qué tengo que volver aquí pronto?

- Para evitar la menor cantidad de caídas posibles. Al regresar, podrás ir a una casa de transición, donde aprenderás la Doctrina de los Espíritus, o a acompañar a tus hermanos de fe, espíritus desequilibrados que gustan de causar problemas en los Centros Espíritas. No tenemos el don de predecir tu futuro, ni saber cuál será tu actitud, tu libre albedrío comandará tu acciones futuras.

En cuanto a Alfredo y Amatista, tendrán una vida matrimonial atormentada. Alfredo tendrá una mezcla de amor y pena por ti, Amatista, y reencarnarás con mayor conocimiento espiritual. Cuando lo vuelvas a encontrar, con tu pasado completamente olvidado, sentirás un amor extremo por él, ya que podrás superar los desafíos del matrimonio, que será de expiación y de pruebas, para reajustar el pasado. Alfredo ya está sano, pero tiene el espíritu muy trastornado. No pudimos educarlo como lo hicimos contigo, porque no se queda quieto, aunque ya tiene fe en Dios, aunque sea incipiente, será enviado al Ministerio de Reencarnaciones en la Colonia Nuestro Hogar y regresará a la Tierra unos años antes que tú a fin de pagar las deudas no solo contigo, sino también con otros Espíritus que serán sus hermanos de sangre.

- ¿Cómo puedo amar de un momento a otro a alguien que nunca quise amar, si guardamos profundo dolor el uno por el otro?

- Estamos brindando aquí en la espiritualidad lo que creemos será lo mejor para ustedes, pero cuando estén encarnados, el éxito dependerá del libre albedrío de cada uno, y tú, Amatista, saldrás de aquí con un buen bagaje espiritual en lo que concierne ayudar a los demás, por lo que estarás en mejores condiciones para ayudar a Alfredo y su familia. Ustedes tendrán sus diferencias, pero tendrán que crecer espiritualmente en este emprendimiento. Solo así podrán saldar sus deudas pasadas. Lo que sucederá solo a ti y a Dios pertenece.

- Después de esta encarnación, ¿podré quedarme con Francisco para siempre?

- Todo dependerá de cómo te vaya, pero tu amor nunca volverá a ser el mismo si logras superar las etapas pasadas. Surgirá un nuevo tipo de amor, incomparable, puro, en el sentido de estar bien juntos, apoyándonos unos a otros, compañeros en el camino espiritual, sin la pasión abrumadora que ciega al espíritu. Será como el florecimiento de una flor en primavera, hermosa, fragante, suave, sostenida por la comprensión mutua y el deseo de ayudar a los demás. Cuando esto suceda, sabrás que ya sientes el amor verdadero.

- Disculpen mi ignorancia, pero ¿no es un poco arbitrario? - Pregunta Francisco.

Pacientemente, Alexandre explica:

- Como ya sabes, será una encarnación prácticamente obligatoria. Amatista no quiere reencarnar, no se siente segura, Alfredo todavía se siente aturdido por los años pasados en Umbral y aunque tiene atenuantes, todavía no ha logrado aceptar las verdades espirituales, ya que no era tan religioso. En cuanto a tu pregunta, Francisco, cuando estés encarnado se respetará plenamente tu libre albedrío, aunque puedas descarriarte temprano. Ahora mismo tenemos que actuar con autoridad porque son incapaces de liberarse de las redes del pasado, y la programación de quién podrá ayudarlos en la Tierra ya está en marcha. Es una oportunidad que no podemos dejar pasar, ya que necesitarás de estas personas para que te ayuden a progresar espiritualmente. Estamos pidiendo las bendiciones de Jesús para que comprendan la responsabilidad del paso que darán y para que Amatista regrese aquí, por la vía normal de expulsión.

- ¿Qué pasará conmigo si me vuelvo a suicidar?

- Seré claro - responde Alexandre -. Cuando podamos rescatarla del Valle de los Suicidas, para ocultarte a los obsesores, vivirás en la Tierra en un cuerpo físico defectuoso, para que puedas liberarte de esta triste tendencia al suicidio. Parte de las personas con necesidades especiales eran suicidas en otras vidas, internándose en el cuerpo físico en un nuevo tipo de aprendizaje, tanto para ellos mismos como para sus padres y familiares. Cuando está en el sueño físico, el espíritu, libre de la prisión del cuerpo, recibe verdaderas lecciones de elevación espiritual. Como no pueden escapar del cuerpo físico, al que están atados por un cordón fluídico, y los obsesores no pueden alcanzarlos, es más fácil evangelizarlos. Ese será tu destino si vuelves a fallar.

Las lágrimas corrían por mi rostro mientras estaba acompañada por Francisco y la Madre Consuelo. La responsabilidad empezaba a pesar mucho sobre mí. Ya no habría excusas para cometer errores, todo me había sido explicado claramente. Pero todavía quería saber más:

- ¿Puedes decirme si mi vida será muy mala? ¿Superaré las tendencias suicidas?

- Dependerá de si eres feliz o infeliz. Nadie aquí podrá adivinar tu futuro. Todos esperamos que te vaya bien. Puedo decirte una cosa: será una encarnación difícil. Recuerda que hubo tres suicidios, lo que te pesará mucho. Vivir con Alfredo tampoco será fácil, pero apostamos por ti.

- ¿Cuándo terminará toda esta trama, Alexandre? - Pregunta Francisco.

- ¿Quieres responder, Consuelo?

- No, la mejor explicación siempre viene de ti, te escuchemos.

- Fue una buena pregunta. Parece que las deudas contraídas nunca tendrán fin. El karma solo termina para aquellos que consiguen perdonar a los ofensores. El perdón sincero es la llave que rompe definitivamente las pesadas cadenas del pasado endeudado. Es una pena que el ser humano no haya entendido lo que Jesús enseñó cuando recomendó perdonar setenta veces siete veces. Al poder perdonar, la persona estará amándose y amando al prójimo. Definitivamente estará listo para crecer espiritualmente. La Tierra que encontrarán no es la misma que dejaron en el tiempo. Ha crecido tecnológicamente y, aunque no lo parezca, también ha evolucionado espiritualmente. Hoy la gente está horrorizada por atrocidades que en el pasado se consideraban normales. Pero la

Humanidad todavía enfrenta sufrimientos de muchos tipos, porque el mal predomina sobre el bien, en planetas de expiación y de prueba, como la Tierra.

Alexandre sonrió, se levantó y pasó suavemente su mano por la cabeza de Madre Consuelo. Luego continuó:

- Todos los que habitan la Tierra, sin excepción, se encuentran en dos prisiones: la global, que es el planeta de expiación y de pruebas; y el cuerpo físico, del que solo serán liberados según sus buenas o malas acciones. Solo quedarán definitivamente libres de las rejas que los aprisionan, cuando partan hacia la patria espiritual y, con sus deudas totalmente pagadas, partan hacia una de las moradas del Padre, donde seguirán trabajando para liberar a los que no lo han hecho, pero lograron liberarse de la prisión. Nadie, nadie en absoluto, puede salir solo de estas prisiones o escapar, abriendo a martillazos la puerta a la vida mediante el suicidio. Esto no está permitido para ellos, ya que terminarán en prisiones peores, como Valle de los Suicidas. Eso es lo que encontrarás en el mundo, Amatista. Tendrás que elegir por tu propia voluntad en qué ala de la prisión terrenal quieres quedarte. Y de este lado, en el mundo espiritual, tú y Francisco también tendrán que hacer su elección. Todos los seres humanos - ahí está la gran revelación de la Doctrina Espírita -, escribirán su historia a lo largo del tiempo, recorriendo todas las experiencias, hasta alcanzar la libertad total. Nadie se queda estancado para siempre, sin crecer, algunos más rápido, otros más lento, todos avanzan hacia mundos de regeneración, donde el bien predomina sobre el mal.

- Dios te bendiga por estas maravillosas explicaciones. Ahora tengo que sacar de mi interior el miedo y la duda, que aun son más fuertes que mi voluntad - dije.

- Vamos Amatista, anímate, ahí estaré esperándote – dijo la Madre Consuelo – cuando me encuentres, un vago recuerdo se apoderará de tu ser, dando a luz la certeza que ya me conoces y que has encontrado tu camino.

Sabía que Consuelo no era su nombre actual, pero me sentía bien llamándola así.

- ¿Usted, Madre Consuelo y el mentor Alexandre se conocen desde hace mucho tiempo? ¿Existe una gran afinidad espiritual entre ustedes?

- Tu percepción no está equivocada, Amatista. Somos viejos conocidos en ayudar a los demás.

- Amatista - me dijo Alexandre -. Consuelo será tu instructora hasta nuestro reencuentro, cuando arreglaremos los últimos detalles de tu reencarnación. Hoy partirás con ella hacia la Colonia María de Nazaret. Francisco partirá hacia el Ministerio de Reencarnación en Nuestro Hogar. Alfredo ya está allí. Me despido porque mi misión en este Hospital de Regeneración ya ha terminado. Los espíritus que necesitaban ayuda ya han sido enviados. Tú, Amatista, serás reencarnada por mis manos, seré yo quien te guíe al nuevo rescate. Que Jesús te bendiga.

Le di un abrazo lleno de gratitud. ¿Cómo podría pagarle lo que había hecho por mí? Tendría que intentar ser digna de su confianza, no podía volver a fallar, ya que me habían ayudado mucho, al igual que Francisco y Alfredo.

La Madre Consuelo también se despidió diciendo que tenía tareas que cumplir antes de nuestra partida.

XV. IRENE

El ejercicio del amor verdadero no puede cansar el corazón.

Viña de Luz - Emmanuel - Francisco Cândido Xavier

Francisco y yo salimos a los jardines. Las flores nos hicieron compañía. Nos miramos largo rato con amor, cariño, dedicación. Nos parecía que el tiempo se había detenido, que éramos dos en la inmensidad del Universo. Fue el encuentro y la despedida de dos almas que algún día podrían ser gemelas. El silencio hizo todo y nada al mismo tiempo. No sabíamos lo que significaba en nuestras vidas a partir de entonces, solo la certeza que nos separaríamos. Nos abrazamos, conmovidos, nada de promesas eternas, de caricias, solo el abrazo sentido, lágrimas cayendo. ¿Qué interrogar, qué decir? Simplemente nos abrazamos, intercambiando energía. Entendimos que se nos había dado una nueva oportunidad, para que algún día finalmente pudiéramos estar juntos. ¿Sabríamos cómo aprovecharla? Alexandre había dicho que para esto era imprescindible el perdón. ¿Sabríamos perdonar? La separación dolía, el corazón sangraba, el anhelo ya estaba presente, sin la ilusión que pronto nos encontraríamos, en días tranquilos y pacíficos, en los que nuestro amor sobreviviría sin hacer daño a nadie. Sabíamos que todavía nos veríamos antes de la separación. Prolongamos nuestro abrazo. Ese momento fue solo nuestro, fue mágico, porque estábamos seguros de las bendiciones de Jesús. Lo abracé con más fuerza, pidiéndole a Jesús que nos sostenga y nos cubra con fluidos magnéticos de la espiritualidad. Vimos una luz parecida al sol iluminar el ambiente y fundirse con nosotros.

Abrazados, sentimos que la luz nos rodeaba y una inmensa calma se apoderó de nuestras almas, infundiéndonos fe y esperanza para el futuro.

La luz estaba desapareciendo. Ojo a ojo, de la mano nos despedimos. No teníamos palabras para expresar nuestros sentimientos. Me di cuenta, en ese momento, de lo que realmente es el amor verdadero, se muestra en los gestos más pequeños, puede prescindir de las palabras, solo se puede demostrar en un abrazo y un apretón de manos.

Conmovida y animada por el amor que nos unía, me dirigí a mis habitaciones a esperar el momento de la partida. Me quedé dormida con la paz de una conciencia tranquila. Desperté con la presencia del instructor Jeremías a mi lado.

- Ha llegado el momento de tu partida, Amatista. ¿Estás lista para dejarnos?

- Te echaré de menos. Agradezca a todos de mi parte y pídales que oren por este espíritu atribulado. ¿Seguirás aquí por un tiempo?

- Yo creo que sí, necesito aprender a entregarme primero a los demás, sin otro interés que el de ayudar, antes de sumergirme en el cuerpo físico.

Nos fuimos. Respiré hondo y levanté la cabeza: me esperaba una vida nueva, nada de tristeza. Tenía la gran ventaja de no necesitar hacer maleta. La sensación era que siempre estaba limpia, como si acabara de salir de la ducha, un suave aroma perfumando mi piel. Comencé a hacer comparaciones con los olores de Valle de los Suicidas, pero dije una breve oración y el pensamiento se desvaneció en el aire.

Lo que parecía un autobús estaba estacionado frente al hospital. Me despedí de Jeremías y sus amigos, les agradecí su amabilidad y les deseé mucha suerte. Cuando subí al autobús, que en realidad era un aerobús, noté que ya había otras personas sentadas. Reconocí a Alberto y me senté a su lado, saludando a todos.

Madre Consuelo entró última, regalándonos una preciosa sonrisa.

- No teman, queridos hermanos, las ventanas están valladas para que no puedan ver los paisajes de las zonas bajas, que tenemos que atravesar. Hagamos una oración para encender una luz de amor, la luz de María, que nos acompañará en este pequeño camino.

- "María, madre de Jesús, abogada de los pobres, de los que sufren, de los agraviados, queremos pedirte, Madre amabilísima, que nos apoyes en este camino, que tu manto de amor nos cubra, no permitiendo que fuerzas negativas se acerquen a nosotros. Sé el faro que nos guíe en las regiones oscuras y bendice a todos los que están fuera de este recinto, dales el refrigerio del perdón que pacifica, de la humildad que adormece el dolor y de la fe que los transportará a regiones más apacibles con seguridad a tu Colonia, María de Nazaret."

El aerobús empezó a moverse y nos dirigimos hacia nuestro destino. ¿Cómo sería esta Colonia? Sabía que allí enviaban suicidas. ¿Nos castigarían allí? ¿Castigados? ¿O sería el purgatorio? La Madre Consuelo, pareciendo leer mis pensamientos, nos dijo:

- La Colonia María de Nazaret es una Colonia donde los espíritus de los suicidas van a recuperarse, a equilibrarse, antes de sumergirse nuevamente en el cuerpo físico. Existe una infraestructura específica para cada caso particular. Se eligió el nombre de María de Nazaret por ser la fundadora de esta Colonia, para brindar asistencia directa a las personas que sufren y deambulan por las oscuras regiones del Valle de los Suicidas. Hay espíritus que salen del Valle y se dirigen hacia allí. Algunos de ustedes pasarán poco tiempo allí, otros pasarán más tiempo. Cada caso se examina individualmente, teniendo en cuenta la necesidad de reencarnación. Ahora, cierren los ojos y oren, ya que la oración es una fuerza impulsora de energía. Dejamos atrás a los más oscuro, ya casi llegamos, ya que el tiempo aquí no es el mismo que en la Tierra.

Permanecimos en silencio, sintonizándonos con lo Alto, todos parecieron comprender que la oración es una maravillosa medicina que nos calma y ayuda a adormecer las heridas del alma. Cuando nos detuvimos, se abrieron las ventanas y, al bajar, nos topamos con un césped que parecía una alfombra verde, nunca antes visto por nuestros ojos. El impacto fue general, quedamos deslumbrados, mientras árboles y flores fragantes brotaban de la Naturaleza, como si algún artista los hubiera pintado.

Una ola de paz me invadió y una vez más estuve segura que ya había estado allí.

Todo me parecía real, no podía estar muerta, la vida palpitaba dentro de mí y a mi alrededor. Sentí unas ganas inmensas de correr, bailar y acostarme sobre el suave martín pescador. Me invadió una certeza: ya me habían llevado allí, sí, debería haber sido después de mis dos suicidios anteriores. Me sentí bien al recuperar una pequeña parte de mi memoria y ya era consciente de lo que me rodeaba.

La gente nos estaba esperando. Nos guiaron gentilmente a nuestras habitaciones. Me pareció interesante la cortesía y amabilidad de todos los que se proponían trabajar en hospitales y Colonias espirituales. El trato generoso que nos brindaron me conmovió mucho, haciéndome sentir más segura y confiada.

Una mano extendida podría marcar la diferencia en cuanto a si realmente queremos que nos ayuden.

Una persona vestida de blanco se me acercó, pero no parecía ser enfermera, y me dijo:

- Soy Irene, asistente de esta Colonia, sé que tu nombre es Amatista y estoy aquí para ayudarte en lo que necesites.

La miré y una dulce emoción me invadió: la conocía, recordaría dónde.

- ¿Simplemente vas a cuidar de mí?

- No, querida, hay varios espíritus a nuestro cuidado, ya que muchos hermanos prefieren trabajos más suaves, son pocos los que quieren ensuciarse las manos o los que han evolucionado lo suficiente como para practicar el amor a los demás. Muchos quieren crecer espiritualmente, ser escritores famosos, pero no todos están preparados para trabajar en el anonimato. La mies es mucha, muchos son los llamados y pocos los escogidos, nos dijo Jesús.

- Si fuera mi voluntad me quedaría aquí trabajando. Tenía una gran afinidad con este lugar. Ahora recuerdo el tiempo que pasé aquí. No fue como esta vez. No entendía bien las cosas, no podía hablar, estaba en otro departamento. Esta vez todo es diferente, mi memoria es mejor, puedo razonar, entiendo muchas más cosas. Las otras veces estaba rodeada de ese amor loco por Francisco e inmediatamente reencarné, solo para caer cada vez más en los pozos del suicidio. Los mentores tienen razón, esta vez tiene que ser diferente, no puedo volver a fallar. Precisamente, Irene, ahora recuerdo - salté de alegría, aplaudí, sonreí y la abracé -, que eres la hermana que estuvo conmigo en el Sermón de la Montaña. ¡Cómo pensé en ti después de ese día! ¡Cómo quería volver a encontrarte! ¡Cuánto te amo, querida hermana! ¡Fuimos sanadas de la lepra en ese momento! Participaste en el momento más sublime de mi vida. ¿Me recuerdas?

- Yo tampoco nunca te olvidé, siempre estás en mis recuerdos aquí en el mundo espiritual, pero teníamos diferentes misiones. Sabía que vendrías a la Colonia, me quedé un poco más aquí para reencontrarte. Yo también te amo mucho.

- Irene, ¡qué feliz estoy de encontrarte! Quién sabe, tal vez podamos trabajar juntas aquí.

Irene solo me miró con una sonrisa enigmática y dijo:

- Yo también estoy feliz de verte de nuevo. En cuanto a quedarte aquí, dejemos esta conversación para más tarde, al parecer no quieres descansar, ¿estás más emocionada?

- Sí, además de alegrarme de verte, me gustaría saber en qué puedo ayudar, quién sabe, tal vez pueda convencer al mentor Alexandre y no reencarnar. No quiero quedarme solo en los jardines, quiero trabajar, ¿puedo? Debes haber evolucionado mucho, estás en una situación mucho mejor que yo. Casi dos milenios después del Sermón de la Montaña, todavía me arrastro, destruyendo la existencia física mediante el suicidio. Y tú, ¿qué hiciste con tu vida?

- Te lo contaré más tarde. No he evolucionado como crees, tengo deudas que saldar. Ten un poco de paciencia, acabas de llegar y necesitas mucho descansar, es norma en la Colonia. Mañana acudirás al Departamento de Energización, para revitalizar tu energía. Aunque te sientes mejor, no está en condiciones de trabajar, ya que tu energía está debilitada. Por eso, recomiendo entrar en oración, leyendo libros edificantes que estén sobre la mesa, especialmente el Evangelio de Jesús, que te ayudarán a entrar en sintonía con ideas positivas. Tengo otras personas a quienes ver ahora. Hasta pronto, Amatista.

Estaba sola con mis deseos y pensamientos. Recordé todo el proceso por el que pasé, desde el momento en que tomé conciencia de mis locas acciones. Dios mío, ¿cómo pude ser tan tonta? Si todo lo que había presenciado era cierto - y ahora realmente lo creía -, no debía hacerme ilusiones. En la nueva vida que me esperaba, tendría que recuperar el tiempo perdido. Después de los esfuerzos de tantos, no podía creer que lo que había sucedido fuera falso. Extrañaba muchísimo a Francisco, nuestro amor era fuerte, había traspasado las barreras del tiempo. ¿Podríamos hacerlo bien?

Tres suicidios, tres muertes que no fueron muertes. ¿Qué pasaría con mi vida a partir de entonces? No podría haber un cuarto suicidio. Desde que desperté en el Hospital de Regeneración solo encontré amor, cariño y comprensión. Lo que me intrigó fue que en ningún momento me recriminaron ni me juzgaron. Sentí vergüenza, pero con un poco más de coraje y esperanza de poder regenerarme, ya no albergar la idea fija del suicidio, cumplir bien mi nueva etapa de vida y poder por fin estar con Francisco, no solo como marido y mujer, sino en cualquier situación en la que juntos podamos sanar las heridas de los que sufren. Un amor sublimado por los hermanos que sufren.

Me quedé dormida, mecida por estos sentimientos. Cuando desperté, comencé a caminar por los bulevares llenos de flores. Algunas personas caminaban meditativas, otras permanecían sentadas, siempre en grupos. Parecía que nadie quería estar a solas con sus pensamientos. Todos son muertos vivientes como yo, pensé. Definitivamente merecía estar en el Valle de los Suicidas, porque por mucho que intentaba creer en esta nueva realidad, las convicciones religiosas salían a la superficie, bloqueando la verdad que se me presentaba. No quería dudar más, tenía que creer por mi propio bien. Miré asombrada la belleza del lugar, maravillas que nunca podrían formar parte del paisaje terrenal.

- ¿Estás ahí, Amatista? ¿Has notado lo hermoso que es este lugar?

- Sí, Irene, es todo muy bonito y diferente a como lo he visto. Tengo una pregunta, ¿hay solo espíritus de suicidas en recuperación aquí en Colonia?

- La mayoría de espíritus que llegan aquí son suicidas, pero aquí también hay apoyo para los que mueren en estado de demencia, perseguidos por enemigos invisibles. La Colonia María de Nazaret es muy grande y la orden es no dejar sin ayuda a quienes nos buscan de buena voluntad. Existe un ala hospitalaria dedicada a estos espíritus, que son enviados en mejores condiciones a otras Colonias. A los pacientes no se les niega la medicina.

- Dijiste que te quedaste aquí trabajando un poco más porque me estabas esperando. ¿Cómo llegaste a este lugar? ¿Ya eres un espíritu superior?

- Mi historia no es nada diferente a la historia de los espíritus en quiebra. Estoy aquí en una misión de rescate. Esperé a espíritus amigos, familiares, incluida tú, a quienes me he propuesto ayudar en todo lo que pueda. Ni siquiera estoy cerca de ser un espíritu evolucionado, todavía tengo mucho que aprender. Me caí y me levanté varias veces. Pedí permiso a los mentores de esta Colonia y a mi instructor para internarme aquí, antes de reencarnar, ya que estoy dispuesta a partir para ayudar a quienes caminan entre la cordura y la locura, los deprimidos, los angustiados; en fin, los heridos en el alma.

- ¿Serás médico?

- No seré médico, pero me dedicaré a salvar vidas, de lo contrario, aun no sé exactamente qué será, pero ciertamente será rescatarme a mí mismo, en armonía con las leyes del Universo.

- ¿Te irás pronto?

- Ya está todo planeado para mi partida. Elegí quedarme al lado de mi futuro esposo quien se dedicará a la Medicina, junto a sus hijas arruinadas en otras encarnaciones.

- Me gustaría saber cómo terminó nuestra vida, en esa encarnación del Sermón de la Montaña, ¿podría decirme?

- Te resumiré lo que nos pasó. Una vez curadas regresamos a casa de nuestros padres, quienes no nos recibieron como esperábamos, ya que el miedo a la enfermedad no les permitía brindarnos el cariño que necesitábamos. La situación se volvió insostenible. Decidí ir a un templo para escapar de la familia, donde permanecí por el resto de mi existencia. Estaba agradecida a Jesús por haber sido sanada, pero al mismo tiempo tenía repugnancia: ¿para qué estaba siendo sanada? Solo había cambiado de lugar, vivía aislada, nunca miré el mundo fuera de los muros del templo donde ayunaba en oraciones y meditaciones, y trabajaba con plantas, preparando medicinas para los necesitados. Una vez al año, durante una hora, recibía la visita de nuestra madre. Por ella supe que te casaste con un campesino, con quien tuviste tres hijos, dos niños y una niña, y que, incapaz de soportar la opresión familiar, abandonaste a tus hijos y a tu marido para unirte a un grupo de teatro ambulante. Nadie volvió a saber de ti.

- Ya no me asustan los fracasos de mi existencia. Fui sanada por Cristo y ni siquiera este hecho maravilloso me impidió cometer errores. Pero ¿y a ti? ¿Qué más te pasó que fuera importante?

- Te voy a contar dos pasajes, porque tampoco los recuerdo todos. En una encarnación, fui gitana, leí buena fortuna, junto a Everaldo, un hermoso muchacho con quien me convertí en consorte, y que me enseñó a manejar las cartas, los juegos y las hierbas. Me convertí en consejera del grupo gitano. La gente vino de muy lejos a consultarme. Al son de la armónica de Everaldo, enloquecía a los hombres, bailando, dándoles esperanza y sin ir más allá de inspirar sus deseos. Algunos se suicidaron por mi culpa, porque mediante el juego fraudulento Everaldo y yo, en aquel entonces Carmen, los engañamos robándoles su fortuna. Quedé embarazada y aborté dos veces. La tercera vez no pude resistir y morí. También curé a muchos con mis hierbas. Everaldo fue asesinado por uno de los hombres a quienes engañamos. Pasé por esta Colonia María de Nazaret, porque el aborto criminal sigue siendo un suicidio indirecto, además de un asesinato cruel. Fue la única vez que me trataron aquí, después de ser rescatado de Umbral.

- No te importa contar tu historia, ¿no?

- No, ya superé estas encarnaciones, lo que quiero ahora es purgarlas, intentando hacerlo bien esta vez.

- Y la otra encarnación, ¿cómo fue? Siempre somos víctimas y culpables, ¿no crees?

- Solo ahora estoy en condiciones de redimir estas deudas, porque en cada encarnación cambiamos nuestros destinos y solo ahora Everaldo y yo adquirimos la comprensión y la capacidad de rescatar las locuras de nuestra encarnación gitana y de nuestro tiempo en Egipto.

- ¿Significa esto que ésta será su última etapa en la Tierra?

- ¿Quién soy yo para merecer esto? Simplemente voy a intentar lograr lo que me propuse. El resto solo Dios lo sabe.

Mi esposo ya está encarnado, y ahora que te he visto y completado mi pasantía en esta Colonia, pronto me iré también. Espero que me vaya bien en mi nueva existencia. Esta es mi firme voluntad aquí en el mundo espiritual, como persona encarnada no puedo decir nada, mi vida dependerá de mi libre albedrío.

- Realmente no entiendo el libre albedrío, no quiero reencarnar y me obligan a hacerlo.

- No te están obligando, pero, debido a tus encarnaciones suicidas, no estás en condiciones de saber qué es lo mejor para ti. Si no saldas las pesadas deudas contraídas con los sucesivos suicidios, siempre estarás en este vaivén. Necesitas evolucionar, tienes créditos para que esto suceda, ya has ayudado a muchos, has sanado muchas heridas, tienes fe en Jesús, tienes que tomar conciencia de la importancia de esta nueva encarnación tuya.

- Parece sencillo oírte decirlo así, pero no es tan fácil como parece. Sé que voy a sufrir mucho, pero no sé si tendré fuerzas para hacerlo.

- Puedes estar segura que haré todo lo que pueda para ayudarte. Si alguna vez nos encontramos, y estoy segura de ello, tendrás toda mi atención. No lo entiendo muy bien, pero me parece que estas dos encarnaciones de las que me hablaste influirán en tu nueva existencia, donde podremos encontrarnos.

- En efecto, además de los errores de la encarnación como gitanos, Everaldo y yo rescataremos la encarnación vivida en el Antiguo Egipto con viejos enemigos. Yo era hija de padres pobres que me vendieron a los diez años a un maestro de magia. Desencarnaron, abrumados por el remordimiento, cuando vieron en lo que más tarde me convertí. Principalmente mi madre.

Mi espíritu inquieto no aceptó sin cuestionar lo que querían imponerme como verdad. Mi maestro se llamaba Vantuir - antes Everaldo -, yo me llamaba Ilíada – Gitana Carmen -. Me enseñó el arte de la medicina tanto para salvar vidas como para destruirlas. También me enseñó el arte de la brujería. Había otros jóvenes de mi edad aprendiendo el arte de la magia, pero yo era especial para él. Joven, llena de ilusiones, me enamoré de él. Una pasión abrumadora se apoderó de nosotros. Perdimos nuestro sentido de dignidad y honor, queríamos recolectar dinero y quien pagaba más obtenía lo que quería. Hierbas abortivas, medicinas alucinógenas, todas vinculadas a la magia. También salvamos vidas, Vantuir curó heridas del alma y del cuerpo, le dimos mucha comida y bebida. Un día, el hijo del faraón vino a nosotros pidiendo una poción venenosa para acabar con la vida de su padre. En pago, seríamos sus asesores. Ambiciosos, acordamos darle el veneno. En el palacio no había nada escondido. Los traidores estaban presentes en cada rincón, buscando también obtener las bendiciones del soberano. Como era de esperar, fuimos traicionados, el hijo del faraón quedó atrapado entre muros de piedra. Vantuir y yo fuimos sentenciados a muerte. Fue una desencarnación de mucho sufrimiento, nuestros enemigos nos esperaban dispuestos a hacernos revivir los horrores de la muerte violenta. No sé cuánto tiempo estuve allí, ya no tenía conocimiento de Vantuir. Cansada, debilitada, pedí ayuda a Dios. En cierto momento, me tienden una mano. Desesperada, la agarré y fui arrancado de allí, cayendo en un sueño profundo. Después supe que era la caravana de rescatistas que de vez en cuando pasaba, y cuando las manos benditas se extendían, los que ya estaban más preparados las agarraban y eran salvados.

- ¡Cómo sufriste! Pensamos que nuestro sufrimiento es grande, pero vemos que hay sufrimientos mayores que los nuestros. Esta Colonia realmente ayuda a muchos necesitados. ¿También fue rescatado el maestro Vantuir?

- Después supe que su estado era peor que el mío, su espíritu estaba más endurecido. Lleno de odio, les dijo a sus verdugos que los destruiría mediante magia. Tardó más en ser rescatado, pero un día llegó la ayuda divina. Nuestro calendario de reencarnaciones ya ha sido definido. Tendré por madre a la que me vendió en Egipto y que está muy enojada con Vantuir. Mi padre será el hijo de Faraón que fue sepultado vivo, las hijas serán las que abortamos como gitanos y el que causó mi muerte al abortarla, vendrá como nieta. Seremos verdaderamente una familia con grandes deudas kármicas.

- ¡Qué difícil será este rescate! Y pensé que el mío era el más complicado. ¿Vantuir y tú volvieron a estar juntos?

- Sí, iremos como cónyuges, con el propósito de salvar vidas. Esta es mi historia, Amatista, le pido mucha ayuda a Jesús, María, Dios y bienhechores espirituales para que nos vaya bien en esta encarnación.

- ¡Qué difícil es entender la máquina del tiempo! Imagínense cuánto más difícil será cuando encarne y me olvide de todo. ¿Cómo podré perdonar a quienes me hicieron mal si no recuerdo nada?

- Aprender a comprender mejor tu intuición, tus dones psíquicos únicos, estudiar el Espiritismo te ayudará a saber con quién estás más en deuda. Algunas cosas te las transmitiré, esto es lo que aprendí en los estudios que hice aquí en la espiritualidad. Ahora, tranquila. Ya hemos hablado mucho, ya estoy al tanto de nuestras vidas. Jesús te bendiga querida hermana.

- ¡Cómo encaja todo! ¡Cuánto orden y disciplina para rescatar vidas pasadas! La espiritualidad hizo su parte, el resto dependía de nosotros.

XVI. ENERGIZACIÓN

Todas las formas de oración manifiestan algo superior en sí mismas. Quien ora está saliendo de sí mismo para encontrar a Dios.

Proyectando luz en el hogar - Mércia Aguiar.

Al día siguiente, Irene me llevó a la sala de energización. Me reuní con la Madre Consuelo y en ese momento me vino a la mente el Convento, cómo traicioné su confianza y burlé las Leyes Divinas. Ella me miró con profundo cariño y me pidió que me acostara en una cama, donde luces de colores le daban un tono suave al ambiente.

- Antes de acostarme, me gustaría saber por qué Alexandre y los tuyos son tan cariñosos conmigo.

- Querida Amatista, tú, Francisco y Alfredo son muy queridos para nosotros. He seguido algunas de tus encarnaciones y ahora que voy a reencarnar, teniendo como misión izar la bandera de la Doctrina de los Espíritus, conociendo tus dificultades para aceptar las verdades de esta Doctrina, me propuse ayudarte en el Centro Espírita donde te encontraré.

- ¿Nacerás espírita?

- No, naceré en un hogar católico, pero seré espírita en mi adolescencia y en el futuro me uniré a mi pareja, que tendrá los mismos ideales. Será un matrimonio por afinidad espiritual. Hemos esperado siglos para este encuentro.

- ¿Alexandre también reencarnará?

- No, él será mi mentor espiritual. Nos une el amor fraterno que ayuda y educa. Él será quien me guiará espiritualmente en esta encarnación. Desde pequeña estará conmigo y lo tendré como un gran amigo de este lado.

- ¿Tendré también un mentor que me ayude?

- ¿Cómo se llamará?

- Todo aquel que renace en la Tierra tiene un mentor, un ángel de la guarda, pero pocos conocen sus nombres, pues prefieren trabajar en el anonimato. Por supuesto que tendrás los tuyos, además de amigos espirituales que estarán aquí orando y apoyándote.

- Algo me vino a la mente ahora. Intenté envenenarte en una de tus vidas, hacerte daño a instancias de un alto dignatario de la Iglesia, pero gracias a Dios no tuve éxito en mi intento. ¿Tuviste ayuda en este sentido? Tienes un alma gemela, debe ser quien será tu esposo en esta encarnación, y yo fui cómplice en el intento de alejarte de él. Mi memoria vislumbró este episodio de otras vidas, y lo veo de gran ayuda al querer ayudarme. Sabiendo del incidente en el que quise hacerte daño, ¿todavía quieres seguir ayudándome? Quizás te enfades conmigo. No seré una persona agradecida en tu vida.

- ¿Quién de nosotros no ha cometido errores? Este episodio estaba en pasado. Todos tenemos nuevas oportunidades. Te ayudaré en lo que necesites, mi mayor deseo es guiar a Francisco, Alfredo y a ti a aprender sobre la Doctrina de los Espíritus. Estoy seguro que una vez que la conozcas, tus tendencias suicidas desaparecerán.

- Sé que no soy un espíritu fácil, después de todo vengo del Valle de los Suicidas. Saldré de este plano espiritual con muchas preguntas. ¿Tú y Alexandre tendrán la paciencia para ayudarme a pagar deudas tan pesadas?

- La paciencia será uno de mis principales ejercicios espirituales. Haré todo lo posible para adquirirla. No quiero perder la oportunidad de poner en práctica lo que he aprendido en varias encarnaciones, porque sin paciencia, hermana de la caridad, no podré hacer el bien que me he propuesto. Con la ayuda de Jesús y Alexandre, espero poder cumplir con éxito la misión que me propuse, llevando el conocimiento de la Doctrina de los Espíritus a tantas personas como pueda.

- ¿Crees que podré no suicidarme en esta nueva encarnación?

- No puedo decir nada, Amatista. Si esto fuera posible, sería inevitable y no veríamos la mano de un Dios misericordioso en este contexto. No te preocupes por eso ahora. Recuerda que eres más consciente y las manos se extenderán para ayudarte.

- ¿Cómo es posible que Francisco y yo nos amemos tanto y no podamos equilibrarnos? ¡Es increíble! Hay momentos en los que creo que estoy soñando. Quiero aceptar todo como verdad, pero algo dentro de mí, quizás mis raíces católicas, que ya estoy cuestionando, no me dejan creer en la reencarnación, a pesar de lo que me han mostrado. Sé que nadie me mintió, es todo la más pura verdad.

- Para algunos, el paso del catolicismo al Espiritismo es como si se abriera la puerta y todo se aclarara, pero para otros es un paso difícil debido a raíces fuertemente solidificadas y difíciles de extirpar. En cuanto al sentimiento que te une a Francisco, hasta ahora ha estado desequilibrado, y un sentimiento que le causa dolor no puede considerarse amor. Se volverá real a medida que los dos evolucionen espiritualmente. El amor de dos corazones, con el pensamiento de Jesús, se combina con el amor al prójimo, no se puede encerrar en una jaula. El amor tiene que tener alas, ser libre para volar, ganar altura, evolucionar, complementándose el uno al otro, sin prisiones. Cuando te conoces te olvidas de las personas que te quieren y quieren lo mejor para ti. Tendrán que aprender que el amor es donación, acuerdo, armonía, confianza mutua.

- ¿Amas así, Madre Consuelo?

- Sí, nos queremos mucho, sentimos un amor inigualable el uno por el otro, pero no podemos perdernos en este amor, tenemos que recordar que siempre habrá quien nos necesite, tenemos que tener las manos extendidas hacia aquellos que necesitan ayuda. Esta será la misión más importante en la nueva etapa de vida en la que nos reuniremos, no podemos aislarnos en nuestro amor, es un regalo que debe ser extendido a muchos que vendrán a nosotros hambrientos y sedientos de justicia.

- Espero algún día poder equilibrarme con Francisco para que podamos ser un solo corazón para ayudar a los necesitados. Siento una gran compasión por los que sufren, los lisiados, en alguna vida mía debí haber estado muy cerca de los desheredados del destino, los afligidos, los pobres de espíritu, porque aunque he cometido tantos errores, de este lado tengo ganas de pellizcar las heridas de las almas, anular mis deseos inferiores.

- Lo sé - dijo la Madre Consuelo -, este deseo es sincero en ti, pero hay lisiados, necesitados de amor, dentro de palacios, casas nobles, ricos en materiales, pero pobres en las verdades de Jesús, estos no necesitan alimento material sino de pan espiritual, teniendo todo en lo económico, no tienen nada, porque cuando pierden los bienes materiales, nada les salva para aferrarse, donde muchos se suicidan, es mucho mayor en las clases adineradas, falta de Jesús en el corazón.

- Nunca lo pensé de esta manera, siempre estuve preocupada por aquellos que se mueren de hambre por el pan material. No me siento cómoda en lugares lujosos, quizás esto se deba a mis votos de pobreza cuando era monja. Es un nuevo ángulo para repensar mis conceptos.

- Esta nueva encarnación marcará una nueva etapa de evolución. Pidamos siempre a Jesús que los bendiga y les dé fuerza, coraje y mucha fe para atravesar los caminos que tendrán que recorrer.

- Tengo mucho miedo de lo que me espera.

- Deja de preocuparte por el pasado y el futuro. Presta atención al presente, a la suave música que levanta el pensamiento. Cierra los ojos y calma tu corazón, Jesús está contigo. Escúchalo y registra Sus palabras: *"Bienaventurados los afligidos porque ellos serán consolados"*, Recuerda el pasaje en el que escuchaste al Amado Maestro, cuando recibiste una gracia incomparable y este recuerdo te ayudará a encontrar tu camino. Tenemos deudas, karma, pero podemos ponerles fin cuando hay verdadero perdón en nuestro interior, como explica Alexandre.

Me acosté en la cama blanca, confiada en la presencia de la Madre Consuelo, que me hizo un enorme bien, me tranquilizó, me dio seguridad. Cerré los ojos y me vi nuevamente al pie del Monte, las palabras de Cristo llenaron mi alma y una dulce paz me invadió, la suavidad del lugar fue bálsamo para mi corazón.

Con los ojos cerrados, noté una fusión de colores que me energizaba. Arrullada por la voz del Maestro, la música suave y los colores relajantes, me quedé dormida plácidamente.

No sé cuánto tiempo estuve dormida. Poco a poco fui recuperando la conciencia, lágrimas de alegría asomaron a mis ojos, los abrí lentamente, no tenía ganas de levantarme. ¡Dios mío, qué reconfortante era el estado en el que me encontraba! ¿Habría una solución para mí? Por primera vez desde que acepté mi nueva existencia, una luz de esperanza brilló en mi corazón. Sí, me iba bien en la nueva vida que me esperaba, tenía a Jesús y a María conmigo. Ningún esfuerzo valdría la pena si no quisiera cambiar y, en ese momento, quería ser una nueva Amatista, hacerlo bien, dejar las cosas claras de existencias pasadas, aceptar mis errores y - lo mejor que podría pasarme -; no sería más suicida. Lo haría bien, si vinieran problemas o dificultades, las superaría.

Con el tratamiento de cromoterapia mi estado de ánimo era diferente, los pensamientos negativos habían desaparecido, había germinado la semilla de la esperanza. Ya no quería ser la cizaña, quería ser el buen trigo, no podía ni quería pelear más con la realidad, tendría que reencarnar, vivir nuevas experiencias. ¡Tantas manos tendidas, tanta gente comprometida a ayudarme! No los decepcionaría. Alexandre me advirtió muy amablemente, pero con firmeza que si volvía a fallar como suicida, regresaría a la Tierra con severas limitaciones. No había más opciones para mí. Quisiera o no, en ese momento de mi vida, por decisión superior, reencarnaría. Todo había sido elegido cuidadosamente, mi familia, mis parientes, sin mi participación. Vi que la única salida era aceptar lo que con tanto amor y buena voluntad se me ofrecía.

Cuando abrí los ojos me sorprendió la pregunta de la Madre Consuelo:

- Entonces, ¿cómo te sientes?

- Me veo renovada, Madre. Todavía no me había sentido tan optimista, llena de fuerza y coraje. Algo en este tratamiento me hizo mucho bien. Me siento una persona diferente, más segura, equilibrada, sin revueltas, la certeza que me toca vivir la reencarnación se ha apoderado de mí. ¿Fue un efecto del tratamiento?

- Sí, el tratamiento energizante de cromoterapia aquí es profundo. Llegando directamente a la raíz de los problemas, cauteriza las heridas del espíritu, pero cada persona lo recibe de manera diferente. Veo que te ha sucedido una verdadera catarsis espiritual, destruyendo prácticamente tus propias influencias negativas. La obsesión por uno mismo provoca miedo exagerado, angustia y hace que la persona sea incapaz de pensar, y actuar por sí misma. No esperábamos una reacción tan positiva de tu parte el primer día de tratamiento. Todos los que estén comprometidos con tu recuperación estarán felices por ti.

- Mi esperanza de vida es diferente, siento que ahora puedo emprender una nueva experiencia en el cuerpo físico, no me suicidaré, pase lo que pase, seré fuerte y no volveré al Valle de los Suicidas. Sé que me perseguirán ideas suicidas, contra las que lucharé con todas mis fuerzas.

- Jesús la bendiga. Hoy es un gran día para nosotros que estamos comprometidos a reconstruir tu vida. Todos los interesados en tu transformación espiritual ya han tomado conciencia de lo que te está sucediendo, ahora todo será más fácil. Programaremos dos sesiones de dinamización más y una reunión con Alexandre para ultimar asuntos pendientes. Ahora puedes salir y disfrutar de esta nueva fase de comprensión. Hasta pronto, Amatista.

XVII. CORAL

Puede que el camino esté frío

Sin embargo, Dios te calienta.

Tocando al barco - Emmanuel - Francisco Cândido Xavier.

Me levanté y me fui, temblando de emoción. Pensé que la Colonia era aun más hermosa. Todo fue encantador.

Vi a Alberto con otros hermanos y fui a su encuentro.

- ¿Cómo estás, Alberto? ¿Te siente mejor?

- Hola Amatista, aun no me he realizado el tratamiento energizante, debo hacerlo mañana. Quienes han estado allí dicen que tiene un efecto excelente sobre nuestra energía.

- Recién salí de allí y para mí fue una verdadera cirugía espiritual.

- No te presenté a mis amigos. No, esta es Amatista y se encuentra en la misma situación que nosotros: suicida.

Todos me saludaron, pero me llamó la atención una joven que debía tener como mucho quince años.

- Entiendo - dijo Alberto -, que estés pensando que Andrea no puede ser suicida, porque es muy joven. En realidad, ella está aquí porque ya tiene suficiente información sobre su suicidio, de lo contrario estaría en la sala de niños.

Al ver mis ojos de asombro, reflexioné -. "No te sorprendas. Aquí en Colonia hay un ala dedicada a niños suicidas, en un número mucho mayor de lo que se puede imaginar."

- En todo el mundo los niños se suicidan, pero la gente apenas habla de este tema. El miedo y la falta de conocimiento doctrinario ahuyentan la voluntad de afrontar la realidad. De hecho, la persona suicida sigue siendo considerada un cobarde y no un paciente que necesita cuidados especiales. Andrea, ¿quieres contarle a Amatista tu situación?

- No me importa hablar de lo que me pasó. Soy nueva en esta apariencia de mi última encarnación, pero vieja en espíritu a medida que pasa el tiempo. He estado intentando hacerlo bien durante varias encarnaciones. Lamentablemente fracasé, no pude resistir la pérdida de seres queridos, que perdieron la vida en las guerras entre árabes. Vendidos como esclavos, pasados de mano en mano, arrojados como dados al viento. Embarazada, me encontré sola y abandonada, sin saber quién era el padre de mi hijo. Desesperada, me colgué de un árbol y después de sufrir en el Valle de los Suicidas, aquí estoy aprendiendo nuevamente la ley de acción y reacción. Pronto partiré como misionera a Palestina, donde enseñaré a todos los que pueda el valor de la vida. No importa cuán graves sean las dificultades y los tormentos, no tenemos derecho a quitar la vida que nos dio el Creador. Sé que voy a un lugar donde la palabra guerra es ley, pero ya he sufrido los horrores de la guerra y ahora regreso con más fuerza, coraje y esperanza. Quiero seguir trabajando por Palestina, pero de otra manera. Habiendo logrado saldar mis deudas, deseo ayudar, a nivel espiritual, en los hospitales improvisados en los campos de batalla, a ayudar a rescatar los espíritus de los combatientes.

Miré a esa joven con profunda admiración: había cometido un error, había caído y resucitaba de las cenizas más fuerte que nunca.

- Pensé que a esta colonia solo venían brasileños como nosotros - dijo uno de los presentes.

Alberto aclaró:

- Andrea fue traída junto con otros palestinos por el equipo de Bezerra de Menezes, que viaja incansablemente por el mundo para ayudar a quienes necesitan apoyo espiritual. Sería muy egoísta ayudar solo a los compatriotas.

Respiró hondo, dejando espacio para algunas preguntas, y continuó:

- Tenemos que tener esperanza, cambiaremos nuestro destino, si logramos perdonar a quienes nos ofenden. Nos volveremos a encontrar aquí en el mundo espiritual, con la verdadera felicidad dentro de nosotros, con los deberes cumplidos. También tengo la esperanza que esta vez llegue al planeta de la expiación y las pruebas. Y tú, Amatista, ¿cómo te sientes con tu partida a la Tierra?

- Tengo la misma esperanza. Partiré hacia una vida nueva, más feliz, más optimista, intentaré transmitir mi fe en Cristo, a través de la alegría que haré brillar a mi alrededor. Algo me dice que sufriré mucho, ya que las deudas que tengo son muchas, pero con tanta ayuda regresaré aquí por la vía normal.

Se escucharon aplausos y vimos a Irene aplaudiendo, con una sonrisa en los labios.

- Realmente disfruté escucharte hablar así, Amatista. Finalmente saliste del estancamiento espiritual en el que te encontrabas. Ahora realmente puedes ser ayudada, quieres ayuda y la tendrás ahora en mejores condiciones. Tienes toda la razón al querer reencarnar felizmente. A nadie le gusta estar rodeado de gente gruñona. La alegría es parte de la felicidad. Ven esta noche y únete a los coros aquí. Aquí no vivimos solo de tristeza, tenemos un verdadero oasis de felicidad dentro de la Colonia. Todos están invitados a participar. Hasta más tarde.

Néstor, un hombre que estaba allí, dijo:

- Cualquiera que nos vea aquí hablando, un grupo tan fraternal y amigable, podría pensar que lo estamos haciendo bien. que al fin y al cabo suicidarse no es tan malo. Aquí hacemos grandes amigos, nos apoyan, es lo que anhelamos cuando nos suicidamos: amigos que nos comprendan. Pero no pueden imaginar el horror que pasamos para llegar a esta etapa. Para mí fue todo muy, muy trágico, mi acto suicida. Ahora que nos hemos hecho amigos, nos apoyamos, miramos el coro, pero sabemos que nos separaremos y volveremos a la carne en peores condiciones que antes, en un nuevo comienzo amargo y triste. No sé por qué se me ha pasado por la cabeza ahora, tal vez para que no nos engañemos con la realidad y podamos disfrutar cada minuto aquí como un feliz descanso, para tener fuerzas para continuar nuestro camino.

- Ya está, hermano, alegría, felicidad, sin ilusión que todo es un lecho de rosas - dijo Andrea.

Nos quedamos allí hablando, comprometiéndonos a ayudar a otros que encontraríamos en la Tierra. ¿Nos reconoceríamos? Cada uno de nosotros evitó recordar el sufrimiento. Se contaban chistes y reíamos, olvidándonos de futuros compromisos. Ya no sentíamos hambre, sed ni frío. Charlamos un poco y las horas transcurrieron agradablemente. Al caer la noche, nos dirigimos al anfiteatro. Nunca podría describir lo que presencié allí. Melodías y voces de canciones de ángeles llenaron la habitación. Confeti de colores caía sobre nosotros y las canciones penetraban en lo más profundo, dándonos una inexplicable sensación de paz. Nos sentimos como si estuviéramos en el cielo. Se cantaron hosannas y avemarías. Parecía un sueño, nos caían confeti de colores en abundancia, pero cuando los tocábamos desaparecían como por arte de magia. Luego supe que los confeti de colores eran fluidos de oraciones que en la Tierra se ofrecían a la Colonia María de Nazaret y formaban parte de nuestro tratamiento. Pensé en Francisco y un dulce anhelo llenó mi corazón. Sentí ganas de tenerlo a mi lado, le envié mis oraciones en forma de confeti de colores, también me acordé de Alfredo y le envié el confeti. Con voz suave y tranquila, un espíritu de gran luz dijo:

- Oremos, queridos hermanos, al final de este encuentro. Tengamos la fe que transporta montañas, destruyendo obstáculos y enemigos. Elevemos nuestro pensamiento a María, madre de Jesús, que creó esta Colonia en nombre de su amado hijo, para albergar a los hermanos privados de comprender la perla preciosa que es la vida. Agradezcámosle la oportunidad de haber llegado aquí, salir del estado primitivo y poder embriagarse con una música sutil que llena de paz el corazón, que alivia su tristeza con los acordes de un arpa, un violín, un coro armonioso. Agradezcamos a su amado hijo Jesús por la oportunidad de reconocer los errores cometidos, ahora en condiciones de querer repararlos con la certeza de la misericordia de Dios. Oremos por los hermanos que aun no han alcanzado las bendiciones del entendimiento. Unidos en un solo deseo de ayudar a los demás, recemos el Ave María, para que ella también proteja a todos los aquí presentes:

"Ave María, llena eres de gracia,
el Señor es contigo,
bendita tú entre las mujeres,
bendito el fruto de tu vientre, Jesús.
Santa María, madre de Jesús,
ruega por nosotros pecadores,
ahora y en la hora de nuestra desencarnación,
¡Amén!

Nos quedamos paralizados por la emoción. Nada nos había preparado para momentos tan sublimes. Pensé que en el mundo espiritual solo había llanto y crujir de dientes, pero estaba viviendo un instante en el paraíso. Mis pensamientos comenzaron a llevarme a la intención de no reencarnar, pero en el mismo momento la razón se apoderó de mí: ya no tenía derecho a obstinarme después de todo lo que me habían explicado.

Calmé mi corazón y me fui con los demás para un descanso muy necesario. Abracé a la Madre Consuelo e Irene. No dijimos nada. Me di cuenta de cuánto mi espíritu estaba ligado a sus raíces católicas. Fueron necesarios recuerdos de mis vidas pasadas como un suicidio, mi estancia en el Monte con Jesús, para poder ser ayudada. ¡Cuánto trabajo le había dado a la espiritualidad, especialmente a Alexandre que fue tan paciente conmigo! Otros recuerdos vinieron espontáneamente a mi memoria. No podía ni necesitaría recordar todas mis vidas pasadas, pero tranquilizó mi espíritu al saber que si en algunas fui verdugo, en otras fui víctima y, aunque cometí errores, tuve a Jesús conmigo y traté de ayudar a los menos afortunados. De repente, recordé a los niños que había abandonado para incorporarme a una compañía de teatro. ¡Qué intrascendente! Acababa de ser curada por Jesús, lo tenía en mi corazón y ni siquiera este sentimiento fue suficiente para llevar a cabo mi compromiso maternal.

¿Qué habría sido de mis hijos? No obtuve respuesta a mi pregunta. Las mañanas siguientes hice más dinamizaciones con la Madre Consuelo. Con cada sesión me sentía más fuerte, parecía que mi parte negativa caía al vacío.

La Madre Consuelo y yo hablábamos mucho. Cuando le pregunté por qué el Espiritismo predicaba el rescate de algo hecho en vidas pasadas, respondió:

- En la Tierra, cuando alguien debe algo, tiene una deuda y cuando tiene algo que recibir, tiene un crédito. Si tienes una deuda con un banco y no la pagas, se acumularán intereses altos y no hay condonación, tienes que pagar la deuda. Si no lo haces, tus propiedades son responsables de la deuda. Cuando se contraen deudas en el banco de la vida, en el plano espiritual, la exigencia es otra: el deudor debe hacer una reforma íntima, ser menos orgulloso, egoísta, hacer todo el bien posible y reparar el mal cometido, lo cual se hace en varias encarnaciones. Por eso vemos personas buenas y honestas que sufren sin razón aparente, pero que en realidad no han liquidado sus transacciones en el banco de la vida. Y si se rebelan, acumulan más deudas. Pagaré firmado, certeza de pago. ¿Puedes comprender, Amatista, que no fue la Doctrina Espírita la que creó las normas del buen vivir?

- Entendí tu explicación, Madre Consuelo. ¿Conocías a Irene, mi vieja amiga?

- Todos los que trabajan en el campo del bien se encontrarán algún día. Tenemos muchas afinidades espirituales, nos conocimos aquí y ya nos hemos comprometido a ayudarles, cada uno en nuestro ámbito.

XVIII. PROYECTO DE REENCARNACIÓN

Somos espíritus errantes, que buscamos redención por los errores que hemos cometido.

Proyecto Dos Corazones - Mércia Aguiar.

Con el tiempo, formamos una verdadera familia espiritual, cada uno interactuando con el otro. No nos permitieron ir a algunos lugares de la Colonia, nos explicaron que era para protegernos, ya que habíamos pasado por momentos difíciles y en la etapa en la que estábamos no sería bueno ver el sufrimiento de aquellos que todavía tardarían algún tiempo en adaptarse. Una mañana, la Madre Consuelo me llamó para hablar:

- Amatista, ha llegado el momento de compartir con los hermanos interesados los ajustes finales para tu reencarnación.

- ¿Eso significa que tengo que prepararme para reencarnar?

- Veo que todavía tienes miedo y dudas. Lo que no pudiste lograr aquí, espero que lo puedas lograr en tu cuerpo físico, con el apoyo de la Doctrina Espírita. Pido a Jesús y María que te ayuden en tu crecimiento espiritual.

- También le pido a Dios que quite las dudas de mi mente, ya no quiero faltarle el respeto a las leyes de Dios, tengo que dejar atrás reencarnaciones tumultuosas e infructuosas.

- No fueron infructuosas, como nadie vuelve atrás, creciste espiritualmente en varios puntos, pero hay asperezas que recortar. Aprenderás lo importante que es la disciplina para nuestro crecimiento. Nos ocuparemos de estos ajustes más adelante. Esta tarde nos dirigiremos a Nuestro Hogar, al Departamento de Reencarnación. Alexandre, Irene, Francisco, Alfredo y otros amigos la esperan para los últimos preparativos. Incluso podríamos volver volitando, pero aun no estás preparada, así que cogeremos el aerobús.

- Espero no decepcionarte esta vez. Aquí adquirí mucha paz. Me gustaría saber si me iré definitivamente o volveré aquí.

- Regresarás a esta Colonia, todavía tendrás algo de tiempo para aprender, mientras esperas tu partida a la Tierra. Aprovecha al máximo tu estancia en el mundo espiritual, ya que tendrás mayores posibilidades de acertar con tu nuevo aspecto terrenal. Ahora finalizaré los preparativos para el viaje. Nos iremos pronto. El aerobús ya está aparcado delante del edificio.

Cuando subimos al aerobús ya estaban otras personas, entre ellas Alberto que me dijo que también iba a mi preparación de reencarnación. Le preguntaron si aceptaría ayudarme, ya que reencarnaría en el mismo tiempo y lugar, y estaba dispuesto a hacer todo lo que pudiera. Allí también estaba Andrea, la joven palestina. Noté la presencia de varios espíritus extraños, que hablaban de guerras santas, de armas: ¿reencarnarían también?

La Madre Consuelo pareció leer mis pensamientos:

- Amatista, la mayoría aquí hoy son espíritus de palestinos, musulmanes que murieron en las guerras. La pasión por las armas es muy fuerte en estos espíritus. Tienen un sentimiento nacionalista exacerbado, una religiosidad fanática, que aquí no han podido cambiar en la espiritualidad. Parten hoy desde las Colonias donde fueron alojados hacia la Colonia Cristiana, donde profundizarán sus estudios, meditaciones y tratamiento espiritual, para llegar a una mejor comprensión que todos somos hermanos. No hay necesidad de matar en el nombre de Cristo.

Aquí tenemos espíritus de todas las razas y credos. Cada uno llega con sus propios problemas y cada uno necesita ser instruido respecto a sus convicciones religiosas. Estos palestinos y musulmanes que están aquí ya son capaces de comprender las verdades del Consolador prometido, por lo que serán enviados a la Colonia Cristiana, donde continuarán sus estudios, pudiendo salir de allí transformados en líderes espirituales, políticos idealistas, estadistas que lucharán por la paz mundial. La Tierra no solo está poblada de espíritus malignos. Hay héroes, a veces anónimos, que viajan por el mundo, calmando a la gente y dignificando al género humano. Como no has comprendido el significado de la reencarnación, lo mismo ocurre con estos espíritus. Trabajar con los indios, por ejemplo, es más fácil, ya que ellos ya tienen las nociones de la vida después de la muerte de sus antepasados.

- Es verdad. ¡Qué fuertes son nuestras raíces! ¡Qué difícil es cambiar convicciones profundamente arraigadas!

El tiempo pasó rápidamente. Cuando estacionamos, poca gente se bajó en Colonia Nuestro Hogar. Me despedí de Andrea deseándole suerte. Los demás fueron a la Colonia Cristiana, donde aprenderían verdades espirituales.

Cuando bajamos ya nos esperaba una especie de carruaje sin caballos, que pronto se levantó y se dirigió hacia lo que me pareció un campo de golf. Me sentí feliz y confiada de tener a Alberto a mi lado, ya que se había convertido en un gran amigo mío y de Francisco, transmitiéndonos valiosas lecciones.

Alexandre, Francisco e Irene nos esperaban frente a uno de los edificios. Abracé a cada uno en particular. Me di cuenta, cuando abracé a Francisco, de lo mucho que él me había extrañado, de lo mucho que yo había extrañado su presencia, pero algo era diferente. Ya no sentí el vacío que tenía antes, un fuerte sentimiento de amor universal.

Comenzó la transformación de mi yo interior. Lo miré con amor, gran amor, y sentí reciprocidad por parte de él. ¿Qué nos hubiera pasado? Nos sentíamos más unidos que antes, pero al mismo tiempo sabíamos que en ese momento nuestra unión sería imposible. Necesitábamos merecer el amor que nos unía. Nuestro amor creó responsabilidad, dignidad, no queríamos hacer sufrir a nadie por nuestra culpa. Sentimos todo esto en el momento en que nuestras miradas se encontraron: fue maduración espiritual.

- ¡Querida hija, qué placer volverte a ver! Espero que hayas disfrutado de tu estancia en la Colonia María de Nazaret, dijo Alexandre, interrumpiendo ese momento mágico.

Con la ayuda de la Madre Consuelo, Irene, Alberto y otros amigos que hice allí logré recuperarme y ahora puedo pensar en los acontecimientos con más coherencia y entusiasmo.

- ¡Qué lindo, Amatista! Esperábamos esta reacción de tu parte y lo ocurrido recientemente entre Francisco y tú confirma la certeza que todo va para mejor. Entremos, no debemos perder más tiempo, es demasiado valioso.

Entramos a un pabellón con una arquitectura completamente diferente a lo que había visto antes. ¡Qué hermoso quedó todo! Sentí mi sensibilidad aumentada. Incluso podría sonreír. De hecho, el trato y el tiempo pasado en la Colonia María de Nazaret tuvieron un efecto saludable en mí. Estaba menos angustiada, más confiada en el mañana.

Me senté al lado de Francisco, le sonreí a Irene quien se había ganado mi corazón como una verdadera amiga y hermana, mirando alrededor de la habitación, me encontré con Alfredo. Sí, era él. También fue la primera vez que nos vimos después de nuestros exámenes. Cuando nos miramos a los ojos, un gran miedo se apoderó de mí. ¿Cómo haríamos bien nuestras vidas? La mirada de Alfredo no revelaba alegría al verme.

Alexandre se dirigió a nosotros:

- Queridos hijos, ya se deben haber dado cuenta que no se sienten extraños, es como si los uniera un vínculo familiar. Estamos aquí, con las bendiciones de Jesús, para tomar medidas de reencarnación para todos. Algunos de ustedes vinieron de otras Colonias, otros ya estaban aquí. Se han sometido a diversos tratamientos y estudios, y ahora pueden entender lo que vamos a decir. Como ya saben, estamos en el Ministerio de Reencarnación de la Colonia Nuestro Hogar. No hay ningún motivo específico para que esta reunión se celebre aquí. Podría ser en otra Colonia, pues varias de ellas cuentan con el apoyo espiritual para hacerlo, pero esta fue la elegida. ¿Alguna pregunta?

Cuando nadie habló, continuó su explicación.

- Algunos reencarnarán pronto, otros esperarán la secuencia de reencarnación. Estamos comprometidos a deshacer la red de trampas obsesivas que han creado a su alrededor. Algunos no formarán parte de la misma familia de sangre, pero estarán unidos por vínculos espirituales. Muchos aquí ya tienen elaborada su programación de reencarnación. Personas hasta ahora desconocidas, ya sea por afinidad espiritual o simplemente por necesidad, tarde o temprano se unirán a ustedes, formando grupos espirituales que ayudarán a ablandar los corazones brutalizados con el paso del tiempo. Es posible que aquellos que están aquí hoy no tengan vínculos de sangre con Amatista, pero todos tendrán una conexión espiritual con ella y deben apoyarse unos a otros.

- Significa que seguiremos nuestros caminos, cada uno cuidando su propia vida en el cuerpo físico, separados o no, tendremos una relación con Amatista - dijo Alberto.

- Perfectamente, Alberto. Eso es exactamente lo que sucederá. Amatista y Alfredo partirán hacia la corteza terrestre, y cada uno de ustedes se acercará a ellos en el momento adecuado, dependiendo del libre albedrío de cada uno. El tiempo apremia, ya no podemos esperar. No sabemos qué pasará con ellos.

Cuando encarnen, decidirán qué hacer con sus vidas. Aquí en el mundo espiritual, no pudieron suavizar todas las asperezas, por lo que necesitan un cuerpo físico que les ayude a evolucionar más rápidamente.

Respiró hondo, nos miró y continuó:

- Junto a Amatista y Alfredo estarán espíritus endeudados, pero la mayor deuda es de uno con relación al otro. El mayor compromiso para esta encarnación será el entendimiento mutuo, para no volver a fracasar. Los hijos de Amatista y Alfredo serán los que ella abandonó al entablar una relación con él en la encarnación en la que contrajo la lepra y, aunque fue curada por Jesús, siguió a un grupo de teatro que pasaba por la ciudad. Escapó de sus responsabilidades como madre y esposa. Serán dos niños y una niña. Acérquense, por favor.

Los miré, los abracé uno a uno, pidiéndoles perdón por haberlos abandonado un día. Alfredo se limitó a negar con la cabeza.

- Alfredo nacerá en el seno de una familia muy pobre, y Francisco será su hermano que morirá a los pocos días de nacer. Alfredo será el apoyo de la comprometida familia durante las cruzadas y Amatista estará a su lado. Si saben aprovechar la oportunidad le ayudará con la finca, pues ya has recibido más información. Amatista llegará a Amatista, pariente de Alfredo, quien era hija suya y de Francisco en la encarnación en la que se arrojó desde un acantilado. Estaba embarazada, pero no era directamente culpable de este aborto espontáneo, ya que desconocía el embarazo. El niño nacerá frágil y le corresponderá a Amatista guiarlo en la vida espiritual, porque tendrá una vida difícil al lado de familiares difíciles. Ella será su hija espiritual. También deberá enviar a una hija de Francisco, que llegará a ella en desequilibrio espiritual, habiendo dañado su periespíritu en el desorden de otras existencias. Francisco la ayudará en el plano espiritual y Amatista la ayudará en el plano físico. Será un caso difícil de resolver, pero no imposible, dependerá de la madurez y libre albedrío de los involucrados. Algunos espíritus, como los niños abortados, abandonados, otros solo para conocerlo en el mundo espiritual, muchos otros solo necesitados de comprensión y amor, llegarán a su vida. Tarde o temprano todos se agruparán. Amatista será hija de padres que la abandonaron cuando padeció lepra. Su madre será una católica devota y no experimentarán mayores dificultades económicas.

Como sus raíces son católicas, nacerán en hogares católicos, haciendo el tránsito al Espiritismo en el cuerpo físico, algunos por amor, otros por dolor. Sus hermanos de sangre, Amatista, son deudas pasadas que deberán saldar en esta encarnación, serán dos niñas y dos niños. Al final, será una familia que se irá desmoronando con el tiempo, tomando cada uno su propio camino. Esta será la familia que tendrán cuando lleguen a la Tierra. Durante la adolescencia hablarán sobre la educación brindada por sus padres, sus tendencias de otras vidas y su libre albedrío. Por estas razones, la adolescencia es casi siempre tumultuosa, ya que los jóvenes no saben exactamente lo que les sucede, porque cuando son llamados a cumplir su papel, no siempre toman las decisiones correctas. Sintiéndose perdidos, al no encontrar apoyo en la educación que le dan sus padres, y siguiendo las fuertes tendencias de otras vidas, sintiéndose frustrados e incomprendidos, abusan de su libre albedrío, dejándose llevar muchas veces por los vicios y la degradación moral, llegando a la quiebra en otra encarnación más. Sin embargo, muchos jóvenes toman decisiones acertadas y se convierten en adultos capaces de afrontar las dificultades con valentía y fe. Así te puede pasar a ti, Amatista, tu camino, tu vida tomará el rumbo que desees.

Irene, la Madre Consuelo, Alberto y tantos amigos más te derivarán a la Doctrina Espírita, en el momento oportuno, brindándole el apoyo necesario. Tu vida no será fácil, no te engañaré, no porque no seas espírita, sino porque tu compromiso espiritual es muy grande. Reencarnarás con tu periespíritu en estado lamentable, debido a los tres suicidios cometidos, pero el tiempo que pases aquí te ayudará mucho, tu inconsciente dejará constancia del amor universal que aquí aprendiste, la fe en Jesús y María te apoyará en los momentos difíciles. A pesar de esto, solo tu libre albedrío puede hablar por ti, solo estamos hablando de programación reencarnatoria. Nacerás con tendencia al suicidio y dependerá de ti decidir qué hacer al respecto. Con el paso de los años, si estás en el camino correcto, por intuición, podrás reconocer a quienes hoy presencian este encuentro espiritual, ya que un nutrido grupo de espíritus reencarnarán más o menos al mismo tiempo en una misión de reajustes espirituales. Irene y Consuelo no tienen ningún vínculo carnal contigo, pero cuando las reencuentres en el plano físico sentirás una gran afinidad espiritual, ya que se proponen ayudarte en tu viaje terrenal.

Pido a Jesús que los bendiga a todos en este nuevo intento de aprendizaje, Él iluminará su camino. Perseveren en el bien, recuerda que "el amor cubre multitud de pecados." Solo el amor construye bases sólidas, solo el amor es capaz de perdonar, solo el amor vence el egoísmo. Descansen en la paz del Maestro Jesús, que Él los ayude a atravesar el planeta de expiación y de pruebas, para que merezcan ir a un planeta de regeneración. Parto ahora hacia nuevos compromisos, pero siempre que pueda enviaré mi mensaje, ya sea a través de palabras, de una mirada, de una intuición o simplemente a través de un crisantemo. Amatista, por mis manos partirá hacia la nueva existencia. Cuando se resuelva estaré presente, iniciando tu reencarnación, solo dependeremos de tu aprobación.

La luz brillante que rodeaba al mentor Alexandre, de a pocos se extinguió, quedando solo el anhelo de su presencia y la certeza que él había hecho todo para ayudarnos y nos tocaba a nosotros hacer nuestra parte.

Sabíamos que nuestra separación era inminente, cuestión de tiempo. Solo nos volveríamos a encontrar, con los recuerdos plenos, cuando dejáramos la nueva vida que nos esperaba. Francisco me abrazó profundamente conmovido. Sellamos nuestro deseo de acertar. Nos entrelazamos. Queríamos separarnos, pero algo más fuerte nos unía y con dificultad logramos separarnos. Le dije:

-Te amo.

Él respondió:

-Yo también te amo.

Miramos a Alfredo que nos observaba de lejos, con expresión pesada y nos dirigimos hacia él.

- Seremos hermanos de sangre, Alfredo, tenemos que perdonarnos - le dijo Francisco.

Él permaneció en silencio y como no sabíamos lo que pensaba, nos sentimos impotentes ante la situación. Ante su silencio le dije:

- Alfredo, olvidemos nuestras desavenencias, intentemos restablecer entre nosotros, si no el amor, al menos una amistad sincera, la confianza mutua. Ya hemos sufrido bastante, armonicemos nuestra vida matrimonial y como seremos íntimos, tendremos hijos, olvidemos el pasado, perdonémonos en el nombre de Jesús.

Alfredo respondió:

- No lo sé Amatista, guardo mucho dolor, rencor dentro de mí, no sé si algún día podré perdonarte.

- Solo nos sentiremos libres de este karma que nos asfixia, cuando haya perdón. Lucharé y pretendo alcanzar esta gracia, Alfredo, y espero lo mismo de ti.

- No puedo prometer nada ahora. Solo el futuro podrá demostrar si seremos capaces de cortar esta cadena que nos aprisiona. Todavía soy muy primitivo, tengo poco interés en la vida espiritual, creo en Dios y eso me basta. Parece que eres más capaz que yo de comprender mejor el lado espiritual de la vida. Espero que puedas ayudarme en mi cuerpo físico. Vengo de las regiones umbralinas y ya me voy para otra existencia. Dicen que debemos aprovechar el momento en que los espíritus estarán esperando que los ayudemos, pero yo no creo en nada de eso, simplemente no quería estar cerca de ti, pero al mismo tiempo tú me atraes, en una mezcla de amor y odio. No me gusta hablar contigo, porque algo me dice que quieres controlarme. Veamos qué pasará.

- Intentaré quererte, haciendo más fácil nuestra convivencia. Será un matrimonio de expiación.

Indiferente, Alfredo se alejó.

Mis futuros padres, amigos, se acercaron y nos abrazamos deseándonos suerte.

También me despedí de mis queridas amigas Irene y la Madre Consuelo, quienes ya no me acompañarían en mi regreso a la Colonia María de Nazaret, mientras se preparaban para su próxima reencarnación.

- Espero cumplir bien mi misión. No sé cómo agradecerte la ayuda que me brindaste, el cariño y el amor con el que fui tratada, especialmente por ti, Madre Consuelo, que fuiste tan paciente conmigo, espíritu obtuso que ya te ha perjudicado en el pasado. Gracias y, si Dios quiere, haré todo lo que esté en mi mano para encontrarte nuevamente en la Tierra, junto con mis dudas, que tú ayudarás a resolver.

Solo el futuro dirá cuándo nos volveremos a encontrar.

XIX. RAQUEL

Ante el mal que aparece; guarda silencio, buscando el bien.

Tocando el barco - Emmanuel - Francisco Cândido Xavier.

Regresé a la Colonia María de Nazaret con Alberto y otros espíritus.

Cuando llegamos a Colonia sentí que había llegado a casa. Extrañaba a mis queridos amigos, pero me di cuenta que durante mi estadía allí había hecho amigos, y cada uno de ellos me dijo palabras de consuelo y esperanza. Sinceramente queríamos que los compañeros cumplieran bien su misión.

Tuvimos clases sobre reforma íntima.

Me di cuenta de lo mucho que tenía que cambiar, de lo en serio que debía tomarme mi cambio interior. El cambio tendría que venir de adentro hacia afuera, no decir lo que el corazón no siente, ser menos inmediato. Tendría que aprender a tener paciencia, amar la vida. Ahí estaba mi punto débil: amar la vida. ¿Cómo podría lograr esta hazaña si ni siquiera quería renacer? Mientras más estudiaba mis horizontes se abrían y aprendía la ley de acción y reacción, aunque sentía que mi futuro estaba más nublado, sobre todo cuando recordaba que no tendría mucha ayuda de Alfredo, quien inconscientemente no me ayudaría a crecer espiritualmente. Esto tendría que hacerlo sola, por los dos, hasta lograr una relación de amistad, o mediante el perdón sincero, la separación espiritual incluso estando encarnados.

También tuvimos un estudio sistematizado de la Doctrina Espírita. El anfiteatro estaba lleno de espíritus, algunos encarnados, que se desconectaban del cuerpo físico y participaban de esos estudios y, de pronto, al despertar, buscaban la Doctrina Espírita, porque ya estaban preparados. ¡Cómo ayudaron las oraciones a estos espíritus recalcitrantes! Gracias a las oraciones de sus seres queridos, fueron llevados a clase. Llegaron rodeados de un aura de luz y escucharon y aprendieron. Sentí lo importante que era la oración. A veces, había madre e hijo, cónyuges, amigos encarnados, que en algún momento de sus vidas serían tocados por la luz del amor y de la fe, incluso a través del dolor.

También me llamaron la atención las clases de Terapia del Evangelio, me fascinó la prédica de Jesús. Cada pasaje del Evangelio me llenó de aliento y coraje, fortaleciendo mi fe. Lo que más me conmovió del Evangelio fue el Sermón de la Montaña. En esas palabras, hubo consuelo y compasión para todos los que sufríamos. Éramos suicidas, unidos en un solo deseo: cumplir bien nuestra misión, cualquiera que sea su naturaleza. Lo más importante era no volver a suicidarse.

Habían pasado quinientos años desde mi último suicidio hasta donde me encontraba. Tanto tiempo en la espiritualidad y todavía tengo tanta resistencia a reencarnar, por mis dudas y terquedad. No podía engañarme a mí misma y engañar a quienes me ayudaron, diciendo que creía todo lo que me decían. Sentí que tendría que encontrar mi camino a través del dolor, para creer algún día en la reencarnación, en la Doctrina de los Espíritus, porque el amor no me llevaría allí, era plenamente consciente de ello. Creí que era el apoyo más seguro para desencarnar por medios normales en mi nueva existencia en el plano físico. Hablamos mucho entre nosotros y Alberto era nuestro maestro.

Un día fuimos a visitar una colonia de escritores. Quedé tan encantado con lo que presencié allí, que decidí escribir sobre el suicidio, estando aun encarnada en la Tierra, poniéndome como un ejemplo vivo para ayudar a las personas que están librando la batalla entre la vida y el suicidio. No me avergonzaría exponerme.

Le pregunté a Raquel, que era una espírita convencida y se reencarnaría en una misión con letras y leyes:

- ¿Crees que puedo escribir sobre todo lo que he pasado, crees que ayudaría a alguien?

- Por supuesto, Amatista, si tienes el don de escribir, adelante, yo también reencarnaré y, en lo que pueda, te ayudaré, ya que tomé conocimiento de tu caso y sé cuánto estás sufriendo.

-¿No te gustaría escribir en mi lugar? Te transmito mis experiencias. Es perfecto, porque no soy escritora.

- Sería usurpar tu vida, no sería digno de mí y tampoco quiero cometer errores en la próxima encarnación, pero puedo ayudarte en lo que necesites. Confiemos y creamos que escribirás, porque con tu ejemplo podrás ayudar a muchos.

- ¿Qué hiciste para reencarnar de nuevo? Esta pregunta ya se había vuelto normal entre nosotros.

- Elegí vivir en la Tierra involucrada con las leyes, porque ya no puedo eludir los derechos humanos. Cuando era funcionario - entonces era un hombre -, en las cárceles de la Inquisición, infringí muchas leyes a cambio de dinero fácil y perjudiqué a muchas familias enviando a la hoguera a personas inocentes. Trataré de redimirme, ya que, sin ser consciente del mal que estaba haciendo, me dediqué a escribir pornografía, llevando a muchos a desvíos sexuales, a locuras sin escrúpulos, extraviando a jóvenes que se lanzaban a la lujuria, alentados por mi escritos. Escribí en verso y lo estrené en los palacios de Francia, bajo el seudónimo de Duvalier. Me arrestaron, pero como tenía amigos influyentes, pronto me liberaron para deleitar una vez más a la Corte con mis escabrosos escritos. Desencarné solo, pobre y abandonado por todos. Trataré de rescatar esta y otras encarnaciones en mi nueva etapa de vida, comprometido con el Derecho y las Letras, dedicándome a los jóvenes, enseñando el Evangelio de Jesús y, si es posible, apoyando a los escritores, en la exacta corrección de los preceptos evangélicos.

- Me das un hermoso ejemplo de vida, Raquel. Me gusta escribir y quién sabe, tal vez nos encontremos y puedas ayudarme.

Si nos encontramos, haré todo lo que esté en mi poder para ayudarte, Amatista. Ya me encontrarás espírita, pues eso es lo que pretendo ser cuando encarne. La Doctrina Espírita me fascina por su lógica. Voy a probar mi reforma íntima, ya que soy muy independiente. Trabajaré para aceptar a los demás en mí misma.

XX.ELÍAS

¿Qué valor tendría para mí el conocimiento si no lo utilizara en beneficio de mis semejantes?

Rana Desdentada - Izaura Franco.

Estaba inmensamente agradecida con Raquel, algo dentro de mí me decía que algún día escribiría, y su colaboración sería fundamental para lo que me proponía hacer. Si todo saliera como esperaba, algún día sería un ejemplo de ex suicida encarnado, no me avergonzaría exponerme, ya que lo más importante sería llegar a los corazones heridos y sufrientes. Pero cuando me imaginé escribiendo un libro espírita, las dudas se apoderaron de mí. Me di cuenta que en su eterna bondad, la espiritualidad me permitía entrar en contacto con espíritus - ya podía llamarlos espíritus -, que me serían de suma ayuda en mi nueva existencia. No estaría sola en la Tierra, mis preparativos espirituales fueron intensos, pero aun así la soledad fue mi compañera. Trabajé en la Colonia María de Nazaret, de la cual quedé muy satisfecha. Hablando con pacientes menos graves, que desahogaban sus profundas penas, contándoles lo que les había sucedido, los escuché con inmenso afecto, leí páginas del Evangelio de Jesús, traté de consolarlos en su dolor, calmar sus corazones heridos, a veces por la incomprensión de quienes los rodean, queridos, oren por la desilusión de sentirse vivos. Fue fácil para mí pellizcar sus heridas, ya que yo misma estaba en la misma situación. La diferencia es que mi amor por Jesús era enorme y a pesar de haber sido agraciada por Él en el Sermón de la Montaña, cometí el acto imprudente de suicidarme, por lo que mi culpa fue mayor y fui consciente de este detalle que marcó la diferencia. Pero traté de consolarlos lo mejor que pude. Mi instructor en ese momento era Elías, quien insistentemente le preguntaba si tenía alguna posibilidad de ganar en mi nueva vida.

Como todos, me dijo que dependería de mi libre albedrío al encarnar. Sentí repulsión por esta palabra. Si tenía libre albedrío para hacer lo que quisiera, ¿por qué no me dejaban quedarme en la Colonia, ya que allí estaba en paz, con amigos que me querían mucho? Era consciente de los errores que había cometido en el pasado, pero no quería regresar a la Tierra, donde sabía que me esperaba la purga de los dardos venenosos que me había lanzado a mí misma y a mis seres queridos.

- Instructor Elías - le pregunté un día -, incluso después de nuestras largas conversaciones, todavía no podía entender qué es el libre albedrío.

- Imaginemos – dijo -, que ha amanecido y vamos a sembrar. Somos muchos los que sembramos en un vasto campo preparado para la siembra. Cada uno elige lo que quiere plantar, la elección es de cada persona. Unos plantan flores, trigo, árboles frutales, otros siembran cizaña, ortigas, plagas, etc. Pasa el tiempo, sale el Sol, llega la lluvia y las plantas crecen. La siembra fue libre, cada uno sembró lo que quiso, pero la cosecha será obligatoria. Quien plantó flores no cosechará ortigas.

Así es la existencia de cada uno. Al pasar por la Tierra, el campo cultivado es la vida; las plantas a sembrar son las buenas o malas acciones que alguien haga, y la cosecha será el resultado de lo que cada uno sembró. A veces, observamos a personas buenas cosechando frutos amargos en una existencia, ciertamente si no sembraron cizaña la cultivaron en otra encarnación y así será, hasta que a través del perdón, a través de la reforma íntima, la siembra se mezcle entre las cosas buenas y malas, llegando finalmente a la hermosa plantación de flores. Es un largo camino por recorrer. No podemos simplemente mirar la vida presente, realmente no tendría sentido que una persona fuera tan bondadosa y tuviera tanta amargura en la vida, por eso la Doctrina de los Espíritus es nuestra gran ancla de fe y esperanza. La Justicia Divina está siempre presente. ¿Entendiste mejor?

- Lo entendí. Si sembré tantos desajustes en vidas pasadas, si me lancé, en uno de mis suicidios, al precipicio, no puedo querer un cuerpo sano ahora. Lo siento por el hijo que estaba esperando cuando cometí este acto loco, que sufrirá conmigo el dolor de esta encarnación suicida.

- No tienes la culpa directa porque no sabías del embarazo, pero el niño no estaba ahí por casualidad, había algo que rescatar contigo y Francisco. No hay casualidad ni víctima ante Dios, ciertamente él también cosechó lo que sembró, y acertarás en tu nueva existencia.

- Me siento un poco más aliviada con tus enseñanzas. ¿Serás también mi amigo en mi nueva vida o ya no reencarnarás?

- Podría decir que quemé todas las etapas de mis vidas pasadas. Soy un gran deudor. En la época de las Cruzadas fui duro y cruel, enviando a muchos a la muerte a filo de mi espada. Fui capellán de los soldados, pero también tomé las armas en nombre de Cristo, ya que era un excelente espadachín. En estas luchas sanguinarias, en nombre del Cordero de Dios, la vanidad, el orgullo racial y la lucha por el poder fueron cubiertos por la bandera de Jesús, que se bañaba en la sangre de los inocentes.

Elías se quedó en silencio por unos momentos, abrumado por la emoción, no tuve el valor de interrumpirlo, ya que me pareció un arrebato.

- También estuve en la Inquisición, enviando a los fuegos a amigos y enemigos, también en nombre de Cristo. El Cristo ha sido hasta ahora el estandarte que despliego para cubrir mis verdaderos instintos. También me han quemado en la hoguera, por traidor al cristianismo. El hechizo se volvió contra el hechicero. Falsificaron pruebas contra mí por mi prestigio entre el clero y acabé en la hoguera, donde tantos murieron por mi culpa. Tomé la misma medicina.

He estado tratando de aprender el significado de la palabra renuncia, la verdadera, sin falsos ideales, la que viene del fondo del corazón.

- Pero ya tienes muchos puntos a tu favor, donde quiera que voy solo escucho palabras de agradecimiento y elogios para ti.

- Lo que me dices me entristece, porque es lo que más escucharé en mi nueva existencia, me sentiré halagado y muchos distorsionarán mis palabras, y me darán afectos desequilibrados, lo que me traerá graves consecuencias si no los resisto, pero tendré que distinguir el bien del mal. También tengo una dura lucha por delante.

- Si nos encontramos en la Tierra, ¿prometes ayudarme? Seguramente serás espírita, quién sabe, ¿tal vez puedas ayudarme en la transición del catolicismo al Espiritismo?

- La vida nos hará cruzar caminos, si es la voluntad del Padre y lo merecemos. Ya conozco a Francisco desde la época de la Inquisición. Éramos amigos en ese momento, pero nos perdimos hasta el momento en que lo encontré en la Colonia Nuestro Hogar, preparándose ya para reencarnar.

- Ya sabes cuánto tendremos que reembolsar y que será un largo viaje. Pido a Jesús que te encuentre en mi camino, porque veo cuánto trabajas aquí para ayudar a los más necesitados, tu espíritu es grande para ayudar a tantos que sufren, y no solo te quedas aquí, trabajas en varias Colonias. Veo tu gran preocupación por los leprosos, eres muy dedicado a ellos.

- Me sobran razones para ayudarlos, una vez fui parte de la guardia imperial en la antigua Roma que apedreaba y ahuyentaba a los leprosos a lugares que fueron sus tumbas en vida. Hice lo que me dijeron, pero disfruté mucho hacerlo cumplir la ley. Cuando mi madre mostró los primeros síntomas de la enfermedad, la llevé cruelmente al valle de los leprosos. Aunque me pidió que la perdonara, no tuve piedad, pues pensaba que la enfermedad era asquerosa y si alguien la tenía era porque no era hijo de Dios. Nunca volví a ver a mi madre con vida. Necesito compensar estas graves deudas que tengo con quienes padecen lepra, la temida lepra.

- ¿Cuando reencarnes serás uno de ellos, o te dedicarás a ayudarlos?

- Aun no lo sé con seguridad, me voy a cumplir con el cronograma de reencarnación. Pretendo ser médico para estar cerca de aquellos a quienes he perjudicado, deshaciendo así las cadenas que me atan al pasado. No sé si tendré la enfermedad o no. Mi madre, a quien he agraviado, será mi esposa. Tendremos una vida sencilla y tengo la intención de trabajar duro para ayudar a los demás. Espero que mi madre me perdone por el acto que la hizo sufrir tanto. No sé si podré hacerlo bien, pero le pido a Jesús que me ayude.

- Me siento feliz por ti, que puedes elegir la siembra que harás en tu vida y espero que de verdad puedas ayudarme.

En ese momento, un espíritu amigo se acercó, le hablé.

- Teresa, siento que eres diferente, mi intuición me dice que ya has completado tu viaje de sufrimiento en la Tierra.

Ella me miró avergonzada y quien respondió fue Elías.

- Tienes razón, Amatista. Teresa ya es parte de los espíritus nobles, que lograron cumplir fielmente sus pruebas y expiaciones, aprendieron a perdonar de encarnación en encarnación, hasta lograr vaciar su corazón de todos los dolores, perdonó a todos por igual, universalizó el amor, ayudó a cuantos pudo y aprendió a amar a su prójimo como a ella misma; cuando dejó su última prenda corporal, no tenía nada más que compensar. Trabaja con médiums en un Centro Espírita, es muy disciplinada y culta. La casa a la que me refiero es grande, casi se ha convertido en un colegio espiritista con tantos cursos y trabajadores que tiene. A través de su ayuda muchos son ayudados, con tratamientos para la desobsesión, las heridas del alma y del cuerpo. Vino a ayudar a este ser querido, pero pronto partirá hacia otras obras espirituales a las que se dedica. Ya es un espíritu iluminado, podría haber estado en un plano superior, pero prefirió quedarse para ayudar en la evolución de los hermanos de este planeta de expiación y de prueba.

- No tanto - dijo humildemente Teresa -, trato de ayudar a mi prójimo, para que yo también pueda disfrutar de la felicidad que encontré al poder perdonar a todos los que me ofendieron o me hicieron sentir ofendida. Este proceso de perdón es interesante, a medida que perdonamos, nuestro corazón se abre por completo, nos volvemos más ligeros, más comprensivos y somos incapaces de ver a nadie como enemigo, entonces sucede lo inesperado: nuestro contacto con Jesús, cuya luz nos ilumina por completo y luego empezamos a disfrutar de la felicidad que Él dijo que no era del mundo terrenal, y la vida se vuelve colorida incluso con los mayores reveses y problemas. Soy solo un espíritu en el trabajo fraterno.

Tuve que hacer la pregunta fatal:

- ¿No vas a reencarnar otra vez?

- Solo si es para ayudar a algún espíritu muy necesitado, creo que en la Casa espírita donde hago mentoría puedo ayudar a un mayor número de personas desfavorecidas, el trabajo es grande y hay pocos trabajadores, y necesitan una asistencia espiritual más cercana.

- Es un gran placer ver que nuestros esfuerzos realmente valen la pena, para que algún día podamos ser como tú.

Pasé mi tiempo en la Colonia María de Nazaret, aprendiendo a ser más sensible a las necesidades de mis vecinos, a discernir el bien del mal y, finalmente, tratando de comprender un poco más el mundo espiritual.

Un día Elías me dijo:

- Amatista, vengo a despedirme de ti, salgo mañana a preparar mi reencarnación, pasaré un tiempo en el sector de pre-reencarnación para poder familiarizarme con mis nuevos proyectos. Pero tengo que pagar mis deudas. Será, como para todos nosotros, una reencarnación difícil. Tendré que orar y velar mucho. Créeme, el tiempo que pasamos aquí fue muy bueno, nuestras conversaciones fueron muy interesantes, porque mientras te transmitía enseñanzas, sustentaba aun más mis convicciones espirituales, solo lamento no poder dedicarme más a ti, como mis tareas no me dejan mucho tiempo, pero siempre tendrás en mí un gran amigo. No te diré adiós, ya que nos encontraremos en el cuerpo físico, pero nos vemos pronto.

Me ofreció una rosa roja y se fue.

XXI. PERDÓN

Quien perdona libera el corazón para las más sublimes manifestaciones de amor, que eleva y santifica.

Proyectando luz en el hogar - Mércia Aguiar.

Pensé en lo triste que fue el adiós. También se había ido Alberto, el buen amigo que me había acompañado desde el hospital de Regeneración, ayudándome mucho con su conocimiento doctrinario, finalmente, mis amigos más cercanos habían tomado otros caminos. Un sentimiento de soledad se apoderó de mí, pensé en el querido Francisco y le envié vibraciones de mi amor sincero, adornado de anhelo. En ese momento, las lágrimas cayeron de mis ojos.

Debido a las circunstancias, comencé a pensar seriamente en la posibilidad de irme también, aunque el miedo todavía me dominaba. Como no podía ser diferente, me dejé en las manos de Dios para que se hiciera lo mejor posible para quienes tanto debían. Recé por fortaleza y mucha fe en mi nueva existencia.

Como Alexandre me había prometido, estaba esperando mi pedido, cuando poco después lo encontré extendiéndome sus manos afectuosamente. Me acurruqué en sus brazos y profundos sollozos brotaron de mi ser.

- Alexandre, aunque estoy aquí trabajando, teniendo mayores aclaraciones espirituales, siento que ha llegado el momento para reencarnar, no me presionaron para tomar esta decisión, porque aquí encontré gente que me quiere mucho, hice grandes amigos, los extrañaré cuando me vaya, pero los que prometieron ayudarme en la Tierra ya no están, tengo que hacerlo. Aprovechar la oportunidad, a pesar que aun persisten mis miedos y dudas, principalmente porque no sé si esta vez lo haré bien. Sé que la responsabilidad será toda mía y por eso ya no quiero suicidarme y regresar a la Tierra como excepcional nuevamente, solo pensar en esta posibilidad me horroriza.

¿Podré entender a Alfredo? ¿Cómo puedo vivir con alguien con quien hasta ahora solo he tenido sentimientos desagradables? No será una convivencia agradable, pero estoy segura que si hubiera otra manera, Dios y Jesús, a quien amo tanto, habrían propiciado este reencuentro de una manera más tranquila. Para mí Francisco y Alfredo fueron la mejor opción posible, tendremos que lidiar con nuestras vidas pasadas y no podemos volver a fallar. Si esto sucede, no habrá perdón para nosotros. ¿Estoy en lo cierto o no en la explicación que encontré?

Alexandre amablemente explicó:

- No está bien desde el aspecto del perdón, todos sin excepción serán perdonados por la Justicia Divina, pero cosecharán lo que siembran. Están siendo agraciados por la bondad Divina por el bien que ya han logrado difundir en sus idas y venidas por los dos planos de la vida.

- Solo quiero una cosa, tener la tranquilidad que siento aquí, esto lo anhelo, más que nada en la vida.

- Esta es quizás tu mayor búsqueda cuando estés en la Tierra, ya que allí casi nadie la conoce, aunque todos la buscan con insistencia, pocos realmente la encuentran, ya que no será en la posesión ilusoria de bienes materiales que la encontrarán, ella se encuentra como un tesoro escondido dentro de cada ser, en el lugar donde se guardan los sentimientos más profundos. No puedes encontrar la paz interior en las posesiones financieras que se acaban, la belleza, los placeres, los viajes, pero tampoco puedes encontrarla en conventos cerrados, en rincones de meditación exhaustiva, no es un lugar geográfico, es individual, independiente del lugar, es como un juego de laberintos que es la vida: cada uno tiene que encontrar su salida, este es el objetivo del juego. Cuando alguien logra encontrar la salida, se ha encontrado a sí mismo, su búsqueda ha terminado, ya sea en un palacio o en una choza, estará su paz interior que prevalecerá sobre todas las desgracias que la rueda de la vida le pueda traer.

- Si es tan difícil, nunca la encontraré.

- La esencia, la certeza de esta paz íntima, ya la llevas desde aquí, porque ahora la estás disfrutando, sabrás en tu subconsciente que existe y lo intentarás, esta vez de la manera correcta, saliendo de la vida por caminos normales, sin atajos que conduzcan al abismo del sufrimiento. Ten siempre presente las tres palabras clave: fe, esperanza y caridad.

- Si no voy a recordarlo, ¿por qué sentirlo aquí? ¿Cómo lo encontraré ante tantas tribulaciones? Es muy difícil entender tanto misterio.

La conversación con Alexandre, aunque con el respeto debido a su superioridad, fue de igual a igual; él me dio esta libertad y sentí que le gustaba la sencillez de nuestra conversación.

Él me respondió:

- Estás llevando desde aquí tu equipaje espiritual, sin importar tu situación social, económica o intelectual, será personal e intransferible.

- ¿Qué quieres decir, Alexandre, qué equipaje espiritual es este? No sé a qué se refiere - argumenté.

- Para que lo entiendas mejor, imaginemos una maleta vacía. Espíritu desencarnado como tú, preparándose para reencarnar.

Parecía beber de las palabras del mentor Alexandre, quería saciar mi sed de aprendizaje. Alexandre continúa:

- Instructores espirituales explican cómo será la nueva vida en el plano terrenal, que la reencarnación será más dolorosa para algunos, placentera para otros, la maleta vacía comienza a llenarse de estas enseñanzas; algunos serán hijos de padres pobres, luchando por sobrevivir, teniendo libre albedrío para ser honestos o delincuentes: otra lección en la maleta, el libre albedrío; otros tendrán salud precaria, vivirán con dolores crónicos, otros estarán limitados en sus movimientos, tendrán que ejercitar la paciencia, esta enseñanza también será parte de su bagaje espiritual. Otros serán muy ricos, podrán ayudar a los demás o serán egoístas: otra explicación más para la maleta espiritual; algunos tendrán el don de la palabra, otros de la visión, algunos sanarán mediante la imposición de manos, usando como guía el Evangelio de Jesús, conocimiento que forma parte de la maleta espiritual; otros serán corruptos, orgullosos, arrogantes, dependiendo de la elección de cada uno la maleta se llenará.

Recuerda las regiones de Umbral, el valle de los suicidas, áreas que nos recuerdan la importancia de vivir de acuerdo con las leyes divinas. Con esta advertencia adicional, el bagaje espiritual está casi completo. Pero hay algo más que encerrar en la maleta, los hospitales espirituales de los criminalmente abortados, las Colonias donde se encuentran los obsesores que dañaron a tantos, incluso a las naciones, con políticos crueles, que vinieron a hacer el bien a la Humanidad y se desviaron del camino, yacen como ovoides. Pero también vendrán buenos recuerdos, diciéndole al inconsciente: no te desesperes, hay un lugar donde todo armoniza, la felicidad es completa, la paz es duradera; donde el bien prevalece sobre el mal; Colonias espirituales donde los espíritus equilibrados conocen el amor de las almas gemelas, por fin un lugar para quienes supieron utilizar su libre albedrío con justicia y bondad.

Todo en la Tierra es temporal, solo valen los bienes espirituales como el perdón, la humildad, la paciencia y el amor. Finalmente, la maleta espiritual estaba llena de información, según el nivel evolutivo de cada persona. Cada espíritu llenó su equipaje como quiso, por eso existe la lucha entre el bien y el mal. Cuando tienes que tomar una decisión la duda está presente y no se sabe cuál camino será el mejor, porque la maleta contiene varias enseñanzas y si la persona no está equilibrada, con Jesús en el corazón, no sabrá qué sacar de su equipaje espiritual. La maleta está cerrada, pero hay un pequeño detalle, la clave es la vida de cada persona, no hay forma de encontrarla fuera de la persona. Todo el bagaje de aprendizaje espiritual será responsabilidad de cada aprendiz. Al renacer, aparentemente, el conocimiento espiritual será olvidado como si el espíritu nunca hubiera sido consciente de ello, pero el equipaje espiritual quedará almacenado para siempre en el subconsciente.

El espíritu se reencarna. Cinco hijos son generados por los mismos padres, deberían ser iguales, sería lo más lógico, pero no lo son porque cada uno trae consigo el equipaje espiritual adquirido. A veces los niños son tan diferentes entre sí que causan asombro a sus propios padres. Uno es un excelente hijo, cariñoso, dedicado, el otro tomó el camino equivocado y se perdió en las adicciones, la hija es un ejemplo, el hijo menor es un derrochador, no le importa trabajar, la otra hija se graduó en Medicina, y el otro hijo es cantante en una banda. Basta ver las diferencias dentro de una misma familia, cada uno tiene una personalidad formada por sus vidas pasadas y cómo guardaron las enseñanzas en su maleta espiritual. ¿Dónde se pone realmente a prueba el equipaje espiritual? Es en la familia el crisol de la purificación. Es mucho más fácil para una persona ser buena, educada, amable con quienes no tienen relaciones cercanas, con amigos cercanos en tiempos felices, pero es difícil usar el bagaje espiritual con sus seres queridos, familiares con quienes es difícil llevarse bien usando el perdón, el odio, la paciencia donde hay desequilibrio, la esperanza donde hay necedad, la fe donde hay duda y la luz donde hay oscuridad. La razón de los desequilibrios en los hogares radica en las diferencias entre los miembros de la familia, pues cada uno trae en su equipaje lo que logró captar durante su paso por el mundo espiritual. Esta es una de las razones de los conflictos que existen en la Tierra, pero es en las diferencias donde se pueden encontrar las mayores lecciones.

La escuela de la vida es el gran maestro. Es necesario empezar a hacer las maletas de regreso a nuestra patria espiritual, conquistando nobles sentimientos, pues desconocemos el momento fijado para la gran partida. Quienes cultiven el odio, el egoísmo, la crueldad, la soberbia, la vanidad, tendrán que volver a pasar por el mismo proceso, hasta que aprendan a llenar su equipaje de cosas positivas. Todos, sin excepción, tendrán que retomarlo hacia la espiritualidad, ahora con los aprendizajes alcanzados en la vida terrenal.

El mentor Alexandre me miró directamente a los ojos, ansioso por que capturara lo mejor de esta maravillosa clase. Me di cuenta que ya me estaban preparando para la partida y estaba tratando de empacar mi equipaje espiritual con esas y otras lecciones aprendidas allí. Alexandre continuó:

- La Doctrina de los Espíritus ayuda a las personas encarnadas y desencarnadas a comprender mejor estos viajes espirituales. Al estudiarlo con deseo y amor, quienes lo practican y comprenden tienen ventaja sobre los seguidores de otras religiones que no creen en la reencarnación. Al partir hacia el mundo espiritual, el espíritu que no pudo evolucionar tendrá condiciones de rehabilitación, por tantas veces como sea necesario que el espíritu reencarne, para rehacer errores, dirimir enemigos, y con cada experiencia en el cuerpo físico, el espíritu volverá un poco mejorado, ya que por la bondad divina nadie retrocede y, aunque sea lenta y gradualmente, un día llegará a la perfección.

Esto se aplica a los peores criminales, ya que los que hoy están encarnados como misioneros o desencarnados como espíritus superiores, fueron verdugos en vidas pasadas. La certeza absoluta que creceremos espiritualmente está encerrada en nuestro equipaje espiritual, en nuestras idas y venidas a las Colonias, y hospitales de la espiritualidad. Si no existiera esta certeza el ser humano no desearía tanto la felicidad, si la desea es porque sabe de su existencia, simplemente no la conoce, no sabe cómo encontrarla. Ésta es la Doctrina de los Espíritus, el Consolador Prometido. Espero, querida hija, haberte iluminado un poco más sobre el mundo espiritual.

- No tengo palabras para agradecerte tu amabilidad y cariño hacia mí, Alexandre. No merezco nada de lo que recibí, agradezco a todos los que me ayudaron, especialmente a ti, porque fuiste tú quien me guio todo el tiempo, me trataste con el gran amor que tienes por quienes sufren. Sin tu ayuda creo que no podría reencarnar o tendría otra existencia perdida. Prometo que dondequiera que esté me encontraré en la Casa espírita que fundaré con la Madre Consuelo. Nunca los dejaré. Será mi manera de decirte gracias por lo que hiciste por mí. Cumpliré mi promesa.

Alexandre me advirtió que, a partir de ahora, todo iría más rápido, pues algunos de los que me ayudarían ya estaban encarnados, entre ellos mis padres.

XXII. REENCARNANDO

¿Tiene el espíritu derecho a elegir el cuerpo en el que reencarnará o simplemente el tipo de vida que debe servirle de prueba?

R. También puede elegir su cuerpo, porque las imperfecciones de ese cuerpo son para él pruebas que ayudan a su progreso, si supera los obstáculos que encuentra en él, pero la elección siempre depende de él; él puede pedirlo.

El Libro de los Espíritus -. Pregunta 335.

Con estas palabras de aclaración, aunque no creía estar lista para reencarnar, tuve que encontrar el coraje para continuar mi viaje, con el equipaje que había logrado reunir hasta entonces. Todavía no entendía todo el proceso de reencarnación, pero al menos tenía plena confianza en mis bienhechores espirituales, en Jesús y María. Un gran amor por ellos estaba bien guardado dentro de mí y la clave sería mi propia vida.

Yo estaba en plenos últimos preparativos y Alexandre, siempre que podía, hablaba conmigo. Sentado en un rincón de los Jardines, me instruyó:

- Tendrás que superar tus propios límites. Sabrás por intuición, cuando llegue el momento adecuado, aun encarnada, en que podrás ganar la batalla por la que reencarnaste: tu propia vida. Esta será tu mayor lucha, superar los obstáculos y problemas que vendrán, con el casi irresistible atractivo de dejar la vida a través del suicidio. Te encontrarás ante situaciones de las que no encontrarás salida según las normas humanas, será como un callejón sin salida, tendrás que encontrar la puerta, la ventana o una pequeña rendija de luz; tu mayor defensa para encontrar salida a los momentos conflictivos será el amor al maestro Jesús, este amor que será la base sobre la que llevarás a cabo tu reforma íntima. Durante las tribulaciones, verás claramente la mano de Jesús guiando tus pasos, de hecho, Él será el único y verdadero amor que conocerás en la Tierra; penas, tristeza, revueltas. Nada podrá sacudir este amor que llevas en lo más profundo de tu espíritu por mucho tiempo.

Este amor es tu logro a través del tiempo y te dará fuerzas para soportar los tormentos de una vida suicida, aunque tendrá que sentir mucha tristeza, por no encontrar a alguien desde temprana edad que pueda comprender tus sentimientos por el Maestro Jesús. Será una lucha solitaria, con muchas interrogantes, y ya no aceptarás las bases católicas como verdades absolutas, tu espíritu estará siempre en lucha entre la vida y la muerte, solo un hilo muy fino hace esta separación en ti.

Por tu temperamento alegre, extrovertido como siempre lo ha sido en otras vidas, serás vista por muchos como irresponsable, inconstante, incoherente y quedarás desacreditada en lo que es de mayor valor; sinceridad de corazón y amor a Cristo. Pocos lo entenderán, y será algo que buscarás con ahínco, queriendo que comprendan tu dolor, tus incertidumbres y dudas, pero no encontrarás eco, solo el vacío y el silencio te responderán. No se te ofrece nada fácil, pero en la medida de lo posible puedes aprovechar esta encarnación dejando algunas asperezas para limar en otras encarnaciones, o puedes proponerte saldar todas tus deudas suicidas en esta nueva etapa de la vida, o puedes optar por dejar algo para una nueva existencia. Esta elección será tuya, es lo que llamamos libre albedrío, el poder de elegir. Puedes pensarlo y mañana me darás la respuesta a tu decisión. Tuve permiso para darte estos detalles, la pregunta queda abierta para que decidas.

- ¿No podría hablar con alguien, al menos con Francisco, para saber cuál es la mejor decisión a tomar?

- Lo que tendrás que afrontar comienza aquí en la espiritualidad, en este momento nadie puede decidir por ti, la llave de tu bagaje espiritual está dentro de tu corazón, de ti depende saber qué se debe hacer. Te dejo sola para que pienses en lo que te propusieron.

Me dio un crisantemo amarillo y se fue. Tenía el crisantemo en la mano, mi única compañía. Realmente no sabía qué pensar. Estaba tan absorta que lo siguiente que supe fue que estaba sentada en un cenador lleno de flores, rodeada de silencio, reconfortada por la Madre Naturaleza. Recé pidiendo fuerza y coraje para la nueva tarea que tendría que realizar, borrando de un solo golpe las consecuencias de tres suicidios: el malestar y el sufrimiento. Quería interrumpir la corriente negativa de suicidios y obsesiones, lo que vendría después solo Dios podría saberlo.

¿Tendría capacidad para pagar tantas deudas?¿Podría llegar al final de la vida de sufrimiento que me esperaba sin recurrir al suicidio? ¿Estaría espiritualmente preparada para asumir plena responsabilidad por mis acciones?

Cómo me gustaría hablar con mis amigos Irene, la Madre Consuelo, Alberto, Elías y otros que se habían ido. Pero, sobre todo, como me gustaría contar con la presencia del querido Francisco, que como lo echaba de menos, juntos podríamos tomar la mejor decisión.

Me habían propuesto algo cuando ya no tenía con quién compartirlo, dependía solo de mí, como había dicho Alexandre. Ahí comenzó mi destino de tener que tomar decisiones sin tener a alguien que me ayudara. Habría personas a mi lado, pero no podrían tomar decisiones por mí, de hecho, así era, nadie puede decidir nada por nadie, solo la persona misma, pero un poco de ayuda sería bienvenida en este momento. ¿Qué me aconsejaría Francisco? ¿Qué diría? Como solo tendría que dar a conocer mi decisión al día siguiente, decidí qué hacer para no caer en una tristeza infructuosa y me puse en los brazos de Jesús, esperando el momento en el que tendría que decidir el camino a seguir a partir de entonces.

Conmovida y ansiosa, a la mañana siguiente me encontré con Alexandre, que iba acompañado de otro espíritu.

- Éste es el mentor Israel - dijo Alexandre -, él será tu guardián, tu guía espiritual. Él te dará intuición, siempre estará ahí cuando lo necesites y solo dependerá de ti si lo escuchas o no.

- Será un placer ayudarte en tu nueva encarnación, haré todo lo que pueda.

- ¿Me vas a abandonar, Alexandre?

- No, querida hija, no te abandonaré. Eres parte de la asamblea de espíritus que reencarnarán bajo mi guía, pero tengo tareas que me esperan con mi querida hija Consuelo, tenemos un gran trabajo por delante y un día te daremos la bienvenida a nuestro Centro Espírita, cuando tu aprendizaje de la Doctrina Espírita comenzará realmente. Tu llegada nos hará muy felices.

Te he estado guiando hasta ahora para instruirte en tu prueba de reencarnación como suicida compulsiva. Tus oportunidades son mayores ahora que en épocas anteriores, porque tu espíritu ha progresado y por tanto tus posibilidades de salir victoriosa son crecientes. Si todo sucede como esperamos, nos encontraremos en la Tierra, yo como mentor de Consuelo, y tú como trabajadora por los necesitados, debiendo armonizar con la mediumnidad latente que presentarás. Espero que no te desvíes de los compromisos adquiridos, el espíritu Israel será uno de los que te ayudarán en tu travesía terrestre. Un día - Francisco en la espiritualidad y tú encarnada -, trabajaremos juntos sirviendo a los más necesitados, pero recordando siempre al mayor guardián, Jesús, a quien tanto amas.

- ¿Iré a visitarlos durante su sueño físico?

- Dependiendo de tu estado de ánimo, siempre nos encontraremos en el plano espiritual. Nunca estarás sola. La soledad del malentendido será solo en el plano físico, de este lado estarán cuidándote amigos sinceros. ¿Ya has podido hacer tu elección?

Con mucha cautela y miedo digo:

- Eso creo, Alexandre. No tengo el espíritu tranquilo para cumplir lo que me pides en dosis homeopáticas. Creo que la inmediatez es una característica que tendré que afinar al encarnar, quizás esto me ha perjudicado mucho en otras vidas. Ahora, sea cual sea el sacrificio, tengo que aprender a tener paciencia, será mi gran aliada, pero si realmente tengo que saldar deudas pasadas, que sea en esta encarnación, solo así podré repensar mi vida cuando regrese aquí por muerte natural.

Tengo miedo, dudas, pero ya no me corresponde hacer preguntas, ya que todo está aclarado. Has sido amable y gentil conmigo - dije con firmeza -, y mi deseo es redimir mis deudas suicidas en esta encarnación, no más demoras, tengo que irme confiando que esta vez todo saldrá bien.

Alexandre e Israel me miraron emocionados.

- No cuestionaré tu decisión Amatista, si tu libre albedrío dicta esta conducta, la respetaremos. Querida hija, de la mano, tú, Israel y yo oraremos a Jesús para que esta vez puedas actuar bien.

Ya está todo preparado para tu regreso. Cuando terminemos la oración, entrarás en un sueño profundo, olvidando lo que aquí pasó, serás llevada al departamento de reencarnación de Nuestro Hogar, y cuando despiertes ya estarás reencarnada con tus padres. No te vamos a explicar el proceso científico que conlleva la reencarnación, no es necesaria esta aclaración ahora. Queremos, con las bendiciones de Jesús, que renazcas y seas lo más feliz posible.

- Déjame besarte las manos, mentor Alexandre, por todo lo que hiciste por mí aquí en el mundo espiritual y sé que en la medida de lo posible seguirás cuidándome en el plano físico. Primero, dame un abrazo, como sello definitivo de nuestra amistad. Manda un mensaje, un mensaje para que sepa que todo lo que me pasó fue real y concreto.

Un fuerte abrazo selló nuestra fraternal amistad.

- Puedes estar segura que recibirás un mensaje mío. Solo ten paciencia. Unamos ahora nuestros corazones en la oración final que te conducirá a tu nueva existencia.

"Amado Maestro Jesús, desde tu divina morada, bendice e ilumina a Tus mensajeros de luz. Que el equipo preparado para esta reencarnación coloque, en este momento, sus manos sobre el rostro de nuestra querida hija Amatista, para que olvide sus penas, resentimientos y odios acumulados, plantando en su corazón las semillas del amor, la fe y la esperanza, que pueda cumplir fielmente su destino en la Tierra, que su mandato de dolor y sufrimiento sea aliviado por la perseverancia y el amor a los demás.

Que encuentre, no a través del dolor, sino a través de los caminos del amor, que la Doctrina de los Espíritus, el Consolador Prometido, sea su ancla real y sólida en los momentos de tribulación. Que en los momentos de intensa agonía recuerde Tu sufrimiento en el Calvario. Que quienes se han comprometido a ayudarla no huyan de sus responsabilidades, no dejando que el orgullo y la vanidad se instalen en sus corazones. Amatista parte hacia su nueva vida llena de dudas y atormentada por visiones pasadas, su fuerza, Amado Maestro, debe provenir de su superación espiritual, que logre su propósito, ya que su mayor tarea es salvar su propia vida, no huir de la existencia carnal, mediante el suicidio. Bendice Jesús y María esta vida que ahora emerge en el planeta de expiación y de pruebas, sosteniéndola y protegiéndola de enemigos desencarnados o encarnados. Que sean ahuyentados y que su mediumnidad de amor se arraigue profundamente en su corazón, impidiéndole asociarse con espíritus sufrientes. También pedimos que la fe nunca decaiga en ella. Que sus sufrimientos sean aliviados por el deseo de hacerlo bien. Encomendamos este amado espíritu, que yace dormida, en Tus brazos, amado Jesús. Espero poder ayudarla cuando nos volvamos a encontrar: soy mentor de la Madre Consuelo en el Centro Espírita que fundaremos.

Jesús te bendiga, querida hija, hoy y siempre."

Reencarné.

II PARTE

ENCARNADA

LA PETIT SAUVAGE

La Pequeña Salvaje

¡Pequeña hija del mar,
hundiéndose en la inmensidad
por el movimiento de las olas!

¿Te vas a ahogar…?
Ya ha muerto en vano esfuerzo,
ha sobrevivido a la pulsación de la emoción
dominante, asfixiante...

Pero no sufras
dejándote llevar
por alguna tendencia
de este mar:

Pasan corales de recuerdos,
abismos de reminiscencias,
cardúmenes de esperanzas,
plazas de vivencias...

Traga los celos, el dolor, el desprecio,
llantos, insignificancias.
Está serena, aunque sufriendo,
en este mar: ¡su vida!

Ya sabes: en el naufragio,
en este mar,

de nada sirve saber nadar.

Adelante, inconmensurable
el cielo, el mar, todo lo azul, lo que sea...
Solo queda calmarse...
Estar en el mar. Imponderable...

Marisa (a) Penas.
2007

REFLEXIÓN

No podría continuar con estos informes si no me detuviera a reflexionar. No me sentí preparada para absorber tantas revelaciones que me hicieron. Quizás muchos no lo crean, pero pasé momentos muy destacables cuando descubrí cuánto me debía a mí misma y que solo yo podía sanar mis heridas. Se extendieron las manos, se aclararon los hechos, se refrescó la memoria, las fuerzas espirituales intentaron mejorar mi espíritu. Finalmente me ofrecieron todos los recursos necesarios para mi autorrecuperación. Sin embargo, a nivel espiritual, no tenía idea de lo que pasaría en este planeta de expiación y de pruebas, por mucho que me dijeran que mi vida no sería fácil. No entendía el alcance de los reajustes que enfrentaría.

Francisco estuvo alejado de mí durante unos cuarenta y cinco años de mi actual existencia. Solo supe de él cuando me convertí en espírita. Cuando nos encontramos, yo estaba encarnada y él en la espiritualidad, me dijo que se había embarcado en estudios de la Doctrina Espírita y encontró que estaban de acuerdo con el Evangelio de Jesús. En ese momento, no tenía idea que existía un compromiso espiritual entre nosotros. debo aclarar que los hechos contenidos en este libro son la fiel expresión de la lucha emprendida por la armonización matrimonial entre Alfredo y yo, ahora con otros nombres, lucha que se viene dando desde hace siglos y que necesariamente necesitaba ser revisada para nuestra evolución espiritual, teniendo en cuenta aprovechar esta encarnación para que nos esforcemos por suavizar las asperezas de una vida difícil juntos.

Como estaba previsto, nacieron mis hijos y de hecho conocí a las personas que se habían comprometido a ayudarme. Poco a poco llegaron a mi vida otras personas queridas de otras existencias, a quienes no conocí en mi última estancia en el mundo espiritual, todos extendiendo sus manos para evitar que dejara la vida a través del suicidio. Casi llegué a este resultado, pero tuve la inmensa felicidad de ser ayudada a nivel espiritual por el mentor Alexandre y mi mentor Israel y también por Francisco, quien me puso en los brazos de Jesús. A quienes me leen, les pido que comparen mi individualidad en el plano espiritual y ahora, como encarnada, y seguramente llegarán a la conclusión que la reencarnación realmente existe.

Muchas veces me sentí reacia a continuar esta historia, ya que se abrirían muchas heridas, pero algo más fuerte que mi voluntad me obligó a hacerlo. Francisco sigue siendo mi amigo espiritual, pues hemos llegado al punto de alimentar una fuerte amistad recíproca, sin el amor irresponsable y loco de otras existencias.

Sé que saldré victoriosa en la batalla contra el suicidio, porque a pesar de haber titulado este reportaje *Fui Suicida,* soy consciente que soy suicida, por eso tengo que estar siempre alerta y cautelosa en relación a los vicios del ayer, trato de evitar las situaciones que podrían poner en riesgo mis propósitos de vivir y morir en paz. Para protegerme, me suscribo a la filosofía de Alcohólicos Anónimos: 24 horas más. Me siento como un periodista que informa, excepto que soy la fuente de las revelaciones, descritas con personas y lugares reales; sin embargo, algunos nombres son ficticios. Confío en la presencia amiga de Francisco, quien me acompañará en este nuevo camino, pero estará bajo mi responsabilidad por lo sucedido conmigo encarnada, él me brindará su apoyo incondicional, pero solo será un compañero de viaje para brindarme fuerza y coraje.

Tengo mi salvoconducto en la Doctrina Espírita, quedando en mí la certeza que intentaré aprovechar esta encarnación y no puedo fallar en la confianza depositada en mí por la espiritualidad y especialmente por quienes, amablemente, me ayudaron a comprender mis compromisos. En otras existencias, sin pedir nada a cambio, me ofreció su amor y comprensión: el querido mentor Alexandre.

XXIII. NACIMIENTO

Todos los sufrimientos: meses, desilusiones, dolores físicos, pérdidas de seres queridos, encuentren consuelo en la fe en el futuro, en la confianza en la justicia de Dios que Cristo vino a enseñar a los hombres.

El Evangelio según el Espiritismo.

Cuando era niña les pregunté a mis padres si me habían adoptado, porque me sentía diferente a mis hermanos. Mi madre a pesar de ser atenta y amable era incapaz de transmitir sus sentimientos con palabras, a diferencia de mi padre que era cariñoso y demostraba su amor con gestos, palabras y acciones. Era un hombre con una situación económica envidiable, heredero de casi una ciudad entera, la pequeña Monjolos, en Minas Gerais, accesible en tren o a caballo y en la que nunca vivimos, porque después de casarse mis padres se mudaron a Diamantina. Mi madre, en Monjolos, no era de una finca rica, pero era la "princesa de la ciudad" por su belleza y elegancia.

Cuando se mudaron a Diamantina gozaban de una buena situación económica, con auto, empleados y en ese contexto se prepararon para mi nacimiento. Al inicio del embarazo, mi madre se contagió de tuberculosis, hecho que nunca me mencionó y solo me enteré, por mi madrina Margarita, de los medicamentos muy fuertes y el miedo que me pasara algo rondando en sus mentes, ya que en aquella época la tuberculosis era casi siempre mortal.

Ya en el vientre de mi madre también recibí una medicina muy fuerte y fue un alivio para todos cuando vieron que nací perfecta.

De los cuatro hermanos, yo era la única cuya llegada estaba prevista. Mis hermanos nacieron en casa, con parteras, pero yo nací en una maternidad. Inmediatamente fui retirada de los brazos de mi madre, pasándome a vivir con mi madrina durante un año, ya que mi madre no estaba físicamente capacitada para amamantarme ni cuidarme. Yo era la alegría de la casa de mis padrinos, que solo tenían una hija llamada Leda, ya mayor, y tratada con todos los mimos y cuidados posibles.

Cuando regresé a casa de mis padres, toda la familia enfermó, porque pensaban que ya no tendrían el valor de buscarme, pero fui concebida con amor y mis padres eran de una clase social que no daba hijos para adopción, aunque se quedarían para siempre agradecidos con mis padrinos por tantas demostraciones de amor fraternal.

Según mis padres nací sonriendo, parecía una muñeca risueña, cualquiera que me mirara recibiría una sonrisa y así he permanecido hasta el día de hoy. La sonrisa parece ser mi marca registrada y ya me ha causado serios problemas en la vida, pero solo me di cuenta que sonreía mucho después que tanta gente me lo contara.

Mi madre informó que hasta los cinco años lloré con dolor de estómago. Consultaron a los mejores pediatras de Belo Horizonte, capital de Minas Gerais, pero no lograron diagnosticar las causas de aquel dolor inexplicable y lo que me curó, dijo mi madre, fue la corteza de un árbol llamado simaruba. Puso trozos de corteza en agua y me la daba todos los días.

Yo tenía apenas cinco años cuando la situación financiera de mi padre se derrumbó. Era la época de los bajos precios del azúcar y mi padre, con una gran cantidad del producto para vender, vio amenazado el sustento de nuestra familia. Aunque cariñoso y dedicado, era orgulloso - lo era de la época de los coroneles -, y nunca se sometería a vivir en un lugar bajo el peso de la humillación financiera en relación con sus amigos y familiares, por lo que decidió que tenía que criarnos lejos de la familia, pues no quería su interferencia en nuestra educación. Mis hijos y yo nunca supimos lo que era tener primos o abuelos cerca, porque nuestra familia se limitaba a nuestros padres y sus cuatro hijos. Solo más tarde vinieron dos tíos, Paulo y Vicente, a vivir con nosotros a São Paulo.

Con los defectos y cualidades inherentes a los seres que habitan este planeta, mis padres fueron luchadores, no rehuyeron los problemas y las dificultades, superándolas. Mi madre puso su fe inquebrantable en Nuestra Señora de las Gracias. En mis recuerdos la veo arrodillada frente a la imagen de la santa, rezando el rosario y haciendo novenas. Por las noches oraba por más de una hora y siempre encendía velas por la imagen que hoy está con mi hija Letícia, testimonio vivo de su religiosidad.

Nos quedamos en Diamantina, donde vivían las hermanas de mi padre, y él se fue en coche a São Paulo para buscar trabajo. Solo logró conseguir un sub trabajo, ya que oficialmente no tenía otra profesión que administrar sus tierras perdidas. Había tres de nuestras tías, que compartían su amor por nosotros. Me tocó dejarme mimar por tía Salica que, cuando era más joven, había querido ser monja, pero debido a sus ataques de asma no pudo incorporarse a la vida religiosa. En ese momento ella era directora del grupo escolar y fue ella quien me enseñó mis primeras letras, a los cinco años, y también plantó las primeras semillas de la fe en mi corazón. La tía Salica, ya desencarnada, fue una de las personas más importantes de mi vida. Posteriormente me dedicó un ejemplar de *La Imitación de Cristo,* que fue una guía segura en mi aprendizaje religioso. Quién sabe, ¿tal vez renació en ese momento el deseo de ser monja que había cultivado durante mucho tiempo?

Después de doce largos meses, recibimos la visita de mi padre y mi madre insistió en que nos llevara con él a São Paulo. Luego le escribió a un amigo que alquilaba un cobertizo en una vivienda de Vila California. Mi madre hizo las maletas y todo lo que pudimos llevar y así nos fuimos. Recuerdo vagamente el viaje. Fueron tres días en tren. Con nosotros viajó una ex empleada de mi madre que había ayudado a cuidarme, a quien ella llamaba mamá Lita. Al llegar a São Paulo, con una ligera llovizna, cantamos "Él, él, él, São Paulo es una buena tierra, São Paulo es una llovizna."

En un carro alquilado salimos de Estação da Luz y nos dirigimos a la lejana Vila California. Como éramos niños, no nos sorprendieron los cambios - parece que en el pasado los niños eran más fuertes que hoy -, todo nos parecía un gran juego, pero el edificio en el que íbamos a vivir estaba en pésimas condiciones, seis u ocho cabañas con un solo baño y una ducha para todos. Mi madre pronto se hizo cargo de la situación y cada día una familia se encargaba de limpiar el baño. Todos estuvieron de acuerdo y la vida en la vivienda mejoró un poco.

Después de seis meses, nos mudamos nuevamente. Lita se quedó con nosotros hasta que encontró un buen trabajo y después de encontrarlo, pasó la semana en el trabajo y los fines de semana con nosotros. Éramos su familia. Se enamoró de Cosme, también negro, pero prejuicioso - que luego se suicidó sin aceptar su propio color -, a pesar de estar enamorado, prefirió casarse con una joven blanca. Lita dio un giro a las cosas y se casó con el conductor de la casa donde trabajaba.

Mi madre se encargaba de todas las tareas del hogar: lavaba, planchaba, cocinaba y hasta se ponía a coser a pedido, mientras mi padre, empleado como desmotador de maíz, llegaba todos los días con las manos sangrando y aun así nos alegraba la vida cuando estaba en casa, cantando con nosotros y enseñándonos a bailar. De ellos nunca escuchamos un solo lamento o queja.

XXIV. INFANCIA

No puedes cambiar el mundo según tus propios deseos, pero puedes cambiarte a ti mismo.

Compañero - Emmanuel - Francisco Cândido Xavier.

Luego mi padre consiguió trabajo como guardia nocturno en el Campo de Marte y luego nos instalamos en Santana, cerca de su trabajo. Mi padre, guapo y autodidacta, llamó la atención del Dr. Alfio, ingeniero jefe de la empresa de ingeniería EBE, que también prestaba servicios allí. Pronto lo contrataron para trabajar durante el día en la oficina de la empresa, vestido con traje y corbata. Por las noches continuaba desempeñando sus humildes tareas como guardia nocturno.

Alquilamos una casa adosada. Mi madre subarrendó el sótano, instaló en la casa a dos huéspedes que conocía y siguió cosiendo a pedido. Estudiábamos en el grupo escolar, pero en cuanto su situación económica mejoró, mi padre transfirió a mi hermana a un colegio de monjas y yo fui a estudiar al colegio de Salete, que acogía a alumnos de ambos sexos. Incoherencia de la vida, querían que mi hermana estuviera más tranquila y yo más activa, más enérgico.

De esa época data el dolor en mi rodilla derecha, lo que me obligaba a vivir con una bolsa de agua caliente encima, ya que, aunque me dolía, nunca dejé de jugar. Las noches estaban llenas de juegos, rayuela, escondite, mamá callejera, saltar la cuerda: mi infancia fue muy feliz.

Una noche, a la edad de nueve años, sentí un dolor intenso en el lado derecho de mi cuerpo, que se irradiaba a mi pierna. Mi padre me llevó al hospital al que teníamos derecho, en Campo de Marte, pero ese día habían asesinado a un coronel y la base estaba cerrada. No había dinero ni siquiera para un taxi, mucho menos para un hospital privado. Como el dolor no desaparecía, hicieron sillones y caminaron conmigo unos cuatro kilómetros en busca de recursos. Todavía recuerdo como si fuera hoy sentir mucho dolor, no poder pisar la tierra y nosotros tres - mi padre, mi madre y yo -, pasando la noche, y yo pidiéndole a Jesús y a María que muriera, pensando que estaba dando demasiado trabajo.

El anillo de bodas de mi madre fue empeñado en la entrada de un hospital para garantizar el pago de la consulta y la noche pasada allí. Otro día fui al hospital Campo de Marte, donde me operaron de apendicitis aguda. Con anestesia local, sentí tanto dolor que sentí como si me arrancaran las entrañas. Grité mucho, pero los médicos, indiferentes, continuaron con la cirugía, hablando como si fuera lo más natural del mundo. Después de eso, nunca más volví a permanecer despierta durante la cirugía.

Como mi mayor sueño era tener una muñeca de verdad, no de tela, mis padres me prometieron que tendría una si me mantenía bien en el hospital, precisamente en la sala, donde no podían retenerme. Me porté lo mejor que pude, soñando con la nueva muñeca, y qué decepción me llevé cuando, al regresar a casa, encontré en su lugar un muñeco de ángel con forma de pingüino. Era lo que podían comprar. Pero ese hecho me dejó una profunda impresión y, años después, me sirvió de lección para no prometer a mis hijos lo que yo no podía darles. A pesar de la precaria situación económica, fui una niña muy feliz.

Mi felicidad se basaba en ir a misa todos los domingos a la Iglesia de Santa Teresita, donde oraba mucho, extasiada frente a las imágenes de Jesús y María. Nunca tuve una preferencia por cualquier santo, no me preocupaba por ellos, solo tenía ojos para Jesús y su madre. Después de misa, mi hermana y yo fuimos a la escuela dominical. ¡Cómo me encantaba estar con las monjas! Descubrieron que se me daba bien hablar en público y por eso me dieron la oportunidad de hablar, hacer teatro y ballet. Ya entonces empezó a florecer en mí el deseo de ser monja, y en mis conversaciones decía que de mayor iría a un convento.

Estudié el catecismo para hacer mi primera comunión, pero muchas cosas me intrigaban. No acepté que, en un Universo tan grande, solo la Tierra estuviera habitada y que solo Jesús fuera el único hijo de Dios. ¿Y nosotros? El misterio de la Santísima Trinidad, Padre, Hijo y Espíritu Santo, era muy complicado. Sin embargo, todo me pareció muy hermoso y mi primera confesión me llevó a paroxismos de alegría, era como si hubiera ganado el cielo. Para la primera comunión mi madre me hizo un vestido sencillo, pero hermoso, y cuando recibí la hostia consagrada quedé extasiada, pidiendo a Jesús y a María que me hicieran morir en ese momento, no quería vivir en este mundo, tal fue el gozo de recibir a Jesús en mi corazón. A partir de entonces, cada vez que comulgaba - cada domingo -, le pedía a Jesús que me llevara con Él, una fuerza extraña impulsaba mi deseo de dejar este mundo, a la edad de nueve años.

Mis hermanos no compartían mi religiosidad, la misa para ellos no tenía la misma importancia que para mí. La tía Salica siempre me escribía animando mis sentimientos por Cristo, y la siembra cayó en tierra fértil. Además, si no íbamos a misa, no saldríamos de casa, según órdenes maternas. Mi padre nos acompañaba, pero no le gustaban los sacerdotes, pensaba que eran mercenarios, era más espiritista que católico.

Cada dos domingos iba a la sesión matinal, me encantaban las películas de amor. Leía cómics y revistas de variedades, estudiaba y jugaba mucho, esperaba con ansias la Navidad, fueron unas Navidades maravillosas, no sé si hoy en día siguen haciendo lo mismo, pero en aquel entonces, en Campo de Marte, lo hacían para nosotros los niños un verdadero día de *Alicia en el País de las Maravillas*. Llegamos muy temprano y jugamos duro todo el día: hubo *hot dogs*, paletas heladas, leche chocolatada, un rico almuerzo y lo mejor de todo es que recibimos regalos. Creo que fueron regalos sencillos, pero me encantaron. Poniendo en la balanza mis recuerdos, considero que tuve una infancia feliz, acepté todo lo que la vida me ofrecía sin quejarme, me entregué por completo a jugar. Al lado del colegio donde estudiaba había una biblioteca infantil pública y leí todo lo que tenía derecho, llegando incluso a ganar el premio que se ofrecía al niño que más había leído durante el año.

Cuento todo esto tal vez para convencerme que nunca podría ser la persona en la que los médicos quisieron transformarme después: neurótica, psicótica. Tuve amor, cariño, castigos y recibí algunas buenas bofetadas, por ser traviesa, todo muy bien dosificado. Para mí fue así, pero no puedo decir lo mismo de mis hermanos. Es interesante que recuerden las peleas entre mis padres y, a pesar de llevarse bien, debieron cometer sus errores, pero nunca presencié una escena desagradable entre ellos. Creo que una nube bloqueó estos desacuerdos ante mis ojos. Hoy, cuando mi hermana Amélia me cuenta ciertos pasajes de nuestra vida familiar, casi llego a dudar de lo que escucho: las dificultades económicas y los desequilibrios familiares de mi infancia las pasé entre nubes blancas; existían, pero yo no las veía.

Incluso en ese momento mi corazón estaba inquieto, sentía que me faltaba algo, algo de capital importancia para calmar mi corazón, simplemente no sabía qué era, sabía que existía, pero no sabía dónde encontrarlo. Me encantaba ir a la iglesia cuando estaba vacía - parecía que mi comunión con Jesús y María se hacía cada vez más fuerte -, y entonces pedía que me llevaran hasta ellos o sino me hacían desmayar y me llevaban a un lugar donde no estaba. No sé dónde estaba y luego traerme de vuelta. Una cosa era segura: no quería vivir en este mundo y la muerte era mi ideal. Tenía ideas raras. Cuando tenía diez años, yendo al colegio con unos amigos, escuchamos el sonido del tren. Inmediatamente me tumbé en las vías del tren y dije que iba a dejar pasar el tren por encima de mí y me quedé ahí hasta que una señora muy enojada me ordenó levantarme, diciendo que no era un juego de niños. Me parece que, incluso entonces, no quería estar aquí en la Tierra.

Una enorme inquietud interior atormentaba mi alma, a pesar que mis padres me amaban y parecían protegerme, previendo mis dificultades futuras. Todavía quería ser monja: cuando pasaba junto a una de ellas o cuando las veía en la calle, me sentía fascinada, parecía que encontraría la paz con ellas, pero paradójicamente quería hacer teatro, ser bailarina, tenía proyectos. Vetada por el párroco de nuestra parroquia que, después de consultarlo, podía hacer ballet clásico, le dije a mi madre que era pecado mortal. Si me dolía la rodilla, o sentía que me dolía, realmente no podría ser bailarina.

Mi madre se quedaba en la cocina hasta tarde, planchando ropa, mientras mi hermana Amélia miraba la televisión en la casa de al lado; como estaba más tranquilo, sobre las ocho me iba a dormir. Con los ojos cerrados sentía la presencia de alguien en la habitación, pensé que era Nuestra Señora, pero aun así sentía un gran miedo y bajé las escaleras a trompicones. Con el corazón acelerado, me senté junto a mi madre, le dije que no podía dormir y me quedé allí hasta que ella subió o llegó mi hermana. No tuve el valor de decirle a nadie lo que sentía: recité poesía en voz alta y una vez más sentí la presencia de alguien. A la luz del día, el miedo desaparecía y entonces hablé con la presencia, preguntándole si estaba leyendo correctamente, si era hermoso, y la respuesta vino a través de mi pensamiento y seguí jugando a la pelota, a la rayuela con ella, pero nunca lo había hecho. El coraje de hablar de esto con nadie, sintiendo que se suponía que era solo mi secreto. Cuando finalmente me dormí, tuve sueños extraños que no podía entender. Ahora estaba en lugares hermosos, feliz, a veces me atormentaban horribles pesadillas, de las que padecía mucho.

La certeza de mi vocación religiosa nunca abandonó mi mente. Quería unirme a la orden de las Carmelitas Descalzas, quienes nunca regresaron al mundo, viviendo completamente aisladas. A esa edad supe de su existencia porque el autobús que cogimos pasó frente a su convento en Tietê. Mi naturaleza era muy contradictoria, aun no estaba bien formada, porque, al mismo tiempo que quería ser monja, me encantaba dirigir los juegos con mi grupo.

XXV. GOIÂNIA

Cruzarás el pantano del orgullo y la pereza, llegando a la plataforma del deber donde la sencillez ha hecho su hogar.

Cosecha de Amor - Joana de Ângelis -
Divaldo Pereira Franco.

Mi padre, trabajando dos turnos, y mi madre cosiendo a pedido, pudieron regalarnos a mi hermana Amélia y a mí algo que tanto ansiábamos: una bicicleta roja, una preciosidad. No importaba que fuera de segunda mano, corría, eso era lo que importaba. Fue como empezar a pedalear y caerme, pero finalmente aprendí a montar el juguete soñado y lo hacía siempre que podía, a pesar del dolor persistente en la rodilla.

Los médicos no pudieron diagnosticar la causa del dolor en mi rodilla, lo que me dejó sin poder jugar, con la pierna estirada y con una bolsa de agua caliente. Al parecer no había nada en la rodilla, pero me dolía muchísimo. Los médicos pensaron que si me extirpaban las amígdalas mi rodilla podría mejorar - y nunca me dolieron las amígdalas -, o tal vez sufriría de reumatismo. El hecho que nunca tuve un diagnóstico seguro permaneció conmigo durante toda mi vida. Para extirparme las amígdalas me ataron a una silla alta, me pusieron una mascarilla de cloroformo en la nariz y me quedé dormida. Cuando desperté, todavía estaba atado a la silla, con mucho dolor y escuchando a los médicos hablar emocionados a mi alrededor. Sin embargo, a la rodilla no le importó la cirugía y siguió doliendo aunque, en aquella época, más suave, y pude aprovechar para estudiar y jugar.

Aun mejor, limpiaba la casa por la mañana, estudiaba por la tarde y ordenaba la cocina después de cenar. El grupo de amigos esperaba impacientemente afuera. En mi prisa por ir a jugar, escondí los platos más sucios debajo del fregadero y lavé el resto de todos modos. Al día siguiente me obligaron a lavarlo todo nuevamente, después de una buena paliza. Yo era un poco mocosa y solo mejoré a costa de ser castigada y escuchar a mi madre decir que las bromas solo le llegan a la cabeza a la mocosa. La psicología moderna condena los azotes, pero creo que cuando se dan con sabiduría y equilibrio son saludables, ya que no todos los niños entienden el respeto. Al principio obedece por miedo a sus padres y luego, a través del diálogo, comienza a hacer la transición del miedo al respeto. Yo nunca tuve miedo de mis padres, a diferencia de mis hermanos. Cuando querían algo, yo era quien hablaba por ellos. Nunca recibí un no categórico, especialmente de mi padre. Hoy me doy cuenta que para ellos yo era alguien necesitado de mucho cariño y cuidado, de protección, como una flor que hay que regar con amor para que no se marchite.

En ese momento, un sacerdote llamado Donizete hizo una oración de sanación por radio. Oró, pidió a los oyentes que colocaran un vaso de agua cerca de la radio y luego bebieran. Mi madre me hizo este tratamiento y estuve un buen tiempo sin dolores. Mi periespíritu había sido tratado, me di cuenta que el dolor seguía ahí, pero no lo sentía.

Un día, a los doce años, cuando regresaba de la escuela con un grupo de compañeros, algunos empezaron a decir que sus padres eran fieles a sus madres. Sin saber de dónde saqué las palabras, sorprendí a mis colegas al señalarles cuáles padres eran infieles. Casi me dan una paliza y muchos no me hablaban. Más tarde, una colega vino a verme y me preguntó cómo sabía que su padre tenía otra mujer. Le respondí que no sabía qué había pasado para hacerme hablar de esa manera y que ella me disculpase. Cómo sufrí con mis premoniciones y revelaciones, porque no sabía de dónde venían, pero estaba segura de no equivocarme sobre su veracidad.

Como mi padre tenía dos trabajos, estaba muy estresado y durante unos meses estuvo internado en una clínica psiquiátrica. Mi madre se encargó de todo ella misma. Algunos amigos le aconsejaron buscar un Centro Espírita, pero como católica convencida ni siquiera admitió la hipótesis y juró que Nuestra Señora de las Gracias curaría a mi padre. Luego hizo una promesa de nunca volver a usar joyas ni cantar y otra de vestir de negro por el resto de su vida - mi padre no le permitió cumplir esta promesa -. Nunca volvió a cantar ni a lucir las joyas que había recibido de mi padre en su época de riqueza, solo sirvieron para sacarnos de apuros, acabando en la Caja de Ahorros bajo embargo. Para sorpresa de todos, incluidos los médicos, mi padre se curó, regresó a casa y empezó a trabajar únicamente en la empresa de ingeniería. Después de algún tiempo, fue invitado a administrar la empresa en el estado de Goiás, en cuya capital implementarían la red eléctrica.

Hoy me doy cuenta del valor de mi padre, autodidacta, quien, con apenas cuarto año de primaria, era gerente de ingenieros, técnicos y empleados administrativos, cargo que requería conversaciones con el gobernador del Estado y altos funcionarios.

Le dijo a mi madre que estaría fuera por un año, venía a visitarnos todos los meses, condición que ella rechazó y por eso nos mudamos todos a Goiânia. Fue un cambio para mejor. Nos fuimos en avión, alquilamos una casa en el centro de la ciudad - en aquella época era elegante vivir en el centro -, y teníamos un chofer privado. Mi hermana Amélia y yo fuimos a estudiar al Colegio San Agustín, regentado por monjas españolas, y mis hermanos al Ateneo Don Bosco. El colegio de monjas me vino muy bien con mi deseo de ser monja, aunque la duda me carcomía por dentro, algo me decía que no era mi camino, mi vocación. Estaba experimentando un enorme conflicto interior. Iba a misa todos los domingos, comulgaba, era Hija de María, enseñaba catecismo a niños y nunca, ni siquiera a la ligera, entretenía pensamientos de noviazgo o matrimonio, pues antes de los quince años ya me sentía comprometida con Cristo. Mis preocupaciones eran enormes: me sentía diferente a mis amigas, incluso a las que también querían ir al convento, que no hacían preguntas ni tenían dudas, a diferencia de mí que quería ser monja, pero tenía dudas y sentía miedo, sin saber de dónde venían. Los padres deben tener cuidado con sus hijos adolescentes, ya que muchos tienen ideas suicidas muy bien guardadas en su interior, nunca expresan sus pensamientos, y cuando menos lo esperan, el joven se quita la vida, dejando a la familia con un intenso sentimiento de culpa y los padres nunca notaron algo diferente en su hijo.

Como yo ya tenía ideas suicidas en ese momento, mi familia se asustaría mucho, ya que aparentemente yo era una niña normal.

En ese momento traté de mostrarle a mi asesor espiritual mis inquietudes y temores, pero él no entendió y, como penitencia, me dijo que rezara el rosario diez veces. Ni siquiera Sor Purificación, mi amiga monja, entendió mis sentimientos. Me llamó voluble, adjetivo que más adquirí en la vida y por eso comencé a escribir mis sacrificios en una libreta para ver si calmaba mi corazón. Estos escritos no los guardé, los tiré, pero recuerdo que los sacrificios que él me impuso fueron algo como esto:

Día............

no comas dulces

rezar dos rosarios

No responder a mamá

Día....................

no vayas al cine

No tener pensamientos de morir

No pelees con mis hermanos

Día.................

no comas carne

No hables del dolor de rodilla.

Ir a misa todos los días.

Hice estos sacrificios durante años. La oración parecía ser la única manera de aliviar el dolor del alma. Más que una necesidad, fue una forma de aliviar mi angustia, de hecho fue la oración la que me salvó del suicidio, idea siempre presente en mi espíritu. Era una atracción muy, muy fuerte y cuanto más aumentaban las dudas más se fijaba en mí la idea y solo con oración no pensé en quitarme la vida. Mi vida, total incoherencia. Dolores no diagnosticados en la rodilla, querer ser monja, pero atormentada por las dudas, pensar en el suicidio y mostrar un aspecto feliz, una sonrisa en los labios. No creo que nadie, ni siquiera mi familia, supiera jamás de mis conflictos internos. Vivir fue un sacrificio enorme y no fue por la adolescencia, porque cargué con todos estos fantasmas a lo largo de mi vida. Hoy en día, si le confiara a alguien sobre ellos, tal vez la medicina o los psicólogos me ayudarían, pero ¿cómo puedo ayudar a alguien que estaba buscando algo escondido en algún lugar y ni siquiera sabía qué era? Mi búsqueda siempre fue por la vida, la cual terminé por no aceptar. Fui con mi madre a Minas Gerais a despedirme de mis familiares para ir al convento, hecho que todos daban por sentado, pues yo repetía la misma canción desde pequeña.

Mi rodilla seguía doliendo. Ya casi no podía caminar, el dolor era difuso, incierto, fui de médico en médico, no me diagnosticaron que en algunos casos el crecimiento causaba ese tipo de dolor en los adolescentes y también ignoraron que por mi espíritu era necesario ir por ese camino. Hoy me doy cuenta que realmente no tenemos que saber sobre el futuro, porque si en ese momento hubiera sabido de los problemas espirituales en los que estaba involucrada y lo que me deparaba el futuro, ciertamente habría terminado con mi vida, pero sin saber nada, la educación que había recibido, combinada con lo que había aprendido en la vida espiritual, fue un factor decisivo en la victoria en la lucha contra el suicidio.

XXVI. INTUICIÓN

Riego de las tierras de huerta. la corriente ignora la medida por la que fluirán sus aguas.

Cosecha de Amor - Joanna de Ângelis - Divaldo Pereira Franco.

Cuando cumplí catorce años, regresé a São Paulo con mi madre, donde consultamos a un famoso ortopedista, el Dr. Maurício, quien, en una delicada cirugía, me extirpó un menisco sano. Me sentí culpable por darles tantos problemas a mis padres, pero a cualquiera que no conociera mi batalla por la salud le resultaría difícil creer que en realidad tenía problemas de salud, ya que me veía saludable y siempre estaba sonriendo. Mi padre, tal vez por intuición espiritual, no quería que me operaran por miedo a que me dejaran cicatrices en la pierna, que una cicatriz la afeara, sin saber que más tarde me la cortarían por completo.

Después de la cirugía, nos quedamos en casa del tío Antonio unos veinte días, el hermano de mi madre. La casa era muy pequeña. Apenas les alcanzó. Una vez más mi intuición salió a la superficie: me di cuenta de lo que sentían mis tíos, la humillación de mi madre, verse obligada a quedarse en un lugar donde no era bienvenida. Aunque ayudó con los gastos, mi tío pensó que no era suficiente, su esposa estaba indignada por la situación, con las hijas irritadas por todo el revuelo, y yo percibía todo el drama debido a la sensibilidad que ya había desarrollado. Lo peor es que la situación añadió más ladrillos a mi sentimiento de culpa por toda esa pelea.

Siempre he sido una paciente dócil, aunque en el camino me he visto obligada a realizar reformas íntimas, limar asperezas, luchar por mi vida. Sufría de molestar a la gente y eso fue lo que más hice en mi vida, ya que hay que saber tolerar las enfermedades, haciendo la vida lo más fácil posible a quienes nos rodean, evitando ser intransigentes, aburridos, obstinados, como lo es la propia enfermedad. Ya es mucho trabajo, cansa a todos y si el paciente no ayuda, la situación se complica. Creo que sería muy útil un manual para pacientes y visitantes, porque cuántas veces, a lo largo de las enfermedades que me afectaron, escuché tonterías de las personas que me visitaron.

Finalmente llegó la ansiada alta médica. Regresé a casa con la pierna enyesada y me sometí a un tratamiento lento y difícil, ya que en aquella época todavía no existía la fisioterapia. Mi madre, con mucho cuidado, hizo ejercicios para que mi pierna volviera a la normalidad, lo que le llevó unos tres meses. Hoy, con el conocimiento de hechos de vidas pasadas, entiendo que me estaban preparando para los reveses de la existencia actual. Ciertamente la preparación espiritual que tuve me ayudó a aceptar el sufrimiento sin rebelarme. Mis sentimientos; sin embargo, eran muy encontrados. Realmente no quería ser parte de un mundo con tanta desigualdad social y le pregunté a Dios por qué permitía tanta injusticia.

En ese momento, mi padre había terminado de instalar la red eléctrica en Goiânia y la empresa quería que regresara a São Paulo. Tenía una reunión familiar y ninguno de nosotros quería volver. El gobernador, que en ese momento era su amigo, le ofreció la construcción de cordones en las calles, lo que aceptó de buena gana. Aquí instaló la primera fábrica de artefactos de cemento, Goiarte. Era su orgullo y el de mi madre. Dejar Goiânia, que fue la etapa de mi existencia, no formaba parte de mi proyecto de vida. A veces pienso qué hubiera pasado si hubiera sabido entonces todo lo que sé hoy: desastre total, sin rehabilitación. Como no tenía con quién compartir mis sentimientos - nadie me entendió, pensé -, comencé a escribir en un diario, con letra insegura de adolescente, textos que muestran claramente mis miedos, angustias, premoniciones y regresos al pasado. Si no lo hubiera visto y guardado, no me hubiera sido posible dar un ejemplo de la reencarnación, de cómo llegué a este planeta.

Sin saber lo que me esperaba si dejaba este mundo a través del suicidio, estaba segura que el otro lado de la vida era mejor que este, pero en el fondo, en el subconsciente sentía miedo de quitarme la vida, ahora pienso que el inconsciente me advirtió del sufrimiento que me esperaba. Aun así, en mis pensamientos inventaba tramas, escribía cartas de despedida, atormentada por la idea de un suicidio que nunca intenté cometer, amparada por la fe y la oración. A pesar de la fe inquebrantable en Jesús, las dudas y conceptos rígidos que se pusieron en mi cabeza crearon un abismo en nuestras conciencias. Solo había tres opciones: el cielo, el infierno y el purgatorio. El infierno era un lugar del que nadie salía si cometía un pecado mortal. Eran conceptos muy rigurosos que debían llevar los jóvenes de la época, pero eso no significó que dejaran de salir, besarse e incluso quedar embarazadas, todo muy camuflado. La causa de los pecados era la misma: la atracción de los sexos.

Nunca fui muy estudiosa, siempre estuve al final de la clase. Rosa, una amiga de aquella época que aun hoy conservo, era muy diferente a mí. Siempre me llevé mejor con ella que con mi hermana. Éramos iguales en nuestras diferencias. Realmente no creía en Dios, le encantaba bailar, saltar a los carnavales, tener citas, y cuando pensaba que no le había ido bien en un examen, salía de la habitación llorando. Me pareció hermosa esa actitud, traté de llorar, de preocuparme, pero no podía y por eso me frustré mucho. Yo insistí en que ella fuera a misa, se confesara, amara a Jesús como yo, pero vamos, ella se calló y solo años después, después de mucho sufrimiento, encontró el camino hacia la Doctrina Espírita.

Seguí pensando en ir al convento, pero las monjas, al notar mis dudas e incertidumbres, iban postergando mis proyectos. Cuando entré en depresión - que sucedía todos los meses durante el síndrome premenstrual -, del cual no éramos conscientes, entonces sí, tenía muchas ganas de morir, no quería esta vida, estaba segura que había un lugar mejor que este mundo. La palabra Espiritismo estaba prohibida en nuestra casa, yo ni siquiera sospechaba su existencia, aunque ya había oído hablar de la Carpa del Camino, hoy Irradiación Espírita Cristiana, que pensaba que era un lugar para locos y nada más.

No me siento vieja, pero en sesenta años veo cuánto ha cambiado el mundo, cuántas cosas han sucedido y cambiado para mejor, creo. No veo que no hayamos mejorado, ya que el progreso es inherente al ser humano. Por muy calamitoso que sea este mundo, siempre marchamos hacia algo mejor, eso me enseñó mi padre, que no era espiritista y murió convencido que las personas de hoy son mejores que las del pasado, convicción que yo también abracé y que generó mucha controversia entre amigos que creían que todo estaba perdido. ¡Qué incoherente por mi parte! Quería morir no porque pensara que la gente fuera mala, sino por una idea fija e incluso en los momentos más felices de mi vida, deseaba no estar viva. Repito esta fijación mía para que yo misma pueda ser feliz de estar vivo y de haber alejado con grandes esfuerzos y luchas la loca idea del suicidio, que conduce a lugares terribles, jamás imaginados por los encarnados.

Para demostrar la certeza de mis vidas anteriores en el plano espiritual y encarnada, transcribo ahora algunos extractos de mis dos cuadernos, escritos a los diecisiete años, en el año en que mi alma atormentada iba a encontrar a Luiz - Alfredo. Lo comencé de la siguiente manera:

Jesús, por tu gracia dame:

Humildad de corazón

Un buen confesor espiritual

No ser orgullosa

Tu bendición

XXVII. RECUERDOS

La gota de agua es insignificante; sin embargo, con el tiempo, va trazando un camino a través del duro cuerpo de la piedra.

Caridad - Espíritus Diversos - Francisco Cândido Xavier.

Empecé a escribir en marzo de 1959. Mi angustia se intensificó cada vez más hasta que el 31 de agosto del mismo año tuvo lugar nuestro encuentro. Estuve un poco perdida durante cinco meses, sin saber lo que quería y no creo que destruí estos escritos para probar la veracidad de los hechos que siguieron. Nunca me cansé de rogarle a Jesús que me enviara alguien que me guiara, pero fue en el plano espiritual que mi camino y mis decisiones recaerían exclusivamente en mi libre albedrío.

Goiânia, 4 de marzo de 1959 – miércoles.

Jesús,

Vengo a iniciar nuevamente mis conversaciones contigo. Sabes lo difícil que fue para mí no venir de vez en cuando a decirte lo que siento.

Pero de vez en cuando no podemos escapar, es ley natural de las obras de Dios. Pero desde donde estás se ve que no me he olvidado ni un minuto.

Y como apertura de este nuevo diario quiero dejarles todos mis pensamientos y escritos. Quiero que mis pensamientos vuelvan a ti todas las noches.

Cuando en días de tribulación y tristeza vengo aquí a llorar mis penas, consuélame, Jesús, llena de alegría mi corazón amargo.

Como las palomas regresan al palomar, yo volví a mi Jesús.

Goiânia, 7 de marzo de 1959 - sábado

¿Por qué no ser como otras chicas? ¿Por qué vivir tan diferente a los miles y miles de jóvenes que habitan el Universo?

Se puede muy bien vivir con Jesús en el mundo. Todavía me pregunto ¿tienen razón ellos o yo? Cada uno tiene su propia opinión sobre este asunto. No me siento mal, porque crecí así y no es ahora que tenga diecisiete años que voy a cambiar. Veamos qué pienso sobre el matrimonio, los conventos y las solteras en el mundo.

Matrimonio: tener a un niño pequeño en el regazo, velar por su sueño, guiarlo en sus primeros años escolares, ayudarlo a superar las dificultades de la vida, conducirlo a elegir el camino del bien y ayudarlo a elegir su vocación en la vida.

Ahora me pregunto... ¿y luego? Entonces, bueno, te ayudaré a criar a mis nietos. ¿Y luego? Espero que la muerte venga a buscarme. ¿Sentir placer o no en este contexto? Sí, hasta cierto punto me gustó, porque me encantan los niños, pero ¡¡¡ahhhhh!!! No lo sé, esta vida es tan vacía, pero no lo sé, tal vez Dios me quiera para matrimonio, Él decidirá, solo expresé mi punto de vista.

Convento: el mundo está en contra de esta vocación y a decir verdad no sé por qué. El mundo juzga que quienquiera que sigue este camino porque es una perdedora en la vida, que generalmente ha tenido un desamor. Pero ahora déjame darte mi opinión. La niña que ingresa al convento comienza a vivir de verdad. Deja este mundo, donde Jesús fue asesinado y crucificado, deja un mundo para un hombre que no vive en la riqueza y el lujo, que no viaja en trenes ni en aviones. Vivió en la pobreza y la miseria, caminaba apoyado en un bastón. El hombre que la muchacha deja el mundo para tomar por marido no es un hombre mortal, es inmortal, y exige de su amada el máximo de su amor, ama a su elegida de manera especial, afectuosa, no por amor carnal, sino por amor espiritual. Cuanto más sufre con resignación Su esposa, más le habla, se inclina y dice palabras que ningún mortal pronuncia al oído de su elegida, Su amor es infinito así como Él es infinito; luego, ya vieja y cansada de difundir todo lo que Jesús le enseñó y de servirle hasta la hora de su muerte, espera el momento para ir al encuentro de Aquel que eligió como marido. Esta niña también tuvo hijos, pero hijos espirituales, y el día que lo encuentre, los santos y ángeles del cielo se regocijarán de alegría y la celebrarán. Esta es mi opinión. Quien lo lea debe juzgar según su punto de vista.

La mujer soltera del mundo: Los terrícolas las llaman solteronas, pero en el fondo no lo son, solo son chicas que tenían el ideal de casarse, pero el destino determinó algo más, también hacen bien a la sociedad: yo les rendo homenaje, especialmente a las que permanecieron en el mundo sin manchar su virginidad. Quizás algún día esté entre ellas y espero, de ser así, hacer el bien a la sociedad. Ahí está mi opinión. Qué Dios juzgue al autor.

Me parece hoy que quería convencerme que casarme no era lo mejor para mí, ir al convento o quedarme soltera era mejor. Sin saberlo, intuí que se acercaba el día.

Goiânia, 9 de marzo de 1959 - lunes

En este hermoso día quiero decirte una sola cosa: Te amo y te adoro, Jesús, tuyo es mi corazón, Jesús mío adorado, tuyo soy enteramente.

Goiânia, 13 de marzo de 1959 – viernes

Jesús, hoy lanzo un grito desgarrador. Ayúdame, no me dejes en la desesperación en la que me encuentro.

Me gustaría saber si soy la única que tiene estas ideas en la cabeza.

Oh Jesús, en ti confío, estoy seguro que mi grito no resonará en vano por el infinito.

El suicidio estaba presente en mis pensamientos.

Goiânia, 14 de marzo de 1959 - sábado

No quiero que Jazer tenga un trabajo maravilloso, pero quería presentarle al mundo cómo defenderse de las trampas del diablo. No sé cómo deshacerme de ellos, pero con un soplo divino sabría plasmarlos en el papel, lo siento, sí, residentes del cielo, solo fue mi imaginación.

Parece que, después de cuarenta y cuatro años, en sociedad con Francisco, que es un soplo divino, tengo que hacer lo que quise en ese momento.

Goiânia, 2 de abril de 1959 - jueves

Querido Jesús, te lo ruego con todas las fuerzas de mi corazón, ayúdame y te pido por todo el dolor y sufrimiento que he pasado, respóndeme: ¿cuál es mi vocación? Las estrellas, la Luna, las flores, las estrellas, todos saben qué hacer, yo Jesús, angustiada, no sé qué hacer.

Deseo tanto que Jesús entregue mi corazón a alguien que no sea Él. Te pido, Jesús: ayúdame a conocer mi vocación: ¿qué quieres de mí?

La angustia fue mi compañera, en realidad me pregunté qué había venido a hacer en este mundo. No quería estar aquí.

Goiânia, 3 de abril de 1959 - viernes

Jesús, cuando volví de comulgar esta tarde, estaba pensando. Mucho tiempo. Tomé una decisión. No me volveré inútil como algunas niñas, sino que seré una niña alegre y feliz, créeme Jesús, si tengo la oportunidad hasta conseguiré novio, pero esto no significa que seré infiel a Tu llamado, comulgaré todos los días, viviré para Jesús, pero también me divertiré. Esta fue la decisión que tomé.

La espiritualidad empezó a marcar la sintonía ideal para mi cambio de vida. El 12 de abril cumplí diecisiete años, pero no registré esta fecha, no me gustaba cumplir años.

Goiânia, 17 de abril de 1959 – viernes

Jesús, mis pensamientos hoy están vagando como nunca antes los había visto, volaron a otros lugares, a un lugar tranquilo y calmado, donde los pensamientos se unen para formar uno solo, y ¿dónde está este lugar maravilloso? No lo sé, solo digo que ahí es donde estaban mis pensamientos.[2]

Goiânia, 28 de abril de 1959 - miércoles

El sufrimiento.

¿Qué es, Jesús, el sufrimiento? ¿Por qué sufrimos tanto en este mundo? No creo que debamos prescindir de él, porque la vida se compone de sufrimiento y alegría, pero debería haber una manera de aliviarlo, el sufrimiento nos deja atónitos. Dios, sé que si hubiera otra manera de vivir la vida, seguramente nos habrías enseñado.

Oh Dios, en la inmensa bondad de tu corazón, míranos a nosotros, pobres pecadores, que sufrimos en la Tierra del Exilio y, en tu infinita bondad, ten compasión y perdónanos.

Saqué de mi equipaje las enseñanzas aprendidas en el mundo espiritual y realmente me apoyé en la oración y en Cristo para superar esos momentos difíciles que precedieron al reencuentro para ajustar cuentas entre Alfredo y yo.

Goiânia, 2 de mayo de 1959 - viernes

¿Por qué?

¿De qué está hecha la Tierra? La Tierra está formada por varias capas, ¿y dentro de ellas qué existe? Existe una raza imperfecta llamada hombres y están compuestos de carne, hueso, alma y dotados de bajeza, mezquindad, venganza y falsedad. Somos falsos, Jesús, y no nos

---

[2] Debo haber sido llevada al plano espiritual.

corregimos, ¿por qué? Respóndeme, Jesús, ¿por qué el género humano está tan desprovisto de buenos dones?

Mi aprendizaje de los últimos quinientos años en el plano espiritual estaba saliendo a la superficie, parecía estar convencido de lo que pensaba, ya que había hecho todo lo que describía en otras vidas y quería no volver a cometer los mismos errores.

XXVIII. CAMBIO DE PLANES

Cuando Jesús encuentra santuario en el corazón de un hombre, cambia su rumbo por completo.

Fuente Viva - Emmanuel - Francisco Cândido Xavier.

Goiânia., 3 de mayo de 1959

Hoy, no sé por qué, me levanté muy triste, pero Jesús, Señor que estás ahí, debes saberlo, consuélame, ¿sí, querido Jesús? ¿Sabes con qué comparo el mundo? Pienso que el mundo es pequeño, cabe dentro de un azulejo y que Señor, ángeles y santos, vigilan cada uno de nuestros pasos y pensamientos.

De hecho, los espíritus influyen, más de lo que imaginamos, en nuestros pensamientos, bagaje espiritual que define la vida. Estas observaciones muestran cómo mi espíritu estaba lleno de conflictos y no encontraba con quién intercambiar ideas. Si hablara de todo lo que grabé, parecería desequilibrada, pero mi viaje hacia la espiritualidad estuvo presente en mis escritos.

Faltando dos meses para la reanudación de mis peleas con Luiz, un acontecimiento cambió radicalmente mis aspiraciones de ser monja. Mi hermana Amélia, que nunca había mostrado vocación religiosa, decidió de un momento a otro ir a un convento. Nadie entendió qué llevó a Amélia a ir al convento, se suponía que iba en diciembre de ese año y, de repente, todos los planes cambiaron. En contra de los deseos de mi madre, ella se hizo monja.

Solo años después me di cuenta de uno de los motivos que llevaron a Amélia a adoptar el hábito.

Una misma persona puede ser vista desde diferentes ángulos por dos o más personas y ninguna es totalmente buena o totalmente mala, depende exclusivamente del ángulo desde el que se le mire. Para mí, mi madre era una persona perfecta, mi hermana, aunque quisiera, podía verla de la misma manera que yo la veía, quien en el sentido de ayudarla la comparaba conmigo: "Augusta es alegre, comunicativa. ¡Por qué no te gusta ella!" Yo tenía las mejores intenciones, pero mi hermana creaba complejos, sobre todo conmigo, porque por mucho que lo intentara no lograría ser como yo, porque cada uno trae su propio equipaje, sus propios compromisos, influyó en Amélia para querer dejar el mundo, ir al convento.

Hoy dice que fue una gran experiencia. No tenía vocación, pero hubo un gran aprendizaje y la espiritualidad contribuyó a que pudiera elegir libremente mi camino. Esto es lo que escribí sobre su partida.

Goiânia, 7 de mayo de 1959 - viernes

Amélia salió hoy entre las ocho y ocho y cuarto del aeropuerto internacional de Goiânia, acompañada por la Madre Purificación, para el noviciado. Que se fue es verdad, pero que se queda, es una tontería.

Amélia permaneció en el convento trece años. Se fue, se casó, fue directora de escuela y tiene dos hermosas hijas, Tati y Nana. Si le pregunto si todavía cree en Dios, cambia de tema y aunque no sé su respuesta, me lo imagino.

Con la partida de Amélia, definitivamente perdí el coraje de dejar a mis padres. Todavía tenía dudas sobre mi verdadera vocación, pero tendría que hacer uso del libre albedrío, sin conocer su existencia. La duda, repito nuevamente, era mi compañera favorita, no sabía muy bien qué hacer con mi vida, quería esconderme, escapar de lo que me esperaba el futuro y sentía un gran deseo de morir o quitarme la vida. Los temores me perseguían implacablemente, especialmente el de suicidarme, por eso me aferraba a la oración y a la comunión en la iglesia.

A partir de ahora, cada pasaje escrito me acercaba cada vez más al día de mi reencuentro con Luiz – Alfredo -, que cambiaría por completo el rumbo de mi vida. También fue digno de mención mi encuentro con Jesús, en el Sermón de la Montaña.

Goiânia, 17 de mayo de 1959 - domingo

Jesús, quería escucharte.

Cierro los ojos y mi espíritu vuela a través de los siglos para encontrarte hablando a la multitud.

¡Sermón de la Montaña!

Esto me impresionó singularmente. Estoy entre la gente y escucho Tu melodiosa voz.

No leímos la Biblia ni ningún otro libro religioso, pero quedé encantada con lo poco que escuché sobre el Sermón de la Montaña. Este fue el único pasaje de Jesús en la Tierra que registré.

Goiânia, 21 de mayo de 1959 - jueves

Buenos deseos

Jesús, ayúdame a descubrir el camino que debo seguir.

Goiânia, 27 de mayo de 1959 - jueves

Sé que no valgo nada, soy polvo y barro. No hago nada para avanzar en mi vida espiritual, lo sé, pero sigo estando quieta.

Se acercaba el mes de agosto y mi angustia aumentaba.

Goiânia, 31 de mayo de 1959 - domingo

Finales de mayo

Necesito mucha ayuda, Jesús, tú sabes mejor que nadie en qué estado me encuentro. Empecé a comprender este dolor profundo que siento en el pecho. Duele tanto, Jesús, que solo un profundo y largo suspiro puede aliviar mi dolor. Estoy lista para lo que Dios quiera. Le prometí a Jesús que aceptaría cualquier cosa que viniera de Él, así que... estoy lista para la pelea.

Mi mente estaba cada vez más perturbada y no tenía con quién compartir mi angustia. Que turbulentos fueron los años de mi juventud que pasaron desapercibidos por mi temperamento alegre, pero por dentro seguía sin querer vivir, aun con toda la preparación espiritual que había tenido y en desequilibrio me aferraba a Jesús como salvavidas, sabiendo intuitivamente, que Él me ayudaría.

Goiânia, 3 de junio de 1959 - miércoles

¿Hasta cuándo esta duda?

Jesús, oro, pido, ruego, y hasta el día de hoy no sé qué debo hacer con mi vida, esta duda me mata el alma y el corazón. Jesús, ¿por qué permaneces sordo a mi petición?

Mi corazón está seco, no tengo fuerzas para nada más. No entiendo el idioma del mundo, ¿hablan griego o chino? ¿Qué pensamientos tienen los jóvenes de hoy? Hablan de rock, de tantas cosas que nunca entiendo.

¡El mundo! Si la vida consiste en vivirla, prefiero no vivir. Fue un llamamiento angustiado que te hice, Jesús, vivo como si estuviera en un mar oscuro, donde no veo salida a mi mal. ¿Habrá salida, Jesús? ¿Descubriré alguna vez cuál es mi vocación? Me gustas tanto Señor que me resulta imposible entregar mi corazón a nadie más que a mi querido y adorado Jesús.

Cada día se acercaba más mi reencuentro con Luiz – Alfredo -, y cuanto más me angustiaba, tenía horribles premoniciones.

Goiânia, 7 de junio de 1959 - domingo

Título retrasado

Hoy no salí de casa a caminar, solo fui a misa y a la reunión de Sor Antoinette a las dos. No es que no tuviera a donde ir, me invitaron a ir al DCE - club de estudiantes -, pero no fui, por la noche fui al cine, no me apetecía, estoy loca estos días, lo reconozco y me cruzo de brazos, siento que caigo al abismo del mundo, sé que estoy huyendo de algo que quiero y deseo. ¡Quiero y tengo miedo! Extraño es el sentimiento que invade mi pecho, al mismo tiempo que anhelo y le pido a Dios algo que no sé, huyo y me lanzo al abismo.

Cuando transcribo estas palabras, me doy cuenta de la gravedad del mundo espiritual y de cómo no pude escapar del compromiso asumido en la espiritualidad. Todo se encaminaba hacia el comienzo de mi rescate.

Goiânia, 8 de junio de 1959

Encontré la vida estoy feliz. ¡Feliz! ¡Encontré a Jesús otra vez! ¡Estuve lejos de él por mucho tiempo!

Déjame gritar a todos mi alegría, mientras todavía puedo decir: "Jesús habita en mí, y yo en Él. Esta alegría que siento parece como un humo, que pronto desaparecerá, dejando solo las cenizas de la hoguera de un recuerdo. "

XXIX. PREMONICIÓN

Con el acto de mentir y dar algo, el alma siempre se extiende más allá.

Fuente Viva -Emmanuel- Francisco Cândido Xavier.

Goiânia, 9 de junio de 1959 - miércoles

¡¡La sonrisa!!

¡La sonrisa! Qué poder tan extraño e incomprensible tiene este acto sobre la Tierra, puede ser dulce y tierna, pero también cruel como la serpiente. Una sonrisa puede llevarnos al cielo cuando es dada con sinceridad y cariño, pero puede llevarnos al infierno cuando es criticada y ridiculizada.

Saber sonreír es un don que todos tienen, pero pocos saben aprovecharlo. Hace amistades sinceras y duraderas, pero también genera enemigos e ingratitud.

En definitiva, una sonrisa es la mejor oferta que podemos hacerle a alguien a quien amamos.

Mi intuición me decía que no encontraría en sueño a Luiz, y me escribí a mí misma, para nunca olvidarme de dormir ante la adversidad. Otro mes y medio y lo encontraría.

Goiânia, 10 de junio de 1959 - miércoles

¡Ve, cumple tu destino!

Jesús, ¿ves cómo no podemos desprendernos del mundo? Tan pronto como pensé que estaba libre de él, me encontré nuevamente en sus brazos. Me invitaron a ir al Directorio Central de Estudiantes del DCE, el día de San Valentín iré si nada lo impide, pero no estoy muy feliz, no sé por qué. Si le digo esto a alguien, pronto dirá que vivo cultivando esto, pero aquí puedo hablar, con todo el corazón. En este momento estoy influenciada, me muero por ir, trato de encontrar una compañía que me lleve, pero cuando lo pienso, pienso que es tan tonto, tan loco ir a un salón de baile, que me rindo y sentirme inútil en esta vida, daría la mitad del precio de mi vida por saber qué vine a hacer en este mundo.

Jesús, no dejo de pedir, sigo pidiendo hasta el día en que Señor te canses de escuchar la misma letanía y respondas: "Augusta, esta es tu vocación... ve, hazlo bien y no me molestes más."

¿Cuál es mi llamado, Jesús?

La vocación religiosa ya estaba fuera de mi alcance, pero seguí diciendo que en diciembre entraría al convento, pero sin convicción, de hecho siempre había sido así: la incertidumbre y la duda eran mi compañera.

Goiânia, 12 de junio de 1959 - viernes

Belleza de la vida

Pero qué tonta soy, Jesús, Señor me quieres, ¿no? No quiero casarme, Jesús, solo quiero adorarte y servirte.

Negativa a no aceptar el matrimonio.

Goiânia, 24 de junio de 1959 - miércoles

¿Qué hay detrás de este firmamento azul? Tan azul que nos arden los ojos al contemplarla, tan hermoso que todo nuestro ser siente una alegría inigualable y al mismo tiempo una tristeza inexplicable.

La vida es una lucha continua, en ella se hacen hombres buenos y malos, santos, felicidad o infelicidad.

Luchemos para poder recoger en el cielo los frutos que sembramos en la tierra.

Jesús, soy una niña, estoy en la flor de mi vida y aun así entiendo la vida mejor que muchas personas que conozco, me siento vieja en ciertos momentos, veo la vida como realmente es, medito demasiado sobre la vida.

Cualquier cosa que hago, dondequiera que esté, pienso, por qué es así, por qué no es diferente, por qué. F dijo esto, M está en conflicto, y es una tontería loca, accidentalmente analizo a las personas.

Intento no filosofar, pero es inútil, cuando me doy cuenta ya tengo mis preguntas y mis porqués íntimos.

¡Es realmente malo ver la vida tal como es!

Saqué mi equipaje espiritual de la maleta y quedé atónita por las premoniciones que tenía en mi interior. Un mes después de escribir el siguiente texto volví a encontrarme con Luiz/Alfredo.

Goiânia, 1 de julio de 1959 – miércoles

Si no tengo vocación de religiosa, seguiré siendo solterona. El matrimonio, si Dios no dice lo contrario, no me atrapará. ¿Casarse para ser esclava? ¿Vivir para siempre como un perro? No, Jesús, solo me casaré si Tú quieres, y sé que tal vez quieras, pero no creo que seas tan malo, Jesús, sé que eres bueno, y cuando se trata de nuestra elección de vida, somos libres, ¡no me pongas una trampa amorosa, Jesús! Déjame seguir lo que mi corazón pide, realmente quiero a Jesús y Él será el único que habitará mi alma.

Mis preguntas eran angustiosas: se acercaba el día 0 y yo intuía cada vez más su llegada y entonces aumentaban las ganas de suicidarme.

Goiânia, 11 de julio de 1959 - sábado

Hijo pródigo

Lucho, Jesús, peleas íntimas que no me dan respiro.

No puedo seguir así, tengo que ponerle fin a esto - suicidio.

¿Cuál será el día, amado Jesús, en que diré con firmeza: ésta es mi vocación?

Me fascinan las conexiones entre el mundo espiritual y la materia, y el título que viene ahora es una expresión de mi deseo de escribir cuando estaba en la Colonia de Escritores.

Goiânia, 20 de julio de 1959 - lunes

¡Quiero escribir!

¿Qué escribiré hoy? En la vida no pasa nada nuevo, siempre las mismas cosas, ¡qué vida más monótona, Dios mío!

Quiero escribir algo bueno, pero ¿qué? ¡Quiero escribir! Cosas hermosas que levantan los corazones, que dejan por un momento esta Tierra, empujándome hacia el mundo en el que escribí.

No sé si me expresé bien, pero lo que intento decir es simple: quiero decir que quiero escribir algo que supere todo lo que he escrito hasta ahora, pero no puedo hacerlo. Voy a escribir sobre algo que odio.

Soledad

Un toque de melancolía invade nuestra alma y no podemos hacer nada, nos sentimos incapaces de dar un paso para mejorar nuestra situación, esta melancolía la sentimos generalmente cuando no tenemos nada que hacer. ¡Qué estado tan horrible es este! Le tengo verdadero horror y, la mayor parte del tiempo, me encuentro sola, la imaginación, cuando no tiene nada de qué ocuparse, se deja llevar a un mundo ficticio donde todo está permitido y nada es pecado. En este mundo ilusorio vivimos en una atmósfera irreal, qué tristes e impotentes nos sentimos cuando no tenemos nada que hacer, y la infelicidad, la inutilidad que viene tocando a la puerta de nuestro corazón, y nos alegramos con estas visitas, y nos abre las puertas y ventanas de nuestro ser. Entonces estas figuras se apoderan de nosotros y la imaginación, como una perfecta ama de casa, las coloca cómodamente en cada lugar y comienza el trabajo que, poco a poco, nos lleva a otros lugares. Lo digo por experiencia, nada es más desastroso para mí que estar sola y sin nada que hacer. Lo que me distrae un poco es escribir aquí, si no fuera por esto no sé qué haría.

Me sorprendí cuando leí estas páginas del diario: la soledad, el amor, el adiós, tienen todo que ver con mi vida. El adiós lo escribí el día que conocí a Luiz. Hoy sé que no fue casualidad, me despedí de un contexto de vida para empezar otra. El presentimiento se haría realidad, pero yo desconocía la existencia del fenómeno que me angustiaba. Nunca me pregunté más sobre mi vocación o qué había venido a hacer en este mundo.

Goiânia, 28 de julio de 1959 - viernes

El amor

Se acerca la última página de este diario, un amigo, un confidente sincero y silencioso. Escribiré sobre el amor.

¿Que es el amor? Mi definición es la siguiente: una fuerte simpatía por ambos sexos. Como no tenían otra palabra que pudiera expresar literalmente esta extraña sensación que, como dije, es un sentimiento muy fuerte, lo llamaron amor, fíjate, dije amor y no pasión, que es otra cuestión. El amor es ciego, hermoso y lleno de sueños, quien ama encuentra en la Tierra el paraíso, el amor nace a veces de la convivencia, pero también nace de un simple intercambio de miradas.

El amor lo es todo y nada, es una ilusión pasajera, pero tan buena que la gente prefiere la ilusión de un momento a cambio de una infelicidad futura. Nadie tiene la culpa de amar, cuando menos lo esperamos se apodera de nuestro ser y somos incapaces de despedirlo. Quien ama es felicidad feliz, temporal, porque después del amor ilusorio viene la realidad. Por eso, cuando descubrimos que estamos enamorados, no nos entregamos en cuerpo y alma a este cupido caprichoso.

No seamos ciegos al amar, sino un amor que sopese los defectos y cualidades de la persona que amamos.

¿Tiene defectos? Sí, los habrá, pero ¿quién no los tiene en la Tierra? Intentemos con cuidado y paciencia aliviarlos un poco. Todo nos parece feliz, las estrellas parecen bajar del cielo para abrazarnos, la Luna parece más brillante, toda la Humanidad parece estar feliz, porque somos amorosos y creemos que todos sienten lo mismo que nosotros, todo es amar.

No amo, pero tengo la impresión que debe ser bueno amar.

El cambio se produjo lenta y gradualmente. La espiritualidad me proporcionó la terapia del Evangelio. De repente, cambié mi forma de escribir. Creo que al escribir sobre el amor era como si ya lo hubiera experimentado en esta vida, pero Luiz fue mi primer y único novio. Quería convencerme que sabría afrontar el amor que me estaba destinado. Comenzaría a utilizar mi equipaje espiritual a partir del 1 de agosto, en el cumplimiento de mis compromisos terrenales. Alexandre me ayudó mucho brindándome el apoyo que me prometió en espiritualidad y solo hoy me doy cuenta de la grandeza de su bondad hacia mí, intuyéndome que conservara estos escritos por tanto tiempo y preparándome para lo que tendría que afrontar en los años por venir. A continuación, transcribo mi último escrito.

Goiânia, 1 de agosto de 1959 – sábado

Adiós

¿Quién no ha experimentado la tristeza de tener que despedirse de alguien? Creo que todo el mundo ha pasado por esto: adiós.

A nadie le gusta esta palabra, todos le temen, cinco minúsculas, pero trae tanto sufrimiento a los corazones felices, es el punto final de una amistad sincera, es la hiel amarga en los corazones enamorados, las amistades se detienen ante esta palabra, el amor posee un miedo enorme. Un sollozo profundo, un apretón de manos, un movimiento de pañuelos y no queda nada del ser amado. Todo lo olvidamos con el tiempo, la fisonomía, la dulzura de la voz, los gestos... Pero no olvidamos el día de la despedida, el día del adiós. Adiós, ¿por qué martirizas a todas las personas? ¿Por qué existe? Está formado por cuatro letras del ser más perfecto, Dios, y no se parece en nada a Él. No me digas adiós, oh, bondadoso Padre.

En el reverso de la hoja está escrito: Ésta es la fecha de mi relación con Luiz.

¿Cómo ocurrió nuestro reencuentro?

XXX. AMORÍO

Es probable que otros te hagan la guerra gratis, antagonizando tu forma de vida; sin embargo, podrás avanzar en tu itinerario sin pelear con nadie.

Fuente Viva - Emmanuel - Francisco Cândido Xavier.

Mi madre siempre lloraba porque mi hermana iba al convento. Ya casado, mi hermano José me invitó a ir con él y su esposa a un baile en el SESI de Campinas, un barrio de Goiânia. Decidí que encontraría novio en ese baile. Por primera vez, estaba lista para experimentar cómo era tener una cita. Había llegado el momento de ejercer el libre albedrío, de asumir el compromiso asumido en el mundo más amplio, que hablaba fuerte dentro de mí. Vi las citas como una forma de sofocar mi angustia y mis pensamientos suicidas. Quería sentir la otra cara de la vida antes de ir al convento, ya que la duda sobre mi vocación seguía atormentándome. En mi subconsciente sabía que no sería monja, de lo contrario habría hecho como mi hermana Amélia, habría puesto pie firme y habría ido al convento.

Ahora, conociendo el compromiso espiritual que me unía a Luiz, recuerdo cómo tuvo lugar nuestro primer encuentro aquí en la Tierra.

Me preparé con esmero, algo que no era propio de mí, y nos fuimos en autobús. La orquesta tocó un bolero. Nadie me invitó a bailar. Al sentarme, noté que un joven delgado, alto y bien arreglado me miraba. Por primera vez en mi vida coqueteé, cara a cara, y él, tímido, me invitó a bailar. Nuestra reunión quedó sellada. Empezamos a bailar, me pareció que ya lo conocía. Sin esperar a que hablara le pregunté si era católico, dijo que iba a misa todos los domingos, sí, era católico. En ese momento comencé a salir con él, no vi nada más del baile, él solo existía para mí, me invadió el amor a primera vista. Hubo un reencuentro entre dos almas endeudadas.

Cuando terminó el baile, me acompañó hasta la parada del autobús y lo invité a mi casa al final de la semana. Después descubrí amigos que lo conocían y la información sobre él era buena: honesto y trabajador, ya socio de una firma.

No esperé a que me pidiera salir con él, le pedí que saliera conmigo con mis acciones.

Nunca más pensé en ser monja ni cuestioné mi vocación. Dejé de salir después de tres meses. Mis amigas y sus madres decían que él no era joven para mí, que yo era demasiado bonita para él. Mis padres, en cambio, nunca tuvieron la menor objeción al noviazgo: vinieron preparados espiritualmente para garantizar esta unión, pero yo me dejé influenciar por mis compañeras y terminamos con la excusa que iba a hacer Medicina y tenía que estudiar mucho.

Se acabó y me enamoré más, no podía sacármelo de la cabeza, vivía tristemente en los rincones. Mi amiga Rosa acudió en mi ayuda, invitándolo a una fiesta, donde retomamos nuestra relación. Después me dijo que solo quería vengarse de mí, pero luego no tuvo el valor de terminar la relación que duró tres años hasta que nos casamos.

Rosa nos acompañaba a todas partes, ya que mi madre no nos dejaba salir solos. Fuimos juntos hasta la misa. Los reveses de la vida fortalecieron aun más mi amistad con Rosa.

Como no sabía tener citas, todo era pecado en mi opinión como católica practicante.

Luis era muy reservado. Fue recién después de un año que le dejé tomar mi mano y el primer beso llegó después de dos años de noviazgo, hecho que me llevó al confesionario por temor a quemarme para siempre en los fuegos del infierno y quedar embarazada – pensaba que con solo besarme quedaría embarazada -. No sabía nada de la vida, como la mayoría de las jóvenes de esa época, me enfrentaba al tabú del sexo: era como si no existiera. Es una pena que algo tan sublime en la vida humana sea considerado sucio y pecaminoso. Sin embargo, algunas compañeras más avanzadas ya se besaban y me daban caricias íntimas, lo que aprendí de ellos y que me impactó. Las consideraba inútiles y frívolas. La verdad era casi intolerable, tenía prejuicios y Luiz no me ayudaba, ya que no me hablaba del tema y Rosa sabía tanto como yo.

Empecé a salir por algo que es innato en el ser humano: el instinto y también el miedo de no entrar al cielo, porque mi cuerpo quería cosas que nadie me explicaba.

Ya comprometida, le confió a Luiz, entre besos, el deseo de probar algo que no sabía qué era. No decía una palabra, no daba ninguna explicación, siempre callado y en silencio. Como hablaba mucho, no noté su silencio y no me molestó el hecho que solo dijera que me amaba cuando se lo pedí.

Amaba locamente a Luiz, me lancé de cabeza en ese amor. Quienes me conocieron en ese momento comentaron que era un amor que me daría envidia. Mi amor cubría lo que había que ocultar, incluidas nuestras diferencias, para que no hubiera obstáculo para nuestra unión. La angustia me había dado un respiro.

Una mirada de Luiz me llevó a las alturas del paraíso, lo que me importaba era que lo amaba y el mundo me parecía colorido, mi primer y gran amor terrenal que me regalaba sensaciones antes desconocidas. Si hoy me preguntas cómo era Luiz cuando éramos novios y comprometidos, te diré que sigue siendo como estaba cuando nos conocimos y ya han pasado 42 años de vida juntos en los que yo no recibí lo que él no tenía que recibir, ya que reencarnó sin muchos conocimientos espirituales y tuvo una infancia pobre, sus padres lucharon con gran dificultad y no tuvieron tiempo ni preparación para demostrar amor.

Rosa compartió conmigo momentos de alegría e incertidumbre, pero era más racional y ya empezaba a salir con Frederico su futuro marido. A continuación, revelo lo que le escribí.

Goiânia, 5 de abril de 1961

Para ti mi amiga Rosa

Hoy es domingo, son exactamente las once de la noche. No tenía ganas de escribir hoy aquí, pero llegó la inspiración y el remedio... es aceptar.

Sí amiga, te dedico esta página.

Estás inquieta, temerosa, angustiada, la cabeza te da vueltas.

Desconfías de todos, crees que te engañan, eres escéptico, no crees en nada.

Estamos hechos por Dios y para Dios. Hasta que no sientas verdadera fe no serás feliz ni tendrás tranquilidad.

Tu insatisfacción con todo y con todos se debe a que vives en la Tierra sin fin. Vuélvete un poco más piadosa, encuentra más a menudo a Jesús y encontrarás la paz que tanto necesitas. ¿No crees en nada? Esfuérzate y creerás, busca más la religión, sin ella no somos nada, sé piadosa, recibe a Jesús en tu corazón. Soy tu amiga en todo momento, nunca olvides esto, para mí eres mi querida hermana, recuerda, confiando en Jesús saldrás victoriosa de la vida.

Al escribir estas palabras todavía no entendía que nuestras vidas estaban entrelazadas. Y solo cuarenta años después, después de un trágico accidente con uno de sus hijos, recurrió a la Doctrina Espírita, en la que encontró consuelo.

XXXI. LUCHANDO CONTRA EL DOLOR

No es aceptable que alguien entregue su espíritu a la dirección de Cristo y su vestimenta corporal a los adversarios de la luz divina.

Viña de Luz - Emmanuel - Francisco Cândido Xavier.

Mi relación continuó. Nada me impidió ser feliz. Ya no pensé en el suicidio. Sin embargo, como mi karma se había prolongado desde mi nacimiento problemático, mi rodilla operada comenzó a dolerme nuevamente.

Estaba tan feliz que escondí el dolor lo más posible, solo sucumbiendo cuando no había otra manera, siempre pensé que mientras pudiera soportarlo lucharía contra ese dolor, no dejaría que me dominara. Era como si estuviera compitiendo, sin saber contra qué estaba compitiendo. Cuando me enteré, mi madre me llevó con un especialista que me recomendó aplicarme cortisona en la rodilla mediante inyecciones. Luiz solo se enteró del caso de manera superficial. En ese momento se hizo más pronunciada la impresión que sentía un dolor que no era dolor. Hoy sé que no fue imaginación, fue un reflejo de mi espíritu dañado.

Con las inyecciones comencé a sentir un dolor terrible, ahora un dolor real, cada vez más intenso, pero no me desanimé. Tuve que luchar contra el dolor, ser más fuerte que él, superarlo, así que seguí estudiando normal, enseñando y saliendo hasta que, un domingo por la tarde, el dolor me venció: con la rodilla hinchada y fiebre alta, me desplomé. Para mayor desgracia, la jeringuilla utilizada para aplicar las inyecciones no había sido esterilizado adecuadamente - entonces no había jeringa desechable - y una infección grave se extendió a mi rodilla, lo que me llevó a ser hospitalizada en el Hospital Santa Luzia - que ya no existe. Estaba delirando por una fiebre alta y el médico quiso llamar a un psiquiatra, diciendo que el dolor era psicológico, un estigma que cargué durante casi toda mi existencia. Los médicos no me creyeron, no pudieron diagnosticar el dolor crónico que sentía, por lo que atribuyeron la condición a causas psicológicas que ni siquiera ellos podían definir. Con el avance de la psicología, hoy es un hecho bien conocido que el entonces misterio psicológico se llama somatización; es decir, el cuerpo en realidad se enferma por causas emocionales, el estrés. Cuantas personas pasan por una situación similar sin conocer las causas reales de sus enfermedades. En mi caso concreto, ya había reencarnado con un cuerpo físico comprometido, por lo que no puedo culpar a los profesionales que atendieron a una mujer suicida durante tres encarnaciones consecutivas. Ellos nunca lo entenderían y yo tampoco imaginé que este sería el caso.

El sentimiento de culpa por estar enferma empezó a hacerse más fuerte. Mis padres, siempre serviciales, llegaron a la conclusión que la mejor opción sería regresar a São Paulo para continuar el tratamiento con el médico que me operó, el Dr. Maurício. Desde el aeropuerto fui directamente al hospital en ambulancia. Permanecí hospitalizada durante veinte días para que me extrajeran el líquido infectado de la rodilla. Sentí un dolor insoportable cuando me realizaron la punción, ya que la anestesia local no tuvo ningún efecto. ¡Dolor! Volviendo la vista al pasado, veo que él fue mi más fiel maestro y educador, del dolor físico y del alma. A veces el dolor del alma es peor que el dolor físico. No recuerdo si pensé en el suicidio en ese momento. Creo que tuve algunos años de respiro, absorta en la intensidad de mi amor por Luiz. Nunca me acostumbré al dolor y aunque estaba deprimida, pensé que mañana sería un día mejor. Sentí un aumento en mi capacidad para notar cosas que otros normalmente no notaban, era algo extraño - origen espiritual -, algo me susurró al oído, fue ese clic y listo, estaba dentro de la persona, por eso nunca tuve decepciones con las amistades, porque siempre supe hasta dónde llegar.

Era joven, pero una fuerza interior me decía que tendría que luchar por mi vida con determinación, aferrándome a Jesús, sin vacilar. Mi fe no había cambiado, el único camino a seguir era la duda.

En su manera silenciosa de decirme que me amaba, Luiz me visitó en São Paulo. Cuando regresé a Goiânia, una vez más enfrenté una larga recuperación, pasando cuarenta días con la pierna enyesada. Durante este período a Luiz se le permitía visitarme todos los días, cuando antes solo nos permitían vernos los miércoles, sábados y domingos.

A pesar de todo el amor que sentía, noté en Luiz un miedo enorme a casarse con una chica enferma, no era un simple miedo, era un verdadero temor. No hizo comentarios al respecto, principalmente porque no era alguien que hablara mucho, pero capté su miedo, mucho después confirmado por él. Su madre le dijo que debería casarse con una chica sana y que las que tenían las espinillas delgadas eran las menos sanas. Ironía del destino, o mejor dicho, cumpliendo parte de nuestros ajustes, tomé canela fina.

Las premoniciones sobre nuestra relación matrimonial quedaron guardadas en el cuaderno que comencé a escribir en abril de 1961 y me casé en diciembre de 1962.

Goiânia, 24 de abril de 1961

Sueño de verano

Sola, estaba temblando mucho. ¿Miedo? Un poco. El cielo se oscureció de repente. Un rayo atravesó el cielo. Santo Dios. Quería gritar, pero mi boca no se abría. Las lágrimas se negaron a caer. Di un paso y el paso no se dio. Temblé más, mucho más. De repente, en medio de mi angustia, sentí que una mano me sostenía y me ayudaba.

Intenté un paso. Lo logré. A tientas comencé a caminar, pero ¿a dónde me llevaban? La respuesta no llegó. Estaba lloviendo torrencialmente. Miré a mi alrededor. No vi a nadie, todo estaba oscuro. ¿Qué hacer? ¿A dónde ir? Vi una luz a lo lejos. ¿Luz? No puedo decirlo.

Una nueva esperanza se apoderó de mí. Caminé hacia la luz, con un susto enorme, vi que mis pies estaban en un abismo, claro como la luz del día. Un paso más y ahí estaría. Vi personas acostadas, pero no estaban muertas, levantaban los brazos para llamarme, sus rostros mostraban algo de desesperación que no podía traducir, aquí estaba un conocido... otro. Quieren que extienda la mano, sé que si doy un paso más me caeré, pero un instinto protector me paraliza, retrocedo un poco... la visión desaparece. Tengo miedo de volver a caminar. Siento de nuevo la mano amiga que me ayuda. Camino sin rumbo.

Aparece una nueva luz. Me detengo, atónita. Puse mi mano sobre mis ojos. Miro de nuevo. Ante mí aparece un oasis de felicidad: gente feliz y alegre, rostros tranquilos y serenos, no encuentro amigos, todos me son desconocidos. Cuando miro más lejos, esta visión desaparece.

¡Sola otra vez! La mano que considero amiga me anima a seguir adelante. Vuelvo a caminar sin rumbo, intentando alcanzar la luz que veo a lo lejos. Me pregunto: ¿Por qué todo esto? ¿Para qué? ¿Quieres decirme qué significan estas dos visiones? Fijo la mirada y veo que la luz se acerca. Me detengo y tiemblo. De la luz, de esta claridad divina, surge la respuesta a mis preguntas.

Desde el mismo punto de donde emana el foco de luz, veo dos caminos. Uno es amplio y luminoso, cubierto de flores, el otro es rocoso y difícil de caminar. No entiendo más que esto. De repente siento que estoy volando sobre ambos.

Miro los caminos con asombro. Al final del camino florido está el abismo que vi hace un rato, gente con rostros tristes y angustiados. Noto y veo la marca de desesperación en sus ojos. Gritan y se arrastran como reptiles, lo siento. En el camino pedregoso, al final, veo el oasis, gente feliz, con paz y tranquilidad, todo respira felicidad, están felices, siento la alegría.

Así es la vida, cada uno obtendrá la recompensa que se merece. Ay no, que mala suerte, la mano me suelta, porque creo que fue ella la que me hizo volar y empiezo a caer hacia el abismo. Puedo gritar:

- ¡Ayúdame, ayuda!

Y... ¡qué alivio! Me desperté. Lo siento, olvidé decir que fue un sueño o una pesadilla, real o imaginaria.

JELAF

Como católica practicante nunca había leído la Biblia. No sabía nada de las puertas anchas y estrechas, y lo que escribí fue una variación de ellas. La visión del valle de los suicidas o del Umbral y de las Colonias espirituales donde reinan la paz y la armonía: ¿real o imaginaria? Creo que realmente visité estos lugares.

XXXII. PERDÓN

Si has herido a alguien, busca el bálsamo que sanará las heridas de tu hermano, mientras estás en tu viaje con él en la Tierra.

Tocando el barco - Emmanuel -Francisco Cândido Xavier.

Goiânia, 16 de junio de 1961

De la mano

Debemos luchar por nuestro amor, por nuestra felicidad, no importa los contratiempos que surjan, la vida está llena de ellos... Allí en la tierra del amor no hay tristeza.

Ven querido, protégeme de las tormentas, necesito tu apoyo, estoy sola en medio del desierto, necesitas venir y ayudarme a encontrar el camino, solo tú puedes ayudarme. Oh, cariño, por favor ven y líbrame de esta incertidumbre.

¡Ven, sonriamos a la vida!

JELAF

Goiânia, 13 de julio de 1961 Indiferencia

¿Lo sabes, querido? Necesito hablar contigo. Tal vez duermes o escuchas la radio, no piensas en mí y; sin embargo, yo pienso en ti.

Quería decirte cuánto deseo ser amada, cuánto me harías feliz si me dijeras que me quieres. Pero tu orgullo es más fuerte que tu amor.

Tu desprecio por el romanticismo roza el indiferentismo y; sin embargo, te quiero, ciertamente no soy muy inteligente, porque inmediatamente entregué mi corazón a alguien que no lo quería. Sabes, pero no me importa, disfruto de todo el amor de mi juventud, si no soy correspondida, paciencia, me llevaré a la tumba la felicidad de haberte amado y haber tenido la capacidad de amar.

JELAF

En el mundo espiritual, Luiz me había dicho que dependía de mí lograr un mejor entendimiento entre nosotros. Puse en práctica lo que había prometido en espiritualidad, amando y entendiendo que él me amaba a su manera y que yo "me llevaría a la tumba la felicidad de haberte amado." Al reencarnarme estaba cumpliendo lo que me había propuesto. Pero, ¿sería siempre así? ¿Seguiría amándolo frente a las decepciones de la vida?

Goiânia, 18 de julio de 1961

Una letra al azar

Quiero dedicarte esta página, no para hacer de esta mi confesión de amor, sino para decirte sinceramente lo que soy.

Te amo, no digo lo contrario, nuestros caminos se cruzaron en el muelle de la vida, juntos llevamos nuestra tristeza y alegría. Nunca nos peleamos, tampoco hay motivo, soy romántica, tú eres realista, dices que tengo prisa y que voy a ir muy despacio, pero te olvidas de lo principal, qué es amor.

Lo que te dedico no es solo un amor carnal, es más que eso, es un amor puro y claro. Quizás no lo creas, ¡lo siento!

Los dos somos personas corrientes, con caras igualmente corrientes, basta que seas mía, solo yo y podamos vivir como siempre he vivido, no creo que lo diga por orgullo, pero la verdad es que el amor no alimenta a nadie, no soy nada romántica. Hasta el punto de creer esto, me conozco lo suficiente como para saber que estoy en contra de la teoría de "vivo bajo el puente." Haz de mi amor la meta material y espiritual que te ayudará a vencer en la vida.

Comprende mis sentimientos, acógeme en tu corazón y vive luchando por merecerlo, como yo lucho por merecer el tuyo.

Mira en mis ojos la sinceridad y el perdón por cualquier falta cometida, déjame ver en los tuyos el perdón por una falta. Perdona mis debilidades y compréndelas, como yo también perdonaré las tuyas. Convéncete que te quiero a ti, pero con un gusto diferente a las chicas que has conocido, trátame con cariño, porque necesito demasiado cariño. Te quiero por el bien que tienes y por lo que eres, porque fuiste hecho solo; ya te dije y repito que mi amor es diferente, puedes reírte y pensar lo contrario, pero te vuelvo a decir que mi amor es diferente. No te burles de mí por quererte como yo te quiero, porque aunque amo, sigo siendo mujer y más que eso: soy yo misma.

JELAF

¿Cómo podría saber que mi amor era diferente, como lo dije tres veces? Simplemente tuve un presentimiento, no sabía que era diferente, una intuición de otras vidas.

Goiânia, 15/08/1961

Un alma que se eleva, eleva al mundo (San Agustín)

La elevación está en el corazón, quien sabe perdonar camina con rectitud hacia la elevación de su alma. Jesús supo perdonar y logró algo que solo Él y nadie más supo lograr hasta hoy.

JELAF

Luego escribí sobre el perdón que, espiritualmente, fue el punto de partida de mi relación con Luiz.

Goiânia, 18/08/1961

Sin embargo, por encima de nosotros hay algo que nos sostiene y protege, esta vida es irónica, mordaz, tal vez soy yo quien no entiende la vida, o tal vez es la vida la que no me entiende.

Todos morimos un día, todo pasa. Pero lo mejor es que Él nos espera y nos asistirá, nos llevará a su paraíso y juntos caminaremos por siempre.

JELAF

Mi fase de terapia *gospel* que me preparó para el reencuentro con Luiz había pasado. Incluso parece ser otra persona la que escribe. Las fechas aquí no son cercanas, pues aquí solo registré las ideas que consideré importantes para mi propósito.

Goiânia, 20/08/1961

Amor... Amor... Amor...

¿Existe realmente esta palabra? No lo creo. Todo es solo una ilusión fugaz, una rápida chispa de felicidad. ¡Nada más! La comprensión, el afecto y la dedicación pueden construir una base más profunda que establecerá una amistad sólida. Puede que exista, sí, pero para mí nunca existirá.

¡Me gusta, pero no me encanta! No sé lo que hago, digo, lo que siento, solo sé una cosa, estoy triste, muy triste.

Cómo saber si no sería amado.

JELAF

Goiânia, 14/09/1961

Una hoja en el viento.

¿Sabes cuál es mi testamento? Dormir para olvidar, cuando dormimos olvidamos que vivimos y soñamos con lo que queremos. ¿A qué apunto? Es vago e incierto, aun no he definido qué es. Un vago deseo de

ser yo misma, un anhelo enorme de ser algo, pase lo que pase. Me pienso como hojas viejas que caen, estoy caída y el viento me lleva en el vendaval de la vida.

Estoy cansada, harta, no sé qué, quiero dormir, dormir para siempre.

JELAF

Pude ver claramente el porqué de mi relación con Luiz, y dormir era la idea de dejar esta vida, no quería vivir, mi intuición hablaba de algo relacionado con otras vidas, estaba angustiada porque no sé por qué me sentí tan perdida y sin el amor que tanto deseaba, pero Luiz actuó de una manera coherente con lo que me había dicho en el mundo espiritual.

Goiânia, 02/10/1961

El despertar de la realidad

Ante el sueño y la realidad no sé cuál elegir. ¡Sueño! Ojos abiertos o cerrados, no importa.

Soñar que nuestro futuro será un lecho de rosas, con pocas espinas. Que nuestro amor se elevará por encima de todo y que nada detendrá nuestra unión completa, que serás siempre el marido deseado, que me tratarás con amor y cariño, delicadeza y atención. Que nuestra felicidad será completa.

¡Realidad! Verlo, sentirlo, esto es lo que siempre trato de ocultarme a mí misma.

Pensando que nuestra vida tendrá muchas espinas y pocas rosas; que recordarás poco de mí; que tu negocio te ocupará todo el tiempo; que no escucharé palabras cariñosas; que seré más hermana que esposa; que no encontraré el entendimiento deseado; no seremos tan felices como deseo, esta es la realidad.

¿Cómo logré, en aquel momento, hacer una radiografía tan clara y certera de cómo sería mi vida? No sabía nada sobre relación matrimonial, tuve una existencia feliz al lado de mis padres y yo misma admiro la capacidad que tuve para almacenar todo lo que sucedió en la espiritualidad. Fue más que una premonición, fue el recuerdo de la realidad a través de la cual el mundo espiritual estaba presente en mi vida física. Solo tenía diecinueve años, no tenía experiencia del mundo y ¿por qué escribía, mostraba o hablaba con alguien sobre ello? Es porque estos escritos serían prueba de mis existencias pasadas.

Si sentí que no era amada, ¿por qué me casé? Fuerzas mayores gobernaron mi vida y se me permitió usar mi libre albedrío y creo que el matrimonio fue una elección sabia.

XXXIII. COMPROMISO

La agrupación de espíritus familiares constituye, eslabón a eslabón, la gran cadena que los une unos a otros.

Proyectando luz en el hogar - Mércia Aguiar.

Goiânia, 16/10/1961

Dulce ilusión

Ayer... fue ayer. Hoy, bueno... es hoy.

Veo en mi imaginación que abres lentamente la puerta, entras y te sientas en el borde de mi cama. Mirándome a los ojos, sonriendo y diciéndome:

- "Querida, eres mía y te quiero mucho, te necesito en el largo viaje por la vida, necesito de tu persona, de tu espíritu, de tu sombra, eres y serás mi guía. Tú serás la reina de mi corazón. Cuando te sientas triste, amargada, corre y refúgiate en mis brazos, siempre estarán abiertos para ti. Haré todo lo posible para comprenderte, te quiero porque te amo."

Me dijiste estas palabras, abriste la puerta y desapareciste. El aire estaba lleno de anhelo.

Pero me engañé pensando que no estaba sola, que tenía a alguien que me amaba. ¡Necesito tanto amor!

Gracias querido, porque al menos en mis sueños puedo lograr que me digas palabras tan dulces, sí, en mi dulce ilusión de pensar que me amas apasionadamente, escucho tu voz como siempre he anhelado escuchar y nunca tuve la felicidad de escuchar.

JELAF

Alexandre y su amigable espiritualidad me prepararon para dos momentos importantes de mi vida. El primero quedó registrado en los textos en los que revelé mi apego a Jesús y el segundo fue mi reencuentro con Luiz. Estaba preparada para la vida en pareja, porque aunque amaba, el amor no me cegaba, y eso fue lo que me salvó en el matrimonio, para criar a mis hijos y tener vida propia.

Cuarenta y cuatro años después de este episodio, me doy cuenta de cuán amorosamente fui apoyada por amigos espirituales, que no me abandonaron a mi suerte. Hoy veo a la luz de la Doctrina Espírita la importancia de olvidar el pasado para nuestras experiencias en la materia, nuestros rescates. Siempre hay esperanza que todo mejore y fue esta esperanza la que me impulsó en mi relación con Luiz.

Goiânia, 21/01/1961

Angustia

Jesús, tú lo puedes todo, yo no puedo hacer nada, soy joven, Señor, quiero vivir para construir mi ideal, no quiero quedarme inerte, viendo pelear a los demás, pretendo entrar en la lucha y vencer. Pero si este no es tu plan para mí, me conformaré. De rodillas en el suelo y mirando al cielo, te ruego "llévame contigo, si no es posible vivir aquí."

No tengo temor ni miedo. Señor, responde a mis oraciones hazme sana en alma y cuerpo o déjame seguirte más de cerca.

Es mejor irme mientras tengo fe en tu misericordia que más tarde, cuando mi salvación no sea posible.

Señor, te lo digo sinceramente, soy débil en mi fe y no sé si podré soportar el sufrimiento que preveo, no pido la muerte, pido la salvación, lo siento, no puedo dejar que me vaya del mundo, pero lo siento por la gente que me quiere bien, es lo único que me une a él. Pero tendré la gloria de ir al Señor y la esperanza de encontrarme con mis seres queridos en el cielo.

Elige, Señor, déjame estar sana en el mundo o llévame cerca de ti.

¿Quién soy yo para decir: elige? No me des algo que siento de mi pesar, que no lo soportaré y perderé mi salvación, porque sé que me desesperaré. ¡Respóndeme, Señor, y perdona mi impetuosidad de venir aquí a pedirte algo tan extraño!

JELAF

¿Cómo podría haber intuido lo que sucedería si no fuera por los reflejos de mis vidas pasadas? Mi grito de auxilio reveló una inmensa angustia, puse en jaque mate al Señor al usar la palabra "yo elegí", en la desesperación de intuir inconscientemente que mi vida sería difícil. Era la realidad espiritual tocando a mi puerta en la forma de mediumnidad, y yo todavía no conocía la Doctrina Espírita, era solo un médium ostensible que no sabía nada de mediumnidad.

La muerte siempre estuvo presente en mis pensamientos, era mi más fiel compañera.

Goiânia, 14/12/1961

La vida es algo maravilloso y misterioso.

Extraordinario porque vivir es bonito y cuanto más se vive, más se quiere vivir.

Misterioso porque siempre luchamos por algo y cuando lo logramos... morimos.

Vivir es morir.

Sí, porque todos caminamos hacia la muerte.

Comparo la vida con un autobús.

La vida también es así, cuando nacemos, estamos al principio de la fila, entonces alguien aprieta el botón y baja, es la muerte la que viene a buscarnos, y así es la vida. Luchar por conseguir algo, el ideal que todos tenemos en mente, no es más que una mera ilusión. La muerte acecha en cada esquina, cuando menos lo esperamos llega y nos lleva a lo desconocido.

Pienso: ¿qué hay detrás de esta oscuridad que cubre nuestros ojos? ¿Será nada o será vida? Creo que la muerte es esta vida y lo que llamamos muerte no es más que vida. No sé si me explico bien. La vida es muerte.

JELAF

Tenía una aguda intuición sobre el otro lado de la vida. Si hubiera sido espírita en aquella época, habría tenido explicaciones fáciles, pero como católica no sabía cómo posicionarme en el mundo, parecía una extraña en el nido, una anciana en lugar de una joven que era casi una adolescente.

Goiânia, 16 de enero de 1962

Dije tantas palabras, di tantos rodeos y todavía no tuve el valor de decir lo principal. ¿Recuerdas cuando estaba enferma? Seguramente no recuerdas lo que dije en ese momento, limpiando tu memoria te pedí que me soltaras, aunque me dolería mucho, porque te amo más de lo que tú me amas. Solo te diré... me duele la rodilla otra vez. Sé que ya lo recuerdas y que puedo continuar sin pequeños detalles. No quiero separarme de ti, te amo mucho Luiz, pero sé que tú mismo tienes miedo de casarte conmigo, no lo niegues, por favor, sé que sacrificarás nuestro amor, pero nunca tendré por esposo a alguien que sea más. Podría venir después y hacerte pasar un mal rato, eres demasiado realista. No tengo nada grave, pero siempre tengo complejo que estarás conmigo porque no hay manera de terminar. Por eso te pido de todo corazón, rompe conmigo, tu temperamento no es romántico, no dirás: "Me casaré contigo, sé que no tienes nada."

El doctor podrá decir esto, pero sé que no lo vas a creer, por eso me despido, no quiero atarte a mí, estaré feliz de saber que eres feliz, el sufrimiento no es eterno, pronto habrás olvidado a Augusta de tu vida, es mejor terminar ahora que más tarde, termina conmigo, eso es lo que te pido, porque no tengo el coraje de terminar contigo. Perdóname y sé feliz si puedes.

Luiz nunca me había contado nada sobre mis enfermedades, yo captaba intuitivamente sus miedos. Conociendo, también intuitivamente, mi compromiso espiritual, si hubiera podido, lo habría inducido a romper nuestra relación, entonces la responsabilidad no sería mía, sino suya. Quería engañar a mi deber en esta vida usando su miedo. Ni él, ni nadie, ha leído jamás estos escritos míos que ahora presento en este libro para probar la realidad de nuestros ajustes contables.

Siempre he sido un ser en ebullición. Luiz y yo éramos completamente diferentes, incluso opuestos. Él, un chico serio, tremendamente serio, no sabía ni sonreír, no se daba derecho a soñar, jugar, divertirse y cuyo principal objetivo era trabajar y ahorrar para el futuro. Proveniente de una familia humilde, su significado de vida no podía ser el mismo que el mío, a pesar de sufrir altibajos económicos, mis padres me cuidaron muy bien. A él le daba asco la vida, mientras que yo aunque no me gustaba vivir, era feliz, era una soñadora, inconstante, en un momento pensaba una cosa, pero si escuchaba o leía algo que pudiera mejorarme, lo haría. Inmediatamente trato de cambiar mis pensamientos y acciones, lo que causó grandes complicaciones en mi vida. Él era firme en sus convicciones y yo cambiaba las mías según era necesario.

Tengo que analizar lo que escribí para poder comparar mi vida en esta existencia y la pasada en el plano espiritual, comprender las dudas, las incertidumbres, el deseo de dejar este mundo, todo sucediendo de manera que confirme mi tumultuosa reencarnación. Para mí son experiencias maravillosas, hay momentos en los que me doy cuenta que las premoniciones se han confirmado con tanta seguridad, que me levanto, me paso las manos por el pelo, abro el frigorífico, bebo agua y exclamo: no lo creo. ¿Cómo puede ser, si nada he hecho para merecer tanta misericordia?

Si no hubiera tenido mi firma, caligrafía y fecha en los escritos, no habría creído que yo era la autora. Esta confirmación es muy grave: sin saberlo, confirmé la realidad de mi vida.

Goiânia, 02/04/1962

En 12 días estaremos comprometidos, mi corazón está feliz, exulta de alegría.

Hablaré del amor, de nuestro amor.

Mis dos amores.

Mi corazón tenía dos amores, era feliz con ambos. Una me enseñó a ser fuerte, la otra a ser mujer. Amé a uno con mi espíritu, al otro con mi corazón.

Uno me dio riquezas eternas, el otro me emocionó. Ambos me dieron felicidad.

Mi primer amor fue Jesús, lo amé con todas las fuerzas de mis quince años, lo deseé como nunca deseé a nadie, aunque no lo vi, siempre lo sentí a mi lado.

Era un novio tímido en su altivez, me dio una paz y seguridad que nunca había sentido, le pertenecía en cuerpo y alma, le era fiel y Él me amaba. Oh, sí, mucho, me consoló, sació mi sed de cariño, alimentó mi corazón de fe, resignación y paciencia. Pero un día Él se enamoró de otra, mi corazón se rompió, mis sueños se desmoronaron, ya nada me importaba, Jesús me había traicionado a mí, a mí que tanto lo amaba. Para consolarme busqué a alguien más que fuera de carne y hueso. Lo encontré, estaba igual que yo, triste y solo. Nuestras almas se unieron, ya no estaba sola, este amor era nuevo, desconocido para mí, diferente a lo que había conocido. Algo combinado con el Cielo y la Tierra.

A veces sentí miedo de no poder ser suya y que tú no pudieras ser mío. Pero el mismo que no me quería me ayudó, fue bueno conmigo, Jesús me sostuvo, es a Él a quien le debo mi felicidad presente. Se acerca el momento de mi compromiso, así que diré ahora: ¡soy feliz! ¡Quiero ser feliz! ¡Voy a ser feliz! Que los ángeles del cielo digan amén.

JELAF

De hecho, estaba describiendo mis aflicciones, porque al decir que era feliz quería convencerme que la felicidad me esperaba, aunque por intuición sabía que no sería tan fácil. Faltaban nueve días para mi compromiso.

Día 12/04/1962.

Cuando cumplí 20 años.

Miro dentro de mí, trato de resolver mis aflicciones, no puedo, pienso en una manera de resolverlas.

No me parece. Luego dejé pasar el tiempo. Quizás en las olas de la vida encuentre una solución.

En esa fecha me comprometí, fijada por mí sin la intervención de Luiz.

27/06/1962

Bailar

Ayer bailamos, era San Juan, tú llevabas sombrero y yo un vestido campestre. Salimos del baile a las tres de la mañana, me gustó, no solo porque estaba a tu lado, sino por la forma en que me trataste, una manera especial, buena, diferente, fue genial. Me parecía que de verdad me querías, pero pasó y hoy lo único que me queda es el recuerdo que eres mío, solo mío, quien me enseñó que la vida solo tiene valor cuando nos dedicamos a una causa justa y noble: la familia.

Es con él con quien puedo hablar, expresar mis ideas que muchos rechazan, él es el único que me considera sensata y me ayuda a tener confianza en mí misma, sí, al lado de mi padre, me considero seguro. Este es tu día.

JELAF

Goiânia, 11/11/1962

Una estrellita brilló en el cielo, en el cielo de mi vida. Cuando miro las frías paredes de mi habitación, cuando contemplo mis recuerdos, siento una especie de amargura que me aprieta el pecho, siento una agonía atroz, parecida a un dolor que ataca mi pecho y mi corazón, un dolor sordo, que no puedo soportar. Yo misma no sentí, eso sí, tristeza por dejar mi hogar, mis padres que siempre me apoyaron y ampararon. ¡¿Y ahora…?!

Esto me aprieta el corazón; me hace sufrir, soy feliz, pero dejar ir todo lo que me pertenece es cruel, tal vez esta sea la última vez que escriba aquí (soltera).

Me casaré el 8 de diciembre.

¡Que estos tiempos me hagan extrañarte! Aunque angustiado, ¡estoy feliz! ¡Adiós! ¡Adiós!

JELAF

No solo quiero tenerte ahora, quiero tenerte a mi lado en el paraíso. En el futuro cuidaremos de nuestro hogar, sí, pero de nuestro hogar celestial, para que juntos podamos llegar al cielo y a la tierra y juntos podamos conocer el rostro del Señor.

JELAF

Goiânia, 2 de diciembre de 1962

Estás a mi lado. Hoy es domingo, nada más importa, hace una tarde cálida y hermosa. Es diferente. Estamos solo nosotros dos, hoy es diferente porque algo pasa. Es nuestro último domingo como novios, el próximo sábado seremos una sola alma y un solo cuerpo. Seremos marido y mujer. Eso es lo que tenía que decir hoy.

JELAF

Nunca volví a escribir nada, el resto del cuaderno está en blanco. En este día terminó el ciclo de premoniciones, de ahora en adelante sería vida juntos dentro de nuestra realidad, tendría que saber lidiar con mi libre albedrío.

XXXIV. MATRIMONIO

A lo largo de su luminosa carrera, Chico experimentó innumerables problemas de salud, sin permitir que las dolencias físicas lo inhibieran.

Riendo y reflexionando con Chico Xavier - Richard Simonetti.

Con estos escritos cerré un ciclo de mi vida, y por increíble que parezca, registré todo lo que sucedería. La espiritualidad solo me permitió comprender el contenido de mis registros de adolescente después de cuarenta años, ciertamente con un propósito: mostrarme la realidad de la reencarnación que no podía guardar para mí.

Llego ahora al período en el que Luiz y yo tendríamos que lidiar con el pago de deudas contraídas en vidas pasadas. ¿Podríamos equilibrar nuestras emociones para no acabar más endeudados en la vida que cuando llegamos aquí?

Solo ahora puedo darme cuenta de cuán cierta es la existencia de la reencarnación. No tendría sentido ir por la vida con sus obstáculos y dificultades y todo se acaba o quedarse dormido indefinidamente esperando el juicio final.

Mis premoniciones estaban limitadas. Estaba preparada para encontrarme con Luiz y también para la boda, el plano espiritual se hizo cargo de esta misión. Como mi deseo era dejarlo todo y morir, ellos me brindaron el apoyo que necesitaba para afrontar la vida matrimonial con mucho amor y perseverancia, enfrentando obstáculos, porque, al mismo tiempo que Luiz parecía amarme, parecía querer alejarse de mí.

Impulsada por la intuición, descubrí que necesitaba descubrir un espacio dentro de esa unión. Las diferencias empezaron a ser muy claras, si me preguntaban qué era la libertad, el espacio, no sabría decir, sin saber si tenía razón o no sentía que ya no era yo: éramos nosotros, Luiz, los niños y yo. Aprendí que cuando dos personas se juntan deben basarse en la confianza mutua, el respeto a la individualidad de cada persona. En el momento en que se cruza este límite, cuando uno invade el espacio del otro, poco quedará de la convivencia entre dos, habrá desacuerdos, desconfianzas, agresiones mutuas, conduciendo a menudo a la ruptura de la vida matrimonial, lamentablemente necesaria cuando se llega al extremo de violencia física.

Cuando me casé, perdidamente enamorada, dependía de mis padres, a cuyas órdenes me sometía. Ajuar, vestido de novia, recepción, todo lo eligió mi madre. La única certeza que tenía era que quería casarme, pero nunca nadie me habló de matrimonio, que mi vida cambiaría, que tendría que aprender a cocinar, lavar, planchar, que tendría una vida sexual y que de esta relación surgirían hijos. Yo tampoco pedí nada, quería casarme, sin saberlo, quería cumplir el compromiso adquirido en la espiritualidad.

Justo al comienzo de mi matrimonio, tuve que reevaluar mis conceptos de vida. Antes de la boda no tuve la oportunidad de conocer bien a la familia de Luiz. Su madre había muerto en un accidente automovilístico hacía tres años, dejando a su hijo menor con seis años. Cuando regresamos de nuestra luna de miel, quince días después de casados, mi suegro quería darnos a los cuatro hijos menores, de un total de once hermanos, para criarlos. Dos de ellos habían muerto, Luiza, a los tres años, y Sebastián, con pocos días de vida. Según lo revelado por el mentor Alexandre, Francisco nació como hijo de Luiz, pero falleció a los once días de nacido, revelación que fue confirmada por su hermana Olga.

Nunca había tenido un niño en casa, pero decidí quedarme con María, que tenía once años, y Miguel, que tenía seis. La mayor, Aparecida, de catorce años, fue enviada a un internado y Daniela, de ocho años, se fue a vivir con su madrina. Al principio amaba a todos y quería apoyarlos, pensaba que estaban desprotegidos por el destino y que su padre no podría darles la educación necesaria por sí solo. Mi madre fue el pilar en el que me apoyé, como en muchos otros momentos de mi vida, ella fue mi refugio seguro.

Nadie me enseñó a evitar tener hijos, así que justo al inicio de mi matrimonio quedé embarazada, porque en esa época el sexo era tabú y, por lo tanto, muchas mujeres jóvenes como yo no estábamos preparadas para el matrimonio.

Hoy veo que Luiz no me pidió que fuera su novia. Lo elegí en ese baile. Él no me pidió que me comprometiera, fui yo quien fijó la fecha del compromiso y él nunca habló de matrimonio y una vez más fui yo quien fijó la fecha de la boda: el 8 de diciembre de 1962.

La sabiduría de los bienhechores espirituales es tan grande que desconocemos los compromisos asumidos antes de la reencarnación, y se cobran a su debido tiempo, teniendo en cuenta nuestras elecciones.

Creo que Luiz me amaba con reservas. Invadí su individualidad, él tenía miedo de algo que no sabía y como no sabía cómo tratar conmigo que era tan diferente a él, optó por trabajar... trabajar... trabajar. El trabajo fue la amante que encontró y no había nada que pudiéramos hacer al respecto, teníamos que ganarnos la vida.

Muy correcto, no permitía el menor desliz en su conducta, parecía controlarse las veinticuatro horas del día, el pasado hablaba con fuerza en su vida presente. Nunca supe que había traicionado sus principios morales, era estricto consigo mismo y con quienes lo rodean. Le pedí que fuera diferente. No trabajar tanto, estar más presente en casa, pero hoy me doy cuenta que cumplió lo que había dicho en espiritualidad, antes de nuestra reencarnación.

- No puedo prometer nada ahora, Amatista - Augusta, en el presente -, solo el futuro podrá mostrarnos si seremos capaces de cortar esta cadena que nos aprisiona. Todavía soy muy primitivo, tengo poco interés en saber sobre espiritualidad, creo en Dios y solo eso me basta, parece que tú eres más capaz que yo para entender mejor el lado espiritual de la vida, espero que puedas ayudarme en el cuerpo físico. Vengo de las regiones umbralinas y ya me voy a otra existencia, dicen que hay que aprovechar el momento en que los espíritus nos estarán esperando para ayudarnos. No creo en nada de esto, simplemente no quería estar cerca de ti, pero al mismo tiempo me atrae, una mezcla de amor y odio, pero no me gusta hablar contigo, algo me dice que quieres controlarme, a ver qué pasa lo daré todo.

Y así era Luiz, sentía su amor y su odio, impidiendo

Me acerqué a tu corazón.

XXXV. NIÑOS

¿Cuál sería el resultado para la sociedad de relajar los lazos familiares?

A. Un resurgimiento del egoísmo.

El Libro de los Espíritus -. Pregunta 775

Mi cuerpo perdió su belleza. Gané 30 kg durante el embarazo de mi hijo Mário. Cuando él nació, vivíamos en una pequeña choza: Luiz, María, Miguel, yo y ahora el pequeño Mário.

Camel, otro de los hermanos de Luiz, se había casado con Luciana, una joven pequeña y frágil, pero cuando la vi por primera vez fue como si la conociera de toda la vida: una inmensa ternura me invadió. Cabello largo, silenciosa, sus palabras apenas se podían escuchar. Ella también había venido al matrimonio sabiendo menos que yo y se había encerrado en su silencio, pero siempre hablaba conmigo. Hablábamos durante horas seguidas y la gente no entendía por qué ella hablaba tanto conmigo y con los demás no decía nada, solo sonreía.

Le entregamos a Miguel, que entonces tenía 8 años, a la joven pareja para que lo criara. Nos quedamos solo con María, que tenía actitudes extrañas, encerrándose en su habitación, en abierta hostilidad hacia todos. Pensábamos que era una niña mala porque no participaba en la familia. Posteriormente, a los 20 años, sufrió su primer ataque de esquizofrenia: estaba enferma y no lo supimos hasta que su enfermedad salió a la luz. Logró equilibrarse con medicación. Después, frecuentando un Centro Espírita, nunca más tuvo crisis hasta su desencarnación.

Luiz continuó con su trabajo y mi madre fue el apoyo que no me dejó desmoronar, mostrándome cuánto todos me necesitaban y que mi marido no podía hacer nada, era su familia. Así como lo amé a él, amé a sus hijos, ofreciendo cariño y amor que la vida les negó, cumplí con mi compromiso espiritual.

Aprendí. Sin embargo, una gran lección: no a todas las personas que necesitan ayuda les gusta que las ayuden, el orgullo a veces habla más fuerte y se sienten ofendidos en su dignidad. Aunque amaba a mi esposo y no fui correspondida como quería, sentí que esto causó un gran daño en nuestras vidas. Pasamos toda nuestra vida deseando que el otro sea exactamente como nosotros queríamos, ¡pero qué error! Cada uno tiene su propia individualidad, sus defectos y virtudes. Grabé en mi memoria una enseñanza que dice: "Comed del mismo pan, pero no del mismo trozo"; es decir, debemos ser nosotros mismos en unión con los demás.

Después de dos años de matrimonio, nació Letícia y, dos años después, nació Ivo, el hijo menor. Descubrí, por intuición, que, para criar a mis hijos, contaría con poca ayuda de Luiz. Seguía pensando en el trabajo, en el aspecto económico, para no perderme nada en casa, pero sentí que había algo diferente en el aire, un sentimiento que no podía explicar, algo muy profundo, un bloqueo que nos separaba. Asistíamos a misa todos los domingos y oraba a Jesús y a María pidiéndoles que me dieran la comprensión que necesitaba para comprenderlo mejor y poder sentir su amor.

Rosa también se había casado. La similitud de nuestras vidas en el sentido de la materia era enorme. Para nosotros fue demasiada coincidencia. Parecíamos almas gemelas, pero la similitud solo llegaba hasta cierto punto, porque en lo espiritual, éramos totalmente diferentes. Nada de lo que dije tenía valor para ella, simplemente creía en Dios. Aunque ella era una luchadora por excelencia, la vida posterior cobraría un precio devastador en su crecimiento espiritual. Nunca me cansé de decirle que confiara en Jesús y cuando el dolor se hizo severo, fue en Él donde encontré consuelo.

Con mi madre apoyándome, involucrada en la crianza de los hijos y amando a mi esposo, no quedaba mucho tiempo para pensar en el suicidio, a pesar de mi precaria salud, el dolor que iba y venía, mi desesperación y falta de amor por la vida. Mi madre intentó, con diálogo y amor, sustituir el cariño que Luiz no sabía mostrar, o que yo no estaba preparada para ese tipo de amor. Como soy muy sensible, mis premoniciones encajan perfectamente en el contexto de mi vida matrimonial.

Cuando alguien nos dice que alguien nos ama, pero no sabe cómo demostrarlo, no soluciona nuestra carencia, no nos sentimos amados. Es fundamental que el amor sea palpable, demostrado, apaciguando los corazones. Un comentario amable sobre un corte, un cabello teñido, un vestido nuevo, una comida bien cocinada, una corbata nueva, una camisa diferente es muy agradable. Son estos pequeños detalles los que dan color al amor. Una fecha importante que se pasa por alto, como un aniversario de nacimiento o una boda, es como una herida abierta en el pecho. Cuántas uniones se prolongan por la vida, sin que una se dé cuenta de la otra. Televisión, telenovelas, fútbol, periódico, cursos, amigos, fiestas que reemplazan el estar juntos, la mirada, el diálogo abierto, la comunión, la intimidad.

La situación empeora cuando entre ambos se interpone un tercero, hombre o mujer. Ser la otra es más fácil que ser el otro, a pesar de todo el modernismo que existe. Los hombres sacan lo mejor de esta relación extramatrimonial. Si algunos se distancian de sus esposas, hay quienes las tratan aun mejor, según el momento conyugal que estén viviendo. De hecho, lo peor es que la otra persona, normalmente sola o en una relación agotadora, rodeada de espíritus afines, encuentre a alguien que le ayude, ofrece lo que su corazón anhela, enamorarse y cree que puede rehacer su vida. La pasión la ciega y nubla su razonamiento. La inmensa mayoría de los hombres no abandonan a sus esposas por otra. Por mucho que la ame, quiere ambas cosas al mismo tiempo. La estabilidad del matrimonio le impide salir del hogar, de los hijos, y la otra tendrá que contentarse con tiempo libre, momentos disponibles, nunca un día festivo, una fecha importante como la Navidad. ¿Es esto suficiente para llenar la carencia emocional y el vacío de las horas de soledad? ¿Cuántas relaciones de este tipo terminan en tragedias, suicidios y homicidios? Es un paseo realmente peligroso. Dos queridos amigos tomaron estos caminos y terminaron quitándose la vida. ¿Por qué anteponer un problema a otro? ¿No sería mejor resolverlos uno por uno? Lo sería, pero no todo el mundo puede evitarlo.

XXXVI. MIEDO

Continuar sin imposiciones, sin pereza, sin quejas y sin exigencias.

Caridad - Espíritus Varios - Francisco Cândido Xavier.

Siempre pensé que había un lugar mejor y más apacible, donde no prevaleciera tanta maldad. Sentía una melancolía enorme, mi vida no estaba plena, porque aun con tanta gente a mi alrededor, la soledad llegó y no podía sacudirla. Cuanta más gente me rodeaba, más sola me sentía, como si no debería estar en este mundo al que no pertenecía.

Entre tantas cosas que me ayudaron en mi lucha diaria fue tener siempre buenos empleadas a mi lado. Nunca me faltaba alguien que me ayudara con las tareas del hogar. Necesitaba el apoyo que cada una de ellas me ofrecía, ayudándome con las tareas del hogar y criando a los niños. Sin ellas todo hubiera sido mucho más difícil.

Estuve muy cerca de mis hijos, hablé con ellos, les di raíces, pero también alas para volar, educación religiosa. Les ofrecí a cada uno lo mejor que tenía, pero si me preguntaban, decía que amaba a Luiz más que a mis hijos, o que los igualaba en el amor, lo que para mis amigos era algo inusual. ¿Cómo...? Nuestro amor necesariamente tenía que ser para nuestros hijos, entonces me sentía culpable, pero no podía explicar lo que ni yo misma entendía. Quería mucho a Luiz, pero algo más grande que eso.

Este sentimiento me impidió intentar ir más allá de lo que él me permitía hacer. Me di cuenta que había algo diferente entre nosotros, pero no podía imaginar qué podía ser, tal vez solo diferencias existenciales, él estaba atrapado en la materia y yo en el mundo espiritual.

Luciana siguió siendo parte de mi vida, sentí cierta responsabilidad hacia ella y la animé a salir del capullo en el que se había encerrado.

De ella aprendí algo muy importante: o dejamos de ser obstinados y cambiamos, o nuestros cambios vendrán a través del sufrimiento. Lamento quien diga que nadie cambia. Si estamos aquí con el propósito de evolucionar, de crecer, ¿cómo no vamos a cambiar? Tenemos que abrir el corazón, aprender del río de la vida a modificar conceptos, a reeducarnos.

Esto pasó con Luciana. En dosis homeopáticas, logró algunos cambios en sí misma. Le preocupaba aprender, pero la palabra miedo formaba parte de su vocabulario: miedo a sus padres, a su marido, a la vida. Tenía miedo de conocer la Doctrina de los Espíritus, que estudió y le permitió abrirse a la vida, afrontándola desde entonces con valentía y determinación. Cuando encontró su camino sentí una inmensa alegría y también un gran alivio, era como si hubiera cumplido con mi obligación, al encaminarla hacia lo que me había propuesto, con su plena aceptación.

El miedo de Luciana me lleva a preguntas como: ¿cómo puede el miedo anular los deseos, anhelos y necesidades de un ser humano? El miedo paraliza, quien lo siente no sabe conceptualizar este sentimiento. Las personas tímidas van por la vida con miedo a hablar y exponiéndose al ridículo. Incluso las personas felices y extrovertidas se ven paralizadas por el miedo en determinadas situaciones y también hay quienes inconscientemente tienen miedo de ser felices. Se alimentan del miedo, todo les produce pánico y por eso se pierden ocasiones importantes que les traerían un poco de alegría. El miedo duele. No me refiero aquí al miedo nocivo, que debe ser abordado seriamente por profesionales, sino del miedo común de nuestra vida diaria, aunque todo miedo, si no se trata, se convierte en un problema grave, tanto en relación al espíritu como al cuerpo y puede tener origen en otras vidas.

No tenía miedo de vivir, ni siquiera tenía apego a la vida, quería morir, pero resistí ese deseo, aunque mi intuición me decía que había un lugar mejor que este. Pero por paradójico que parezca, fue el miedo lo que me impidió suicidarme. Inconscientemente sabía lo que me esperaba si esto ocurría, era el miedo al valle de los suicidas, a la tortura.

Luiz permaneció inmerso en el trabajo y yo crie a los niños de manera intuitiva. Ruth, una gran amiga, madrina de mi hija Letícia, debió reencarnar con la tarea de ayudarme. Viví durante unos cinco años en un cobertizo en la parte trasera de su casa, tiempo durante el cual ella me enseñó varias cosas. Ya llevaba seis años casada cuando ella me aconsejó que cuidara la casa, los niños, que hiciera lo que pudiera para que mi matrimonio fuera un éxito, que fuera optimista, amorosa, pero también me dijo que debía tomar control de mi vida y no vivir en dependencia emocional de mi marido. Dijo que muchas mujeres, aunque económicamente independientes, dependían emocionalmente de sus cónyuges y que yo debería cortar el "cordón umbilical" cuando era joven, de lo contrario sufriría mucho.

Reflexioné sobre el asunto, dejé de quejarme que Luiz trabajaba demasiado y comencé a construir mi propio espacio. Hice nuevos amigos, fui al cine, tomé cursos de cocina, comencé a coser para mí y mis hijos, y obtuve la licencia de conducir. Fui un terremoto en la vida de Luiz, siempre ordenado y obediente a la rutina. Aunque lo amaba mucho, obtuve mi espacio, mi independencia, no económicamente, ya que no trabajaba fuera de casa y dependía de él para vivir, un mundo que me pertenecía, una salida para seguir juntos ya que habíamos estado marcados por experiencias terribles y apenas estábamos en el comienzo de nuestro aprendizaje.

Aunque era católica practicante, ya no me conformaba con los sermones del sacerdote, por eso dejé de ir a misa, no aceptaba las diferencias sociales, estaba llena de porqués sin encontrar respuesta a mis preguntas. Ferviente creyente en Jesús y María, hice promesas, leí *Imitación de Cristo,* oré día y noche - las oraciones fueron un bálsamo que me sostuvo y tranquilizó mi corazón -, y sentí el consuelo de las palabras del Sermón de la Montaña, aprendí en los sermones.

Mi padre nunca me dijo que no, me llamaba princesa, me hablaba más que a mi madre, a quien curiosamente tenía más apego, un vínculo muy fuerte. Ella fue mi apoyo, mi apoyo en los momentos difíciles. Cuando cumplí 33 años, su muerte, víctima de un tumor cerebral masivo, fue un terremoto que sepultó a Augustita - como me llamaban -, dar vida a Augusta, un espíritu deudor, que tendría que redimir sus deudas sin su ayuda.

No acepté su desencarnación, era yo quien debía haber muerto. No sabría criar hijos, ¿quién me ayudaría con las dificultades en mi relación matrimonial? Pensé seriamente en el suicidio, tal fue el shock, el terrible vacío que se apoderó de mi ser. El dolor era tan atroz que a veces quería arrancarlo con las manos. Solo quien ha visto partir a un ser querido es capaz de comprender la pérdida. Parece que el sufrimiento nunca desaparecerá, será eterno, pero el tiempo es la mejor medicina para todos los males. Necesitamos dar tiempo para que nuestras heridas sanen, pero cuando enfrentamos un problema de esta naturaleza, por más inmediato que sea, queremos una solución rápida y cuando no tenemos dónde apoyarnos espiritualmente, nos enojamos. Eso es lo que me pasó a mí. La desesperación y la rebelión me dominaron. Mi hermano Nelson se había casado con nuestra prima Nice, quien llegó a mi vida como un buen ángel custodiándome, pero pensó que ir a fiestas, comprar ropa, viajar, sería suficiente para hacerme feliz. Hizo todo lo que pudo para intentar aliviar el dolor que sentía. Un médico amigo, el Dr. Dirceu, me aconsejó que fuera a la universidad. Hice el examen de ingreso, comencé el curso de trabajo social hasta el penúltimo año y por diversos motivos no pude terminarlo.

En ese momento comencé a fumar, me rebelé contra Dios por haberse llevado a mi madre. La fe ciega, que no respondía a mis preguntas, no podía ofrecerme consuelo.

Como nos criamos lejos de nuestros familiares, mi madre fue la primera persona que perdí, no sabía dónde estaba, la quería de vuelta o quería morir para encontrarla, buscaba respuestas y mi religión no tenía nada para ofrecerme. De ella solo supe que el cielo, el infierno y el purgatorio existían, pero ¿dónde estaban ubicados? ¿Dónde estaba el cielo donde fue mi madre? Quería saberlo, pero ninguna explicación me satisfizo.

La situación de mi padre era peor, ya que había perdido su apoyo moral, su apoyo emocional. Nice y mi hermana hicieron todo lo posible para consolarnos, sin éxito. Buscaba desesperadamente a alguien que me ayudara en ese angustioso momento, pero no encontraba a nadie. No se me pasó por la cabeza buscar un Centro Espírita. El doctor Dirceu lo intentó, me pidió que lo aprobara. Fui con mi padre. Recibí el pase y me recomendaron trabajar como voluntaria, lo que podría ayudarme a salir del estado mórbido en el que me encontraba.

Un día volví allí para coser, pero no encontré receptividad, las compañeras solo hablaban entre ellos, yo no sabía nada sobre el

Espiritismo y mucho menos sobre los espíritus desencarnados. Nunca más volví.

Mi madre se me apareció tres veces y me asusté muchísimo. La primera vez vino cuando mi hijo Mário tenía problemas de salud. Muy preocupada, me acosté inmediatamente después del almuerzo y un estado de somnolencia me invadió. Sentí una mano posarse sobre mi cabeza y escuché su voz diciendo que no me preocupara, que mejoraría sin necesidad de cirugía. Asustada, abrí los ojos y vi a mi madre detrás, alejándose. Tenía tanto miedo que mi reacción fue subirme al auto y salir corriendo a la casa de Niza.

Cuando volvió, era temprano en la mañana. Caía una lluvia torrencial. La oí llamar, me levanté, miré por la ventana y la vi con su impermeable. Ella me miró y le pregunté: "Mami, ¿qué haces con esta lluvia? Adelante, te abro la puerta." Corrí hacia la puerta y, cuando estaba a punto de abrirla, recordé que ella había muerto. Temblando de miedo, volví a la cama y lloré desesperadamente. Una vez más el miedo.

La tercera vez que la vi tenía mucho dolor y cuando vi su figura al lado de la cama, me quedé nuevamente en shock. ¿Miedo? Quería tanto recuperarla que cuando la vi me quedé paralizada por el miedo. ¡Qué inconsistencia! Nadie sabía cómo explicarme lo que estaba pasando y mi sensibilidad aumentaba cada vez más.

Luiz también sintió profundamente su partida, pero no pudo expresar su dolor con palabras, solo lo invadió la tristeza, pues la consideraba su segunda madre.

Hoy, como espírita, veo su desencarnación desde otro ángulo. Habíamos hecho un compromiso con la espiritualidad, pero no me fue revelado el momento en el que comenzarían mis luchas más arduas, pero ahora sé que comenzarían con su desencarnación. Llevaba este disco en mi equipaje espiritual, mi subconsciente sabía que a partir de entonces me quedaría sin mi principal apoyo, material y espiritual. Como mi madre tenía una fe inquebrantable y un carácter inquebrantable, ahuyentó a los obsesores que me dieron una tregua, de modo que mi mente suicida permaneció un poco dormida.

XXXVII. EL REGRESO DE LA FE

Busquen a Jesús, siéntanlo en los momentos más dolorosos, digan sus oraciones con la fe que, como agua cristalina, puede brotar de lo más profundo de su ser.

Enfrentando la vida - Elza Ferreira.

Aun no había llegado el momento de hacerse espírita. Además de no estar preparada, el compromiso que había hecho en la espiritualidad era estar en el Centro Espírita que fundaría el mentor Alexandre con la Madre Consuelo, y no sabía dónde estaban. Me alegro que hayamos olvidado el pasado, y no me quedé de brazos cruzados, busqué desesperadamente mi camino. Sé que con mi revuelta y tristeza hice daño a mi madre que no se separó de mí y de mi padre. Cuanto más desesperamos por su ausencia, mayor es su deseo de consolarnos. Creo que solo después que me orientara podría ser remitida para recibir tratamiento en hospitales espirituales.

Solo doce años después de su desencarnación me convertí en espírita. La Doctrina de los Espíritus es consoladora y nos explica, dentro de una fe racional, que podemos llorar la pérdida de un ser querido, porque somos humanos, no sería racional no extrañar al que se ha ido, pero no podemos, con la revuelta y la desesperación, obstaculizando la evolución de lo que ya no existe y también la nuestra. No importa si el desencarnado era niño, joven, adulto o anciano, si no se fue por suicidio, había llegado su hora. Sin fatalismo, nuestra única realidad.

Lo inmutable, en esta existencia, es que un día abandonaremos el plano terrenal y regresaremos a nuestro verdadero hogar, que es la patria espiritual.

Mis hermanos parecían más resignados, pero mi padre y yo impedimos que mi madre se fuera. Me imagino su sufrimiento al vernos tan conmocionados. Durante dos años estuve tan desorientada que no creía en nada. A mi padre le tomó más tiempo recuperarse, unos cuatro años, y yo necesitaba sanar el dolor de la pérdida para poder ayudarlo.

No es fácil para mí hacer públicos todos estos recuerdos. Recordar un pasado no tan lejano me genera cierta tristeza y me pregunto si todo hubiera sido más fácil si hubiera estado cimentado en la fe, aunque fuera ciega, aunque fuera del tamaño de una semilla de mostaza. Me doy cuenta, con gran claridad, de que, a pesar de tantas oraciones, mi fe era poca, o el terremoto fue demasiado fuerte y sepultó los frágiles cimientos.

Siento la presencia amistosa de los benefactores espirituales y pregunto por qué es tan difícil escribir sobre la última fase de mi existencia actual. No siento la presencia de Francisco como mi compañero. La respuesta llega a través del pensamiento, como si se tratara de telepatía. Aclara que tengo que escribir esta parte con mis propias palabras. Su intervención no sería ética. Ahora es el momento de hacer buen uso de mi libre albedrío, de perdonar y obtener el perdón de Luiz, sin injerencias externas, sin ninguna influencia de él.

Me doy cuenta de la acierto de la decisión de Francisco, a pesar de saber que sin su colaboración las dificultades para transmitir mis ideas serán muy grandes. Siento un dolor extraño. una mezcla de remordimiento, culpa, responsabilidad y alivio, todo al mismo tiempo. por saber que ahora es el momento de tomar mi vida de la mano y terminar esta etapa a base de perdón consciente, sin cometer locuras, sin dejar la vida a través del suicidio.

Después que mi madre falleció, comencé a sentirme mareada y a tener dolores de cabeza. Se tomó una radiografía que reveló el mismo problema que mi madre, un tumor cerebral. Lamento no haber conservado esa radiografía. El médico, Dr. Lauro, descontento con el diagnóstico, pidió una tomografía, que no reveló nada. Luego descubrió que se trataba de una laberintitis, que con el tiempo se volvió crónica.

Al vivir con nosotros, mi padre, cuando no estaba en el trabajo, estaba encerrado en su habitación todo el tiempo: música ambiental, pijama y muchas lágrimas. La revuelta que sentí fue tan grande que me atreví a preguntarle a Dios quién era Él para traerme tanto sufrimiento. Él ya no existiría para mí. El dolor moral provocó cambios en mi cuerpo, empezando por un dolor en el estómago no diagnosticado, de hecho este sería otro sufrimiento que cargaría durante toda mi vida: los médicos no podían diagnosticar mis enfermedades.

A pesar de sentir mucha pena por la pérdida de mi madre, Luiz siguió trabajando más duro. Durante este período conocí a dos grandes amigas, Catalina y Ana, quienes, junto con Nice, hicieron todo lo materialmente posible para aliviar mi dolor físico y moral. Íbamos todos los fines de semana a una granja propiedad de mi padre. Siempre había bebidas, cigarrillos y barbacoas disponibles. Jugué, sonreí, pero nada podía llenar el vacío de mi alma: suicidarme parecía la única solución a mis problemas. Fue la peor etapa de mi vida, cuando viví sin un ancla espiritual. Cuando nos miramos a nosotros mismos, el dolor adquiere dimensiones gigantescas y pensé que nadie en el mundo sufrió más que yo, símbolo del sufrimiento. Egoístamente solo pensaba en mí, ni siquiera quería saber cómo estaban mi marido, mis hijos, mis hermanos y mi padre. No importa cuán grande fuera la disposición del plano espiritual para ayudarme, mis ojos estaban ciegos y mis oídos sordos, sin darles oportunidad.

Solo la oscuridad me rodeaba, castigándome día y noche, impidiéndome ver otra cosa que el suicidio. Imaginé mil maneras de morir, que mantuve en secreto, compartiéndolas solo superficialmente con Rosa y Ruth. Luciana, en su timidez y miedos, permaneció a mi lado, apoyándome siempre. Tuvo su primera hija después de cinco años de matrimonio, Mónica, una hermosa niña que vino a alegrar su hogar, dulce y amable, continuó así durante toda su vida y hoy está casada, con dos hermosos hijos. Luciana tuvo luego dos hijos más, Márcio y Maurício, ambos ya casados.

Rosa y yo seguimos siendo amigas y teníamos nuestras confidencias. Era como un confesionario. Estos intercambios de experiencias nos ayudaron y nos unieron. Creo que todos los que participaron en mi vida, de una manera u otra, fueron parte de la programación espiritual. Hubo muchos que se acercaron a mí en momentos de necesidad y no sería posible nombrarlos a todos.

El padre Alípio, mi antiguo confesor, compadecido de mi situación, me invitó a participar en un encuentro de parejas. Invité a Niza, Catalina, Luciana y sus maridos quienes aceptaron. Sin expectativas, desanimada, sintiendo el dolor en mi abdomen que ni siquiera la cirugía realizada para descubrir la causa del dolor había surtido efecto - dijeron que el dolor tenía causas psicológicas (la pérdida de mi madre hace dos años) -, me uní el grupo de cuatro parejas. Ingresamos un viernes y al final del domingo, al terminar la reunión, sentí que la fe perdida había regresado. El dolor de la pérdida comenzó a sanar. A partir de entonces, aunque lentamente, comencé el camino hacia el equilibrio emocional. Jesús se había convertido una vez más en mi amado Maestro y amigo.

Aun en un ligero desequilibrio, seguía sintiendo dolor en su abdomen, lo que llevó a los médicos a decidir abrirlo nuevamente; sin embargo, esta vez no encontraron nada que justificara tanto dolor. Regresé a mis funciones, cuidando a mis hijos, que entraban en la adolescencia, y comencé a participar activamente en las reuniones de parejas. Incluso participando en tantas actividades, estaba tan perturbada espiritualmente que pensé que tenía verdaderas razones para terminar con mi vida: sufrí mucho, el mundo estaba conturbado, nadie me entendía, no era necesario para cualquiera. Ni siquiera me importaba el hecho de no sentirme bien, segura que cuando quisiera me quitaría la vida.

Pensé que era una cobarde por seguir viva, estaba superlativamente deprimida. Los médicos, familiares, amigos, no se dieron cuenta de la gravedad del padecimiento, yo no toqué el tema, y mi temperamento alegre y extrovertido escondió muy bien las cicatrices de mi alma. La educación religiosa fue lo que más me preocupó de la educación de mis hijos, segura que con esta base sería más fácil inculcarles buenos conceptos de vida. Sin embargo, me invadió un sentimiento de impotencia, un sentimiento de culpa, porque siempre estaba enferma, luchaba contra el dolor, quería ser más fuerte que ella, pensaba que siempre debía ser fuerte y valiente. Al parecer no me dejé azotar por las tormentas de la vida, escondí de la gente que dentro de mí había un espíritu quebrantado, enfermo.

XXXVIII. DEPRESIÓN

Mira la vida de frente, sin ignorar las cosas que ahora te hacen daño, pero que te ayudarán a crecer en espíritu.

Enfrentando la vida - Elza Ferreira.

Ya no creía en los conceptos religiosos que conocía, quería dejar el catolicismo, pero solo y sin saber dónde buscar lo que buscaba, seguí abrazando las creencias que profesaba, a pesar de ya no ir a misa. Vivir casi exclusivamente con católicos me impidió descubrir otros horizontes.

La fe en Cristo había regresado, la rebelión había desaparecido, pero solo me sentí mejor cuando oré, luego sentí una paz inmensa, abandoné los pensamientos suicidas. Después de siete años, dejamos de salir con parejas y me quedé sin religión para sustentarme.

Crio a sus hijos, no los abandonó en estos terremotos interiores. Hubo mucho diálogo, reuniones familiares, castigos y mucha lectura informativa.

Luis siguió igual. Sintió que algo lo bloqueaba y aunque nos amábamos estábamos distantes, teníamos conceptos de la vida totalmente diferentes. Como había dicho en la espiritualidad, todavía no estaba dispuesto a perdonarme, me amaba, sí, pero a su manera, nunca nos faltaba nada económicamente. Dentro de sus posibilidades, nos ofreció los frutos de su trabajo material, pero el bloqueo espiritual estuvo presente en nuestras vidas. No acepté su manera de ver la vida, ni él la mía, dije que era una tontería hacer lo que hacía por la gente. Vi bondad en todos, a diferencia de él, que los veía dentro de su realidad. Ninguno de nosotros tenía razón o no, simplemente teníamos opiniones diferentes. Él desconocía mi idea fija del suicidio, que solo descubrió años después.

De hecho, no peleamos. Me cansé de hablar sola, mientras él permanecía en silencio, lo cual era beneficioso en relación a los niños que no presenciaban peleas dentro del hogar y eran criados con seguridad y valentía para afrontar la vida. Mientras aun vivía en la cabaña de Ruth, descubrí que sufría una depresión que podía ser catastrófica debido a mi obsesión por el suicidio. La hermana de Ruth, Sónia, una hermosa joven, estaba afectada por esta enfermedad, en estado avanzado. Su depresión era tan profunda que pasó días o meses sin salir de casa, sus hijas quedaron con su marido y sus tías. Hablaba del suicidio y esa idea me fascinó. Con Ruth viví horas de terrible dolor y gran sufrimiento. Mi madrina y amiga dejó su bien más preciado, sus hijos y su marido, para ayudar a aliviar el sufrimiento de su hermana. Cuando me habló del estado de Sónia sentí todas sus sensaciones, permanecí durante horas inquieta, triste y pensando en quitarme la vida.

Un día fui a ver a su esposo, el Dr. Wilson, un renombrado ortopedista. Cuando me senté frente a él, no vi su rostro, solo una brillante corona de luces de colores, una luz intensa, no de paz y tranquilidad, sino algo aterrador, que parecía hacerlo reír. Creo que me desmayé un poco, me llevaron a la enfermería y cuando desperté estaba segura que Sónia se iba a suicidar. Al día siguiente fui a la casa de Ruth y le conté lo sucedido. Ella tampoco era espírita, pero le dije que los días de Sónia estaban contados, que tuvieran mucho cuidado con ella. Un mes después, lamentablemente, se arrojó desde el sexto piso y murió.

Estas premoniciones me causaron vergüenza y se hicieron más frecuentes después de la muerte de mi madre. No les podía explicar nada, me sentía diferente a las personas con las que vivía, era horrible.

Enfrenté serias dificultades. Ninguno de mis amigos crio a sus hijos como lo hice yo. Como sufrí mucho con la ausencia de mi madre, no quería que se apegaran a mí, no quería que sufrieran lo que yo había sufrido, les enseñé valores espirituales y morales, pero al mismo tiempo quería para darles el derecho a ser ellos mismos, con sus éxitos y sus fracasos. Fui muy enérgico en mis posiciones. La educación era algo muy serio para mí. Luiz no estaba de acuerdo con mis métodos, pero algo dentro de mí guiaba mis actitudes, no me dejaba ser diferente. Era consciente que no eran míos, tenía que educarlos para el mundo y no meterlos en un tarro de cristal. Mi matrimonio también era diferente, buscaba algo cuya existencia sospechaba, no amaba la vida, pero daba a los demás la impresión que era feliz. De hecho, confundí las mentes de quienes me rodeaban, especialmente Luiz, en cuya vida ordenada yo era una avalancha.

Formamos un grupo de amigas: Rosa, Catalina, Nice, Luciana son personas con las que todavía convivo hoy. La familia de Luiz, poco a poco, empezó a buscar su destino y solo siguió teniendo una relación con Olga. María se fue a vivir con su hermana Olga después de la muerte de mi madre, falleciendo tempranamente víctima de problemas coronarios. Luciana merece disco aparte: el dolor que yo sentí ella también lo sintió, tal era la afinidad entre nosotras. Con el tiempo, empezó a posicionarse mejor en la vida, ganando poco a poco su espacio. Nice y mi hermano Geraldo se mudaron a Belo Horizonte, lo que para mí fue otra pérdida.

Después que mejoré, comencé a prestarle más atención a mi padre, que vivía con nosotros. Él comenzó a reaccionar, recuperando la alegría de vivir, al igual que mis hermanos que fueron a cuidar de sus familias.

Nos mudamos al barrio de Jaó, alejado de la ciudad, donde construimos nuestra primera casa, después de quince años de matrimonio.

Mi padre era mi gran amigo. En ese momento yo estaba saliendo y yendo a fiestas. Fue muy solicitado. Alegre y muy bien situado en la vida, también era muy optimista y por eso muchas mujeres se enamoraron perdidamente de él. El tiempo es realmente la mejor medicina para nuestro dolor.

En ese momento ya me había sometido a unas quince cirugías, pero el dolor abdominal, la rodilla y la laberintitis seguían atormentándome. Incluso se habían olvidado trozos de gasa en el vientre. Me había enfrentado a la muerte varias veces y, de hecho, nunca tuve miedo de morir. Para mí, lo peor fue la falta de credibilidad con los médicos que se negaban a creer que tenía dolor y decían que era neurótico, simplemente porque no podían diagnosticar la complejidad de mi condición clínica.

Luiz, que tenía tanto miedo de conectar con alguien que estaba enfermo, vivía para comprar medicinas y pagar honorarios médicos: São Paulo, Belo Horizonte eran caminos comunes en la búsqueda de profesionales que pudieran arrojar luz para descubrir lo que me causaba tanto dolor, un dolor terrible que desafió a la Medicina, que me obligó a pasar noches despierta en la sala, esperando que amaneciera, y que nunca desapareció del todo. La vida que había tomado en mi última encarnación, arrojándome de una roca, había dañado parcialmente mi periespíritu causándome problemas físicos sin diagnósticos.

Anhelaba desesperadamente alguien que aliviara mi dolor físico y moral, pero solo encontré soledad. Hijos, marido, padre, amigos, ya no sabían qué hacer conmigo. Depresión, tristeza, angustia, ¿quién de nosotros no la ha tenido?

¿O estás sufriendo por culpa de uno de ellos ahora mismo? El dolor es tan terrible que me atrevo a decir que el dolor físico es más fácil de soportar que estos cánceres del alma. Son momentos de intensa soledad. Somos criaturas frágiles frente a estos monstruos modernos. El hombre de hoy está perpetuando la soledad de las máquinas impersonales para las generaciones futuras. Nunca se ha hablado tanto de tender la mano a los demás, pero de una manera muy peculiar, el hombre nunca se ha cerrado y se ha sentido prisionero como en los tiempos actuales de tecnología avanzada. La gente no tiene tiempo para reflexionar. ¿Pensar en qué y para qué? Los niños no pueden pensar, tienen que ocupar su tiempo en la escuela, la natación y los cursos de idiomas. ¿Y el joven? Es peligroso darle tiempo libre, podría recurrir a las drogas o adquirir otras adicciones. ¿Y el adulto? ¡Un horror! Hay que trabajar, divertirse, beber alcohol, disfrutar de la vida, no puede parar, tiene miedo de reflexionar, pero al fin y al cabo, ¿para qué pensar?

Es una carrera contra el tiempo, al mismo tiempo que nosotros se hace viejo y finalmente nos obliga a pensar, cuando ya es demasiado tarde y no queda mucho por hacer. Piense en lo que se podría haber hecho y ¿para qué? De poco serviría, las buenas o malas experiencias ya quedaron atrás, el pelo está gris y el cuerpo desgastado. Solo quedan los recuerdos, la estructura de la vida moderna no deja lugar a los sueños y a la esperanza, pero ¿qué podemos poner en su lugar?

La dura realidad de la vida cotidiana, la frialdad, la indiferencia, la falta de ideales fueron el camino que llevó a muchos a la depresión, que asfixia el ser, terrible y devastadora, un cáncer del alma, una enfermedad que debe ser tratada por médicos, psicólogos, pero el tratamiento debe combinarse con la búsqueda de la fe, la esperanza y la caridad. Fe en Jesús, en su capacidad de amar, de llevarnos en sus brazos, de rodearnos de su luz sanadora del alma; esperanza que la Doctrina Espírita nos ofrece como el Consolador prometido y que también se puede adquirir con lecturas edificantes y finalmente con la caridad, a través de la cual podemos ofrecer nuestro tiempo a los demás hermanos que sufren, buscando olvidarnos de nosotros mismos, en perfecta integración con el Creador. Utilizando estos recursos, poco a poco iremos quedando más tranquilos y, sin prisas, la vida volverá a la superficie, en una dulce y suave subida, después de la cual Jesús es quien nos acoge, la esperanza de días mejores, la certeza de la curación del alma, una sensación de alivio, al ver una vez más que hay sentido en lo que lo hacemos, sintiendo la importancia de superar la depresión y desarrollar la capacidad de recibir amor, de sentirnos útiles. Es un regreso a los colores de la naturaleza.

Hablo de depresión por sí misma. Como no sabía que era una enfermedad, no hablaba de ello con nadie, y solo encontraba algo de consuelo cuando escribía u oraba, conectándome con Jesús, cuyo amor nada podía destruir. Ropa nueva, viajes, fiestas, amistades, familia, dolor, sufrimiento no pudieron alejarme de ese sentimiento diferente que me unía a Él.

Tuve muchos momentos felices, mi viaje no estuvo solo lleno de lágrimas. Era feliz cuando jugaba con mis hijos, cuando los llevaba a la Huerta Florestal, cuando recibía atención de Luiz, cuando estaba al lado de mi padre, en conversaciones o reuniones con amigos e incluso cuando contemplaba una hermosa cascada. Reconocí la felicidad que siempre estuvo empañada por el dolor y la falta de amor por la vida.

Llegué a la conclusión que debía dejar que Luiz siguiera su camino. ¡Finalmente! No tenía derecho a encarcelarlo con mis limitaciones, mis enfermedades. También necesitaba encontrar un nuevo camino. Juntos tendríamos que crecer - yo en el camino espiritual y él en el camino material -, para intercambiar experiencias, para algún día sanar nuestras diferencias.

XXXIX. TRABAJO

No permitáis que los problemas externos, incluidos los de vuestro propio cuerpo, os descalifiquen para el servicio de la iluminación.

Fuente Viva - Emmanuel - Francisco Cândido Xavier.

Debería existir un manual de visitas al paciente. ¡Cuántas cosas desagradables he oído en una cama a lo largo de los años! En las habitaciones del hospital, cuando me operaban, las visitas llegaban temprano - a veces llegaban a las cuatro de la tarde y solo salían a las diez de la noche -, y derramaban sus sufrimientos sobre mi debilidad, pues pensaban que estaba bien y solo salían de visita. Se acabaron las horas. Peor: me decían que tenía que dejar de estar enferma, porque Luiz iba a buscar otra mujer, mientras otros me hablaban de su felicidad como diciendo "levántate, supera tus enfermedades y ven a vivir tu vida", todo con las mejores intenciones, pero me entristecieron aun más por mucho que quisiera curarme.

Incluso con mi mala salud, intenté acompañar a Luiz en su vida social. Fumaba, bebía socialmente - qué ironía, beber siempre es beber y hay que evitarlo -, éramos parte del *Rotary International,* jugábamos a las cartas hasta altas horas de la noche y con eso aprendí una nueva forma de amar, de no tener ganas, un extraño en el nido.

Formamos un grupo donde bailábamos y nos divertíamos todos los sábados. Si los doctores dijeran que mis dolores eran psicológicos, por qué no divertirse, tal vez desaparecerían. Hice lo mejor que pude para adaptarme al modo de vida de Luiz, incluso aprendí a jugar al billar. Y lo peor es que los dolores se localizaban en cierta parte del abdomen y en la rodilla, nunca cambiaban de ubicación, se volvían crónicos. Aun así no dejé de seguir a Luiz, quería ver si mi forma de vida "espiritual" estaba mal. Mi intensa vida social duró cinco años, pero paralelamente comencé a buscar otros caminos, ya que me sentía más vacío que nunca.

Entré en el CVV - Centro de Valorización de la Vida -, donde también trabajé durante cinco años y donde aprendí a escuchar, a callar cuando es necesario, a considerar cuando es necesario. Fue una de las mejores escuelas a las que he asistido, allí lidié con el sufrimiento sin juzgar, me sentí como en casa. Escuché mucho sobre el suicidio y fue interesante notar que escuchaba a la gente con mis propios pensamientos. Me di cuenta que no estaba sola con mis problemas, había otros como yo, lo que me dio un poco de consuelo, saber que no era la única y poder compartir mis ansiedades con alguien capaz de entenderlas, como nosotros, voluntarios, tuvimos reuniones de estudios y hablamos de nuestros problemas. El primer alivio de mi viaje lo sentí cuando me di cuenta que podía ofrecer ayuda a aquellos que enfrentaban el mismo sufrimiento que yo.

Trabajar en CVV marcó el inicio de la recuperación de mi salud espiritual, que fue muy lenta, casi un goteo. No confiaba en mí misma, tenía miedo a las alturas, pedí a Luiz y a mis hijos que evitaran tener armas en casa, explicándoles, en términos vagos, el motivo, que era el intento de preservarme. Pero estaba el río Meia Ponte, cerca de casa. Pensé en tirarme del puente y sumergirme en sus profundas aguas.

Mi padre se volvió a casar y vivió feliz con su nueva pareja hasta su muerte a los 85 años. Se instalaron en Santos, en la costa de São Paulo, y yo me quedé sin su valioso apoyo, como me había quedado sin el de Niza, que se había mudado a Belo Horizonte y sin mis hermanos José y Amélia que vivían en São Paulo. Estaban muy lejos y yo estaba pasando por situaciones maníacas, neuróticas y hasta psicóticas, sucediéndose cirugías, de útero, de ovarios, de trompas, de intestinos. Malas rodillas, laberintitis, decían que era falta de trabajo, entonces comencé a trabajar en dos guarderías.

En colaboración con cuatro matrimonios fundamos una guardería, Santa Genoveva y tiempo después, los miércoles, con un grupo espírita, ayudaba a preparar sopa para familias necesitadas. Así comencé a dar los primeros pasos hacia la Doctrina Espírita. No creía en nada, pero como un amigo espiritista que conocí en el CVV me dijo que solo me curaría dentro del Espiritismo, comencé a asistir al Grupo Espírita Fraternal del Sr. Geraldo y mi pensamiento era quedarme allí solo hasta curarme.

El señor Geraldo fue un trabajador natural de la Doctrina Espírita. Fue presidente del Grupo Fraternal y fue a través de él que inicié mis primeros pasos dentro de la Doctrina. Pasos inciertos, es cierto, pero admiré su ejemplo de entrega a los demás: cada fin de semana se dedicaba a construir casas para gente necesitada, trabajando como albañil. Su dedicación fue total, parecía no querer perder el tiempo en esta encarnación. Asistiendo al Grupo Fraternal Espírita, conocí por primera vez sobre *El Libro de los Espíritus* y *El Evangelio según el Espiritismo.*

En *El Libro de los Espíritus* encontré una pregunta que me habló directamente de lo que siempre he pensado sobre la felicidad.

Pregunta 920:

¿Puede el hombre disfrutar de una felicidad completa en la Tierra?

No, ya que la vida le fue dada como prueba o expiación.

Pero de él depende aliviar sus males y ser lo más feliz posible en la Tierra.

Empecé a entender claramente que tendremos momentos de felicidad, pero nunca la tendremos del todo en este planeta de expiación y de prueba, solo nos corresponde a nosotros reconocer nuestros momentos felices, teniendo la debida comprensión, aceptación y mucha fe, cuando atravesamos tiempos difíciles. El inicio de mi búsqueda comenzó a través del estudio, encontrar respuestas a las preguntas siempre presentes en mi existencia de dónde vengo, hacia dónde voy.

En *El Evangelio según el Espiritismo* encontré consuelo en el capítulo V, donde tenemos una explicación sobre la tristeza que invade nuestra alma:

La Melancolía

"¿Saben por qué, a veces, una vaga tristeza se apodera de vuestros corazones y os lleva a considerar amarga la vida? Y que nuestro espíritu, aspirando a la vanidad y a la libertad, se agota, uniéndose al cuerpo que le sirve de prisión, en vanos esfuerzos por salir de ello, reconociendo estos esfuerzos como inútiles, cae en el desánimo y, a medida que tu cuerpo sufre su influencia, se vuelve laxo, abatido, una especie de apatía, y se considera infeliz... Recordad que, durante vuestro exilio en la Tierra, debéis llevar a cabo una misión que no sospecháis, ya sea dedicándoos a vuestra familia o cumpliendo las diversas obligaciones que Dios os ha confiado. "

El sentimiento de culpa por los gastos en que incurría en el presupuesto familiar era enorme, ya que me parecía que el mayor temor de Luiz era gastar en mí lo que había ganado con gran dificultad. Recuerdo que uno de los varios médicos que consulté y lo llevé aparte para hablar y volvió cabizbajo, preocupado. Le pregunté qué le había dicho el médico y él, avergonzado, dijo que el médico conocía varios casos similares al mío, de esposas hipocondríacas que arruinaron a sus maridos. Sentí como si un terremoto me estuviera tragando. Ya no podía soportar luchar contra el dolor que no desaparecía por mucho que lo intentara.

Fueron años difíciles para los dos. No había otra manera: tenía muchas ganas de morir, atrapada por el dolor y las dificultades, veía el suicidio como la única salida. Ya no quería vivir con tantas complicaciones: había sucedido lo que Luiz más había predicho y temido: se había casado con una mujer enferma.

Físicamente nunca intenté suicidarme, pero me maté mil veces en el pensamiento, siempre planeé un medio eficaz para el terrible acto.

Pensé en dejar una carta culpando a alguien, pero al mismo tiempo rechacé ese pensamiento. No dejaría ninguna carta. Dónde suicidarme, armas que no tenía, tirándome debajo de un auto, tomando medicamentos, saltando desde un edificio alto. Los obsesores anidaban en mi pantalla mental. Hoy, estudiando la Doctrina Espírita, veo claramente que los obsesores solo se apoderan de nuestros pensamientos si les damos cobijo. No podemos simplemente culpar a los obsesores, tenemos nuestra propia parte de culpa, ya que les ofrecemos combustible sin precedentes:

Nuestros pensamientos negativos. Entonces comienza la simbiosis espiritual.

Tenemos que prevenirlo poniendo a nuestros hijos en la evangelización infantil, para que de adultos tengan el apoyo necesario para enfrentar las adversidades de la vida.

Las adicciones en general crean vínculos entre el espíritu encarnado y el desencarnado, y ambos se alimentan de la casa mental del espíritu afín.

Me obsesioné, sí, mucho, pero no puedo culpar a los obsesores, porque a través del estudio de la Doctrina de los Espíritus, más tarde me di cuenta que mis pensamientos negativos eran una cosecha abundante para mis enemigos desencarnados. Me encontré cara a cara con mi libre albedrío. Después de todo, ¿qué era el libre albedrío?

En *El Libro de los Espíritus* en la pregunta 122 sobre este tema encontré la respuesta, que abrió mi razonamiento.

"El libre albedrío se desarrolla a medida que el espíritu adquiere conciencia de sí mismo. Ya no tendría libertad si la elección estuviera determinada por una causa independiente de su voluntad..."

Entendí que Dios no sería justo si no respetara nuestro libre albedrío, pero cosecharemos exactamente lo que sembramos. Acción y reacción. Cómo estoy cosechando lo que sembré en otras vidas.

Mi fe y mi esperanza de días mejores eran mi refugio seguro, porque cuando oraba me sentía bien y me liberaba de pensamientos suicidas, aunque fuera por un poco. Jesús fue mi terapeuta, ya que no encontraba consuelo en la creencia que profesaba y aunque frecuento la Doctrina Espírita, aun no llega mi tiempo de creer en lo que me instruyeron.

Estaba cansada, agotada por tantas luchas íntimas, llegando al punto en que ya no podía tolerar llevar no mi vida, sino la de Luiz. Lo que me ofreció en el plano material no me satisfizo, no pude conciliar los dos lados, el material y el espiritual, me deprimí mucho hasta que le puse fin: dejé de ir a bares, dejé de fumar. y la bebida - mi salud tampoco me permitía estos excesos -, y descubrí que el sentimiento de culpa por no acompañar a Luiz había disminuido al descubrir mi disfrute de la convivencia en las guarderías, en la CVV y en las oraciones.

Entonces decidimos que cada uno seguiría su propia vida y que yo solo lo acompañaría a reuniones sociales donde mi presencia fuera necesaria. Ni siquiera intentó disuadirme de mi decisión. Incluso, creo que se sintió aliviado. Fue justo; cumpliendo sus promesas en la espiritualidad, ejerciendo dignamente su rol de esposo. Les decía a sus amigos que admiraba mi fuerza de voluntad por no dejarme deprimir por las enfermedades, por no quejarme, pero directamente a mí nunca me dijo una palabra al respecto.

Durante mucho tiempo tuve un pie en la Iglesia Católica y el otro en la Doctrina de los Espíritus.

Las palabras del mentor Alexandre en espiritualidad sobre el libre albedrío resonaron en mi inconsciente. Si la fe católica no había logrado alejar de mi mente la idea del suicidio, la decisión de pasar al Espiritismo estaba a punto de tomarse. Recuerdo bien esos años tumultuosos. Ahora que escribo estas páginas veo que la espiritualidad nunca me ha abandonado. Francisco se acerca a mí, tranquilamente. Lo veo con los ojos de mi alma, siento el roce de sus manos sobre mi cabeza dándome energía para continuar el trabajo, en el que él no interfiere. Los recuerdos vienen a raudales, pero con mucha fe en Jesús espero poder relatar los hechos sin lastimar ni lastimar a nadie.

Me pongo en estado de meditación y me siento reconfortada con su presencia amiga, siento que un calor me invade, mis manos se duermen, es la señal que él está presente y parece decirme "ve fuerte, lo que estás escribiendo. Ayudarás a muchos, no importa si algunos no creen, sabemos que todo es verdad y resonará en todo aquel que necesite ánimo, sigue adelante y que Jesús te bendiga."

Dejo la sintonía espiritual que no quisiera perder y vuelvo a la realidad de la vida, siempre sorprendida por la serenidad que me invade cuando conecto con benefactores espirituales. Asistí al Grupo Fraterno durante unos dos años y allí me reencontré con Maura, una amiga del bachillerato, ex estudiante de bachillerato, que ya era espiritista en ese momento, pero no nos habló para no escandalizarnos. Fue una alegría saber que ella revisaba textos para su publicación, y como ella quería escribir, comencé a fortalecer nuestros contactos y el vínculo que ya nos unía material y espiritualmente se hizo más fuerte. Como nos gustaba leer y escribir, ella estuvo dispuesta a ayudarme y fue un gran incentivo para la producción de mi segundo libro *De Frente para la Vida.* ¿Coincidencia? ¿O la redención de un compromiso asumido en la Casa del Escritor de la espiritualidad?

En cuanto a la religión, veía acercarse el momento en el que tendría que decidir el mejor camino a seguir, ya no sabía qué dirección tomar en la vida. En aquella época todavía no aceptaba la Doctrina Espírita, por lo que ya no asistía al Grupo Fraternal, dedicándome solo a las guarderías y otros trabajos voluntarios. Rara vez iba a misa. Navegué sin rumbo y sin destino, pero manteniendo la fe en Jesús, que tampoco me bastaba. Sentí la falta de algo que no sabía qué era.

Como el dolor físico y moral era muy intenso, la soledad se convirtió casi en mi única compañera. A los cuarenta años todavía buscaba a alguien que entendiera mis sentimientos. Quería abandonarlo todo, marido, casa, hijos, tomar un autobús e irme sin destino, buscando algo que no sabía qué era, mis vidas pasadas haciéndose presentes en mi vida actual.

Con tantos errores ya acepté buscar lugares que me recomendaran para el tratamiento. Fui a un terreiro de Umbanda donde el guía, el caballo, como dicen, bebió no sé cuántas botellas de aguardiente, me arrojó a un río para limpiarme, pero no dijo lo que tenía, ni física ni espiritualmente. Incluso a una iglesia evangélica, dirigida por Catalina. Allí el pastor me aconsejó que creyera en la Biblia.

Mis hijos Letícia y Mário me llevaron a los lugares más extraños en busca de mi cura. Se convirtieron en mi apoyo ante las enfermedades. Cuando eran adolescentes, se preocupaban por mí. No sé cuántas personas vinieron a orar a mi casa, guiadas por quienes hicieron todo lo posible para buscar ayuda, pero eran jóvenes, querían disfrutar de la vida y no podía limitarlos a mis enfermedades.

Los más antiguos. No les gustaba estudiar, a diferencia del menor, Ivo, que era un estudiante modelo. Le encantaba estudiar y siempre me dijo que quería casarse temprano, lo que en realidad sucedió cuando tenía solo 22 años. No puedo dejar de decir, como madre orgullosa, que ahora es licenciado en economía e informática, tiene dos maestrías y un doctorado realizados en Estados Unidos, donde enseña en una universidad, y se casó con Eunice, también brasileña, de esta unión nacieron tres hijos, Henrique, Natália y Mariana. Como no tenía ningún vínculo kármico con su familia, continuó su vida sin mayores problemas. Parece que nació en Brasil por elección propia, pero ama el país en el que vive y ha adoptado sus costumbres. Pero no salió ileso del sufrimiento que le obligó a afrontar la vida de forma más devota y caritativa: su mejor amigo, un colega de la universidad, sufrió un ataque en los brazos. Le diagnosticaron un tumor cerebral. Como él y su esposa no tienen familiares en ese país, Ivo y Eunice desempeñan el papel de padres y hermanos, tienen que hacer todo lo posible para ayudarlos, especialmente en relación con sus hijos, hecho que realmente les ayuda a crecer, a tender una mano amiga a los demás. Católicos practicantes, ayudan a la amigable pareja en lo que pueden ser los mayores beneficiarios de enseñar a sus hijos la palabra caridad.

Letícia y Mário eran completamente diferentes. Querían disfrutar de la vida, hasta la fecha, bailan, tienen un gran número de amigos. Ya no van a misa, y como yo no decidía qué religión seguir, no asistían a la iglesia, solo querían disfrutar de la vida, sin adicciones ni drogas.

Letícia nació prácticamente espiritista. Desde pequeña rechazó los dogmas del catolicismo y buscó cosas ocultas en adivinos, tarotistas y astrólogos. A los 15 años tuvo su primer novio, al que siguieron muchos otros, pero no se llevaba bien con los chicos. A la edad de 22 años se comprometió con un chico que recién se había recuperado del consumo de drogas, llamado Vicente. Le entregué el caso a Dios, hablé con ella, pero nada parecía ayudar, tal era la pasión en la que se sentía atrapada. Sentí que había algo espiritualmente mal en ella. Ya era espírita. La llevé a un Centro Espírita, donde su obsesor, Roger, fue descubierto durante una sesión de desobsesión. Letícia y yo estábamos presentes cuando él se acercó a ella y le dijo que en la Francia del siglo XVII ella había sido su amante y lo había asesinado para estar con alguien más rico y que en el momento de este acto cruel yo era su madre. Solo se reveló porque me reconoció y quedó muy conmovido. Decidió liberarla, con la esperanza de crecer y perdonarla. Ella le informó que desde ese momento él la había perseguido con su odio y que ambos habían fracasado varias veces, pero que ya no la molestaría, de ahora en adelante cada uno seguiría su propio camino, tal vez algún día se encontrarían en mejores condiciones.

Con esta revelación, Letícia cambió su comportamiento. Trabajó durante unos seis años con niños de la calle. A los 30 años se fue a trabajar a São Paulo, donde se instaló. Sus relaciones románticas habían cambiado por completo. Encontró a su amiga y compañero Braga, a quien le debe de otras vidas y con quien está casada. No podrá tener hijos porque le extirparon el útero debido a un fibroma. Esto no les impide llevar una vida matrimonial relativamente feliz, ya que ambos entienden que la ausencia de hijos es consecuencia de vidas pasadas.

¿Cuántos jóvenes no pueden encontrar a sus pares en la vida debido a influencias espirituales perniciosas, sin un tratamiento que los proteja? Otros que decidieron quedarse solteros para realizar otras tareas, al encarnar, se sienten frustrados porque no encuentran una pareja adecuada. Hasta llegar al punto en que Letícia mereció la revelación que cambió su vida, fue un largo camino, con muchas lágrimas por los amores rotos. Después de mucho tiempo, Roger le envió un mensaje diciéndole que estaba bien y que porque había tomado un rumbo diferente en la vida, especialmente su dedicación a los niños de la calle, había contribuido a elevar su sintonía vibratoria, pero que siempre seguiría siendo la María que había vivido en Francia. Ya no interferiría en su vida, pero tenía que tener cuidado, porque, al menor incumplimiento, otros obsesores podrían hacerle daño.

En cuanto a Mário, ni siquiera quería pensar en casarse, quería disfrutar de la vida. Como no le gustaba estudiar, empezó temprano a trabajar con su padre y sus tíos. Fueron tiempos difíciles para todos, ya que él, al contrario de su padre, con una amplia sonrisa, se encontró trabajando al lado de gente cerrada. Pero fue un aprendizaje importante, en el que adquirió el gusto por el trabajo. Siempre digo que no todo el mundo nace para ser médico, aunque los padres deberían animar a sus hijos todo lo que puedan. Pero si no hay vocación, no hay que desesperarse, basta con buscar un trabajo que les guste y la situación cambiará.

El embarazo de Laís, la novia de Mário, cambió su vida. Sin preparación alguna, afrontaron el matrimonio, que solo duró dos años, pero que trajo a nuestras vidas a Leonardo, nuestro primer nieto, fuente de alegría y felicidad. El joven matrimonio había montado una tienda que quebró. Incapaces de soportar la presión, después de dos años de matrimonio, llegó la separación, lo que llevó a que nuestro hijo regresara a su antiguo hogar, ahora sin esposa, sin hijos y sin trabajo. Aunque con mucho sufrimiento, hoy me doy cuenta que fue lo mejor que le pudo haber pasado. Desde entonces, ha sufrido muchos cambios para mejor. Se apegó a su hijo, incorporando el papel de padre a su vida. Como su ex esposa trabaja mucho, trajo a su hijo, que ahora tiene cinco años, a vivir con nosotros y gracias a él hizo lo mejor que pudo para rehacer su vida, se transformó y hoy, a la hora de trabajar, tiene su lugar bajo el sol garantizado. Leonardo, que ahora tiene 12 años, volvió a vivir con su madre, quien se volvió a casar.

Narro estos hechos para demostrar que realmente traté de cumplir con mis obligaciones como madre hacia mis hijos, con quienes no estaba tan en deuda. Mi mayor problema fue la enfermedad, la lucha contra el suicidio y el compromiso espiritual con mi marido.

Durante dos años hice psicoanálisis con el Dr. André. Les dijo a los médicos que mi dolor era real, que realmente lo sentía y que psicológicamente no tenía nada de malo. Me ayudó mucho, me apoyó, alivió mi conciencia culpable, pero tampoco encontré lo que buscaba en esta terapia. Cuando le hablé del suicidio, sus pensamientos no resonaban en mi mente y me sentía cada vez más vacía.

Todo lo que me habían dicho en la espiritualidad estaba sucediendo: había aceptado recuperar las consecuencias de mis suicidios en esta encarnación, pero no tenía idea que sería tan difícil y complicado. La lucha contra mi temperamento explosivo fue muy difícil. Podría estar bien por mucho tiempo, pero cuando me descuidaba, en cinco minutos destrozaba todo lo bueno con palabras hirientes, desarmonizando el ambiente.

Mi amiga Rosa dijo que no me entendía, ya que aunque le confié que odiaba la vida, actuaba como si me gustara. Era una maníaca de la lectura, siempre tenía un libro a mano, amaba el cine y la música, y me fascinaban los libros de los grandes maestros de la Humanidad, que trataban temas que saciaban mi sed espiritual.

Luciana construyó una casa al lado de la mía, en el barrio de Jaó. Seguí con mucho interés su evolución espiritual, fui feliz cuando entró a trabajar al CVV. Sin saber que era mi hija en otra vida, le tenía un cariño muy especial.

¿Cómo era Luiz, como padre? Dentro de sus posibilidades afectivas, les dio a sus hijos lo que pudo, pero su primer pensamiento fue el trabajo para no dejarnos faltar el pan de cada día.

Después de doce interminables años de búsqueda, el dolor en el abdomen fue diagnosticado por el Dr. João, neurólogo, como reflejo de un ganglio benigno e inoperable en la columna, ya que se encuentra ubicado en la raíz del nervio inguinal. ¡Qué irónico! Años de sufrimiento, cirugías innecesarias, apariencia neurótica y el problema estaba en la columna. Me bloqueé el dolor una vez a la semana durante doce años, ya que era lo único que me aliviaba. Pero no había cura. Los estiramientos que hice en el gimnasio, bajo la dirección del profesor Iván, también contribuyeron a mi mejora. No puedo caminar debido a una osteoartritis avanzada en mi rodilla. Si empeora aun más la opción es ponerme una prótesis, pero confío en Jesús y en la espiritualidad que eso no sucederá. Nunca pregunté a los espíritus - y ni siquiera me respondieron -, si todavía tengo muchas cuentas que saldar con otras personas. Solo cuando parta hacia la patria espiritual sabré de mis otras deudas, pero guardo dentro de mí la esperanza de saldar las más grandes en esta encarnación.

XL. GRUPO DE EDIFICACIÓN ESPÍRITA

12- ¿Con qué finalidad la Providencia dotó de manera especial la mediumnidad a ciertos individuos?

Es una misión que ellos tienen a su cargo y que los hace felices; son los intérpretes entre los espíritus y los hombres.

El Libro de los Médiums - Allan Kardec

Un día oí hablar del Grupo de Edificación Espírita, dirigido por una señora llamada doña Mércia. Era un domingo por la tarde, concretamente a las siete de la tarde. Algo hizo que mi corazón latiera con fuerza. Sabía, por intuición, que necesitaba localizar este Centro Espírita, que busqué tres domingos seguidos, sin poder encontrarlo. Ya me había dado por vencida cuando, hablando con una amiga, ella me dijo que frecuentaba otro Centro Espírita, Kardecista, ubicado en una hacienda. Pregunté si yo también podía ir y me respondieron rápidamente el domingo siguiente.

El lugar era encantador, en plena naturaleza, una finca con árboles y hojas ondeando al viento y pájaros cantando. Nunca había encontrado un lugar tan acogedor y tranquilo. Sentí una tranquilidad tan esperada. Cuando miraba a doña Mércia, era como si la conociera de toda la vida. Era junio de 1985, el Centro Espírita había sido fundado dos años antes, precisamente los años que yo había pasado en el Grupo Fraternal Espírita, conociendo la Doctrina que hasta entonces había insistido en no abrazar. Sentí que había estado siendo preparada para este momento, que mi búsqueda había terminado. Finalmente había encontrado mi lugar.

El mentor de la institución espírita se llamaba Alexandre.

Estos recuerdos me conmueven. Dejo de escribir, salgo al bosque de mi finca, me abrazo a los árboles, camino descalza sobre la tierra que me da energía. Es mucha emoción acumulada. No me siento digna de tanta comprensión, de tanta armonía, de tantas revelaciones. Mis manos se duermen, es Francisco quien me trae su presencia amiga, porque como dije, él estaría a mi lado en este momento en el que transcribo este período de mi existencia. En mis pensamientos mantengo un diálogo con él, recibo respuestas muy claras y las lágrimas corren por mi rostro.

- Estimado Francisco, me siento conmovida por el reencuentro entre Alexandre, Doña Mércia y yo, ahora me doy cuenta de lo importante que fue él en mi vida.

- Sí, Augusta, en aquel momento no sabíamos la gravedad de nuestros compromisos.

- ¿Qué seguiste haciendo hasta que pude comprender que mi camino era dentro del Espiritismo? Tuve varias experiencias y sufrimientos. No sé nada de ti desde nuestro último encuentro en la espiritualidad.

- Todo sucedió como dijo el mentor Alexandre. Nací como hermano de Luiz, Sebastián era mi nombre. Solo viví unos días, pero incluso cuando estaba desencarnado, tuve la oportunidad de vivir experiencias y ejercer el libre albedrío. Busqué la compañía de sacerdotes católicos, que fomentaban la desunión en los Centros Espíritas, pero ya no tenía la convicción que tenía antes. Mi intuición me decía que la encontraría en el centro espiritual mencionado por Alexandre y la Madre Consuelo. Seguí a los sacerdotes con la intención de encontrarte y cuando esto sucedió sentiste mi presencia. En aquella ocasión, Alexandre me invitó a visitar una Colonia espiritual, donde estudié la Doctrina Espírita. Estabas buscando tu equilibrio y entendí que necesitaba irme a estudiar, aprender y algún día poder ayudarte a ti y a los enfermos que bordean los caminos de ambos planos de vida, así que regresé a la Colonia Amor Perfecto y tú seguiste tu camino. No tenía idea de lo importante que eres para nadie.

Tres años después, ya entendía las enseñanzas de Jesús, las obras editadas por Kardec, cuando Alexandre me dijo que había llegado el momento de nuestro reencuentro, que tú, Luiz y otros a quienes había perjudicado en otras vidas necesitaban mi ayuda y me dieron permiso para estar a tu lado, apoyándote espiritualmente en el logro de la certeza que ya tenía sobre la verdad de las enseñanzas de la Doctrina Espírita. Debes recordar en qué circunstancias me presenté ante ti, en ese momento crítico de tu vida.

- No tengo nada que decir, solo agradecer a Jesús por permitirnos transformar el amor enfermizo de ayer y por ayudar a tantos a hacer el bien, aliviando el dolor. Israel, mi protector, que me ayudó a alejar los pensamientos suicidas, también necesita recibir mi agradecimiento, aunque nunca pensé en él.

- No te preocupes, los buenos espíritus tienen una sabiduría que no podemos entender. Israel siempre estuvo presente en tu vida, como muchos otros, fue un trabajador anónimo.

Miré mis macizos de flores y dije:

- A este parterre le pondré el nombre de Israel, no es un homenaje importante, solo un agradecimiento.

- No te desanimes ahora, Augusta. Estás llegando al final de tus informes, a pesar de las dificultades que ha causado la ausencia de mi colaboración directa. Sepa que siempre estoy a tu lado, animándote a seguir contando la historia de los pasajes más difíciles de tu vida, estoy seguro que ayudaremos a muchos. Jesús te bendiga.

Sentí su abrazo fraternal y quedé allí, tranquila, saboreando ese momento único.

¡Qué sensación tan extraña estaba sintiendo! Recordé que el primer día que visité el Grupo de Edificación Espírita sentí una gran seguridad e imaginé que allí encontraría respuestas a tantas dudas y podría curarme del dolor que tanto me atormentaba.

Al asistir a una conferencia, por primera vez, me atreví a expresar una opinión. La conferencia se dio en diapositivas con figuras y frases que llegaron a lo más profundo de mi ser. Había música ambiental y nunca antes había estado en un lugar que estuviera en sintonía con lo que tanto deseaba – tranquilidad -, pero pensé que aunque todo estaba muy bien. Solo me quedaría allí por un tiempo, el tiempo suficiente para conseguir la cura y solo estaría trabajando en la guardería católica.

No lo sabía todavía, pero se acercaba el momento predicho por el mentor Alexandre, el momento de utilizar el libre albedrío para elegir un nuevo camino religioso. Ya me había sometido a más de 20 cirugías sin obtener ningún resultado. Tres meses después, cuando doña Mércia me invitó a formar parte del grupo de médiums, acepté y decidí estudiar seriamente la Doctrina, que me resultaba extraña. Estaban estudiando el libro *Y la Vida Continua...*, del espíritu André Luiz y escrito por Chico Xavier, de quien solo había oído hablar. Mi mediumnidad surgió, pero yo no la quise, dije fuerte y alto, escandalizando a todos, que quien quisiera podía tener mis dotes mediúmnicos. Doña Mércia, pacientemente, intentó explicarme lo que me pasaba, pero yo no quería explicaciones, no quería desarrollar la sensibilidad que tenía, pero ya en la primera reunión mediúmnica en la que participé tuve una incorporación.

Aunque consciente, una fuerza mayor a mi voluntad me dominaba. No quise prestarme a manifestaciones mediúmnicas y sorprendí al grupo de amigos con mi inseguridad y falta de preparación.

Algún tiempo después, me di cuenta que ya no podía quedarme indecisa, tendría que elegir: católica o espírita. Elegí el Espiritismo no por convicción, aunque el Grupo de Edificación Espírita me fascinó y doña Mércia tuvo una gran influencia en mí. No podía aceptar como verdaderos los fenómenos que ocurrieron a través de mí ni creer en la reencarnación. Sin saberlo, estaba haciendo prácticas en el mismo nivel que antes en la espiritualidad. ¿Quién sabe, si me suicidara no todo se resolvería? Pero me faltó el coraje para hacerlo. Nadie en mi familia desaprobó mi paso al Espiritismo, pero mis amigos católicos se mudaron y, una vez más, me encontré sola. Comencé a estudiar diligentemente la nueva Doctrina, quería informarme sobre todo lo relacionado con ella. Doña Mércia nos pidió que escribiéramos lo que nos pasaba en las reuniones mediúmnicas. A continuación transcribo lo que registré de mi primer encuentro con Francisco:

10/11/1986

"Caí en un sueño profundo, sentí una presencia a mi lado y vi a un joven sacerdote, creo que de unos cuarenta años, con barba, que me pidió que le diera la mano. Se la di y, al instante, fue como si lo conociera desde hacía mucho tiempo. Dijo que me estaba buscando por tiempo indefinido, me llamó su querida hermana. Estaba muy cansado, pero dijo que sentía que había llegado a su destino junto con sus compañeros de viaje. Tenía un deseo infinito de no volver nunca más y quedarme a tu lado para siempre. Me pareció que su búsqueda de, no sé qué decir, había terminado. Me dijo que no podía expresarse con palabras, pero que simplemente estar cerca de mí lo hacía sentir mejor."

El mismo día escribí:

"No sé qué significa todo esto, solo sé que mi conexión con la gente religiosa fue un evento que me guio toda mi vida. Vivo entre sacerdotes y monjas en la guardería. Todos saben que soy espírita, me respetan y no me obligan a nada. No convivo con nadie que sea espírita en mis relaciones sociales, todos son exclusivamente católicos, solo yo soy la excepción. Estoy intrigada por esta fuerte relación entre la Iglesia Católica y yo, a pesar que he dejado toda su estructura, pero creo que surgirán un día aclaraciones a este fuerte vínculo que me une a ellos, aunque hoy me considero espírita."

17/11/1986

"Durante la primera parte, el mismo sacerdote que me pidió que me tomara de la mano, caminaba por la habitación muy confundido."

25/11/1986

"El mismo sacerdote, que hoy me dijo que se llamaba Francisco, se paró a mi lado y me habló, me sacó en espíritu y me mostró a sus amigos. Comenzó a hablar, instando a sus hermanos en la fe a pensar en la Doctrina Espírita y no avanzar sin antes pensar y estudiar lo que aquí escuchaban y estudiaban."

Siempre me da mucha pena dejarlo y me siento triste, porque sé que nuestra separación es cercana, no sé qué conexión tengo con él, pero parece ser muy fuerte, no sé. Me expreso bien porque también estoy confundida.

08/12/1986 - En esta fecha cumplimos 24 años de matrimonio.

"Siento un sufrimiento muy intenso por parte de los sacerdotes que tienen que abandonar la realidad de una religión en la que antes creían y seguir nuevos conceptos. Pero al mismo tiempo me siento aliviada de haber llegado al final de una larga búsqueda. Francisco me dijo que ahora están bien y listos para un nuevo viaje. Me parece que Francisco ya es un sacerdote con una visión más grande de la vida y ahora está con ellos con la tarea de calmarlos y consolarlos. No. Hola. pero si hay un mentor para mí parece ser él para mí, pero somos demasiado jóvenes para comprender

los planes del Padre, y lo que importa es que estamos ayudando a estos espíritus sufrientes."

No escribí más sobre el desarrollo de mi mediumnidad, pues el Centro Espírita había crecido y a doña Mércia ya no le era posible leer lo que escribíamos.

Todo sucedió tal como me había informado mi mentor Alexandre en la espiritualidad, pero para mí, una nueva espiritista, había un largo camino por delante.

Al escribir me sorprendió darme cuenta de cómo todo encajaba, incluso teniendo relatos escritos, sin ningún recuerdo consciente. Cuando leí *Memorias de un Suicida*, de Yvonne A. Pereira, no me sorprendieron sus descripciones del Valle de los Suicidas. El contenido me pareció ligero y familiar, lo mismo que sucede con *Nuestro Hogar* de André Luiz. Nada que hiciera referencia a la muerte o al suicidio me asustaba.

Durante más de 20 años soñé que me moría en las heces, sentía el olor en la nariz y el sabor en la boca. Me sentí impregnada por el olor desagradable, me desperté sudando frío. Fue un espectáculo horrible, una verdadera pesadilla. Fueron años muy difíciles para mí, en los que la pesadilla se repetía al menos cada semana y no había con quién hablar de ello. Hoy sé que mi espíritu volvió al pasado, por el tiempo que estuve en Valle de los Suicidas.

Quién sabe, esos recuerdos fueron un freno para que no volviera a repetir el acto demencial, una ayuda de la espiritualidad que me mostró el lugar al que regresaría si eso sucediera. En las reuniones de psicofonía, los espíritus obsesivos siempre aparecían dispuestos a castigarme por haberlos abandonado. Con amor y cariño, fueron aclarándose, uno a uno. El obsesor es solo un espíritu sufriente que, al perseguir al encarnado, se castiga a sí mismo, ya que sufre el mal del odio, de la ira que destruye el equilibrio del espíritu. No debemos tener miedo de ninguna persona obsesiva, sino ayudarla sometiéndola a un tratamiento serio de desobsesión, con pases, agua fluidificada, Culto del Evangelio en el hogar. Así, tanto los espíritus encarnados como los desencarnados quedarán libres de las limitaciones que son inapropiadas para el crecimiento espiritual de ambos.

¡Qué importante es el Culto del Evangelio en el Hogar! ¡Cuántos beneficios se obtienen con estas prácticas en los hogares!

Cuando la familia se reúne, a una hora y día predeterminados, estarán presentes los benefactores espirituales, quitando las influencias negativas del lugar, realizando una limpieza espiritual del hogar.

Cuántos Evangelios en el hogar son verdaderos oasis de bendiciones, haciendo del hogar un socorro espiritual, donde toda la familia se encuentra revitalizada en sus energías, con bendiciones curativas de carácter físico y espiritual, según el mérito de cada uno. Son luces de amor que se iluminan en la oscuridad de las tinieblas.

XLI. DOLOR DEL SUICIDIO

Practicar las lecciones recibidas, uniendo a ellas nuestras experiencias personales de cada día, representa el rumbo vivo y santificador.

Fuente Viva - Emmanuel - Francisco Cândido Xavier.

No puedo evitar admirar lo que vislumbro detrás de estos escritos. Sigo escribiendo y desentrañando los misterios de mi vida, me encantan las secuencias de los acontecimientos. Cuando encontré el Grupo de Edificación Espírita, mi intuición me llevó a decir: "Este es mi lugar." Había roto definitivamente con la Iglesia católica, finalmente había cortado el cordón umbilical. Aun así no pude aferrarme al Espiritismo, que tanto deseaba comprender. Los dolores y las enfermedades no me daban paz para trabajar espiritualmente, pero no me desanimaba, pensando siempre que mañana sería mejor que hoy.

Luiz no me acompañó, estaba inmerso en su propio circuito espiritual, sin interferir, pero no nos dejó participar ni a mí ni a nuestros hijos de su lado emocional, permaneciendo en silencio cada vez que se mencionaba este tema.

Al convertirme en espírita, encontré consuelo al saber que debí haber cometido graves errores en otras vidas, ya que en ésta no sabía dónde pasaba más tiempo, si en casa o en el hospital. El sentimiento de culpa era enorme, insoportable porque siempre estaba enferma y peor: sin diagnosticar. Seguí sintiéndome sola. Ni siquiera con doña Mércia pudo, al hablar de mi angustia, me sentí avergonzada por este pensamiento: ¿cómo podría seguir pensando en el suicidio? La idea echó raíces profundas en mí. Solo encontré consuelo en las lecturas espíritas, en las que encontré las enseñanzas de grandes maestros que hablaban de la fe, la esperanza, el amor al prójimo, la valentía para afrontar las dificultades, no desanimarse ante los obstáculos, que se podía encontrar la felicidad en este mundo, pero en pequeñas proporciones, en los buenos momentos que nos ofrece la vida.

Traté de asimilar todo eso, trabajé cosiendo, en la sala, di clases en ESDE, organicé un bazar de ropa usada, un bazar de artesanía, almuerzos benéficos para ayudar al Núcleo Asistencial Estrella Dalva, una extensión de Edificación, en un barrio pobre en las afueras. Nada disminuyó el vacío y el dolor que sentí. Luciana, mi hija Letícia y yo decidimos abrir una tienda de moda joven, pero pronto hubo que ponerla en funcionamiento y el negocio no funcionó, tuvimos que cerrar. Lo que me quedaba para el trabajo voluntario me faltaba para ganar dinero. En este sentido yo era solo 00, sin lugar para el número 1, como dice Huberto Rohden. ¿Qué más hacer en mi vida? Empecé a sentir dolor en los dientes y me vi obligada a acudir a dentistas, ortodoncistas y neurólogos. Me sacaron dos dientes sanos y al final me dijeron que tenía neuralgia del trigémino. El dolor era más que soportable e, irónicamente, los expertos me dijeron que este dolor se llamaba "dolor suicida" porque algunas personas no podían soportarlo, era muy fuerte.

¿Coincidencia o karma? Había pedido venir con todo lo que me correspondía, incluso el dolor que sentía tenía que tener ese nombre. Además de sacarme dientes sanos, me sometí a dos cirugías con balón dentro de la boca, una en Goiânia y otra en São Paulo. Me hicieron lo último en neuralgia del trigémino, pero el dolor siguió aumentando en intensidad, lo que me llevó a estar hospitalizada durante aproximadamente un mes. El Dr. Juan, neurólogo, decidió realizar una cirugía de cabeza, interfiriendo el nervio trillizo. Dos días antes del procedimiento pensé: "No me voy a hacer esta cirugía, realmente me voy a suicidar, me voy a tirar al río."

Entonces ocurrió lo que yo llamo un milagro: vi una luz brillante que me decía que no me suicidara, pues sufriría dolores mucho peores que el dolor físico que sentía, que no diera ese paso, con el cual estaría comprometiendo mi encarnación, que tuviera la fuerza y la esperanza que el dolor disminuiría. Dijo además: que no tendría una cura definitiva para mis enfermedades, pero que mi sufrimiento sería aliviado y tendría la fuerza para atravesar las dificultades y de ahí en adelante él sería mi compañero de camino, para que juntos podríamos ayudar a muchos que sufren, por eso debía mantener la fe en Jesús. No dijo su nombre y no le pregunté.

Sentí que se me entumecieron las manos, me las puse en la cara y el dolor se fue, no necesité operar. La presencia amiga invisible en forma de luz estuvo presente en mi vida, calmando, por primera vez, mis deseos. Empecé a desconectarme de los pensamientos suicidas. Este espíritu me pidió reunir a un grupo de seis personas en casa de Luciana y Camel, para comenzar a estudiar el Evangelio. Formamos el grupo al que fue invitada doña Eva, nuestra vecina y amiga que aun no había encontrado un Centro Espírita donde asistir y no sabía casi nada sobre la Doctrina de los Espíritus. Todavía no sabíamos el nombre del espíritu que nos ayudó cuando, un día, estando en la finca de un amigo, sentí un fuerte deseo de escribir y justo después de pedirle papel y lápiz a mi amigo, me senté bajo un árbol y escribí el siguiente texto a petición del espíritu.

16/08/1989, a las 18:00 horas

"Querida hija Luciana,

Los caminos que recorrió Jesús estuvieron llenos de espinas y sufrimiento. Él, en su infinita bondad, nos dio su propia vida como ejemplo.

¿Qué más queremos, simples mortales que somos y seremos mientras nuestras imperfecciones no hayan sido transmutadas para nuestro propio beneficio interior? Ánimo, valentía y, sobre todo, mucha fe, nunca te sientas sola, porque Jesús y la espiritualidad estarán siempre a tu lado y el de tu familia. No exijas comprensión a quien no puede darla, no te preocupes demasiado por el futuro, ya que todo llegará a su tiempo. Crea a tu alrededor un aura de amor, no de tristeza y angustia, y este mismo amor se desbordará e iluminará los caminos de tus seres queridos. Entrégate a tu prójimo más cercano, que son los que viven bajo el mismo techo. Desde aquí estaré velando por ustedes, pero el primer paso hacia nosotros con optimismo y confianza tendrá que venir desde dentro.

Que Jesús te sostenga hoy y siempre, padre Francisco."

Fue entonces cuando supe el nombre del espíritu que estaba en comunión conmigo y me había ayudado a liberarme del suicidio. En ese momento no entendí por qué había llegado el primer mensaje y la revelación de su nombre a Luciana, solo después llegaría la noticia que era hija mía y de Francisco, en la encarnación en la que me arrojé al precipicio. De hecho, no hice ninguna conexión entre el padre Francisco que habló en 1986, lo que solo ocurrió años después cuando, revisando mis archivos, encontré la declaración escrita en ese momento y una vez más quedé extasiado por el giro de eventos. Con nuestros estudios, doña Eva se estaba preparando para dejarlo ir, lo cual ocurrió unos tres años después que iniciamos las reuniones de estudio en la residencia de Luciana y Camel.

Francisco siempre aparecía en las reuniones y nos agradecía por permitirle mejorar su aprendizaje espiritual. Nos advirtió sobre nuestra responsabilidad y nos animó a seguir asistiendo al Grupo de Edificación Espírita, hoy, creo me habló más, porque al mismo tiempo que me gustaba esa casa de oración, pensaba en abandonar mis actividades, quería algo más, todo no me alcanzaba, a pesar de aprender disciplina y estudiar allí. Siempre insatisfecha, parecía un pájaro fuera del nido, me creía persona *non grata*, me sentía culpable sin haber hecho nada y aunque amaba a doña Mércia, siempre me avergonzaba delante de ella y muchas veces me metía en grandes problemas. Durante este período, los pensamientos suicidas se hicieron más frecuentes, pero los conflictos de otras vidas estallaron con fuerza y vivió una existencia íntima tumultuosa.

Comenzó a preparar su equipaje espiritual para regresar a su patria espiritual. Las reuniones en casa de Luciana continuaron, y en una de ellas doña Eva, ya desencarnada, nos contó lo importante que habían sido para ella los estudios que hicimos juntos, agradecía a todos los que la ayudaron a preparar su regreso. Nos habló de Francisco que, a su juicio, era de gran elevación espiritual, pero que siempre decía que estaba aprendiendo.

La comunicación fue muy importante para nosotros y su familia que se hicieron espiritistas. Aprendimos que ella estaba bien y que nunca es tarde para empezar a estudiar la Doctrina de los Espíritus.

Por mucho que lo intenté, no pude encaminar a Rosa hacia ninguna religión, pero sentí que siempre debía tratar de animarla a desarrollar sus dones espirituales y más tarde la vida le mostró de una manera inusual que necesitaba aferrarse a Dios con fe y esperanza, que Él no está aquí solo para estar.

Su hijo Renato se casó muy joven con Marina, con quien vivió un verdadero caos doméstico, entre agresiones y reconciliaciones. Por mucho que Rosa intentó ayudar, se encontró con la intolerancia de los dos, quienes al tener un par de hijos no los respetaban, intercambiando insultos verbales y físicos en su presencia, hasta que en uno de estos desacuerdos, Marina cayó y murió. Renato fue acusado de asesinato y encarcelado durante algunos años hasta el juicio. Fueron años terribles de sufrimiento para todos, especialmente para Rosa. Me pidió que la llevara al

Centro Espírita, lo cual hice de inmediato, pensando en la ironía que representaba mi esfuerzo de casi toda la vida para que ella encontrara un camino religioso, en vano, y en esa situación de sufrimiento la llevé de la mano hacia el Consolador prometido.

En el juicio de Renato, los padres de Marina declararon a su favor, liberándolo del cargo de asesinato, pues conociendo la vida de la pareja, sabían que la muerte de su hija había sido un terrible accidente. Esta actitud ética sorprendió, ya que las familias de las víctimas normalmente parecen muy enojadas, incluso llenas de odio, pero la verdad prevaleció a pesar del inmenso dolor de la pérdida. Sabían que su yerno no podría quitarle voluntariamente la vida a la persona que amaba entrañablemente y que era madre de sus hijos. Libre de convicciones, Renato empezó a trabajar y ahora se ocupa de sus hijos, apoyado por su familia. Rosa tuvo que sobrevivir a tormentas y terremotos para ganar fe. Se apoya en la Doctrina Espírita, en el ejercicio de su libre albedrío, donde encuentra consuelo, acudiendo a Dios en los momentos difíciles y cumpliendo su tarea con su familia. Tantos años de lucha para que Rosa encontrara su fe no habían sido en vano, había plantado la semilla en su espíritu y en el momento de necesidad germinó, lo que me hizo agradecer a Dios por la oportunidad de haber participado en esta siembra espiritual.

No perdí el contacto con Nice, que vivía en Belo Horizonte y también se hizo espírita, asistiendo regularmente a cursos en un Centro Espírita. Catalina encontró su camino hacia una iglesia evangélica, pero seguimos siendo amigas. Cuando enfermé, ella pidió a sus compañeros creyentes que oraran por mí en mi casa. Fueron visitas de evangelización, incluyendo lectura de la Biblia e intentos de convencerme que estaba enferma por ser espírita. Nada de esto ha afectado nuestra amistad y me alegra ver que está feliz con su segundo marido y la vida que ha elegido.

XLII. MENSAJE DE ALEXANDRE

Sin Cristo, sin la esencia de su grandeza, todas las obras humanas están destinadas a perecer.

Camino, Verdad y Vida - Emmanuel -
Francisco Cândido Xavier.

A pesar de mis amigos, me sentía sola, enferma y sintiéndome culpable, sin ganas de vivir, pero gracias a Dios la idea del suicidio ya no me atormentaba tanto, incluso podía subir a los pisos más altos de los edificios, sin tener ganas para lanzarme al vacío.

Francisco siempre estuvo a mi lado, pero no usé su presencia como un palo para apoyarme y traté de evitar que la gente lo hiciera. No sabía nada de nuestros compromisos espirituales, pero aunque él era muy querido por mí, tenía mis propias actitudes y pensamientos, a pesar de poder percibir con certeza cuando me daba algunas instrucciones. Poco a poco fue aclarando la naturaleza de nuestro compromiso con Luiz y me permitió tomar conciencia de hechos ocurridos en lo que llamo mi primer recuerdo, en el que fuimos nosotros quienes provocamos la detención de Luiz, con quien hablé del asunto, pero él no lo creía, a pesar de asistir al Centro Espírita Mensajeros de la Luz, nunca oculté la existencia de Francisco en mi vida.

Un día, hablando con un amigo en presencia de Luiz, le dije:

- Mi gran amor no es Luiz, es Francisco, pero él no vive aquí.

Ella se llevó el mayor susto. ¿Cómo podría decir que amaba a otra persona delante de mi marido? Noté su asombro y le expliqué que mi amor era en el plano espiritual, no de esta Tierra. Nos reímos mucho después que hice estas aclaraciones y a partir de ahí me volví más cautelosa al hablar.

Seguí cuestionándome, pero ya acepté la Doctrina de los Espíritus y en el fondo sabía que el Grupo de Edificación Espírita era mi lugar; un sentimiento muy fuerte me unía a doña Mércia, quien atendía mis necesidades espirituales con cariño y dedicación, en la medida justa, pero no como yo quería. Me enseñó disciplina dentro de la mediumnidad, que todavía insistía en no aceptar del todo. En ese momento, las personas que más quería eran Luiz y doña Mércia, pero soy consciente que desordené sus vidas altamente productivas y ordenadas, causándoles, sin darme cuenta, grandes problemas.

Mi búsqueda me llevó a trabajar en psicofonía en el Hospital Psiquiátrico Casa de Eurípedes. Permanecí en trabajo médico único de 9:00 a 12:00 y continué desarrollando las mismas actividades en el Grupo de Edificación Espírita, en desacuerdo con las enseñanzas del espíritu desinteresado André Luiz, cuya orientación es que el ejercicio semanal de la psicofonía es suficiente, lo que me hizo perder energía. Dejé el trabajo en la Casa de Eurípedes y tuve que reponer energías mediante cromoterapia y no escuché ninguna palabra de desaprobación de parte de doña Mércia. Hoy sé que ella estaba dispuesta a ayudarme con mis desequilibrios espirituales y en mi búsqueda de algo más.

En ese momento conocí al Dr. Carlos, un médico altamente espiritual y amable que trabajaba en Vila San Juan, como médico y presidía un Centro Espírita al que comencé a frecuentar junto con él, dejando por un año el Grupo Constructor Espírita y a doña

Mércia. La soledad y la búsqueda continuaron en mis noches de insomnio.

Trabajando con el Dr. Carlos, conocí a Lílian, quien pasó a trabajar con un grupo de sanación, bajo la guía espiritual de Francisco. Era una persona encantadora y nuestra amistad era recíproca. Casada con Leandro, médico homeópata, y madre de cuatro hijos, dos hombres y dos mujeres, enfrentó tiempos difíciles, pero, espiritista desde niña, tenía una fe inquebrantable y cuando observaba la obra espiritual de Francisco quedaba encantada y un fuerte vínculo la unía a él. Empezó a llamarlo padre Francisco e intuitivamente sentí que algo que trascendía mi entendimiento estaba sucediendo hasta que, una noche, llegó la revelación. Lílian era su hija que vendría a mí necesitada de ayuda, como me reveló cuando estaba en el plano espiritual, de ahí el afecto inmediato que me inspiró. Vivió días de luchas muy difíciles, ya que su madre se había suicidado. No me propuse reemplazar a su madre, pero quería ser una hermana que la ayudara en su compromiso de crecimiento espiritual.

A través de mi mediumnidad, Francisco la llevaba en brazos, enviándole cariñosos mensajes, instándola a continuar con su trabajo como fisioterapeuta, porque a partir de entonces trabajaría con ella para aliviar los mayores dolores de sus pacientes. Hasta el día de hoy, Lílian se conmueve hasta las lágrimas al tener un padre que puede ayudarla en esta encarnación. Asiste regularmente al Grupo de Edificación Espírita. Somos grandes amigas y bromeamos diciendo que ella y Luciana son hermanas, ya que tienen el mismo padre espiritual. Mi intuición me dice que mi salida del Grupo de Edificación Espírita tuvo como objetivo rescatar a Lílian, acercarla a nosotros, porque tan pronto como esto sucedió regresé a Edificación, con el corazón tranquilo, segura que pertenecía allí.

A veces me preguntaba el motivo que impedía que Luiz y yo nos separáramos, ya que éramos opuestos. Impulsada por el sentimiento de culpa por estar siempre enferma y asfixiándome, intenté separarme tres veces, sin éxito. La decisión llegó cuando estaba en crisis, cansada, agotada por la búsqueda infructuosa de encontrar la paz interior y alcanzar la salud. Luiz nunca habló de separación, pero me di cuenta que estaba cansado de las preocupaciones que le traía. Me parecía que al separarme de él me sentiría más tranquila ante mi conciencia, pero en ese momento no era posible.

Me doy cuenta que quienes pueden afrontar la separación es porque ya cumplieron sus compromisos con su pareja o los pospusieron para otras encarnaciones. Lo que muchas veces se confunde con cobardía o autocomplacencia puede ser el cumplimiento de compromisos adquiridos en la espiritualidad, antes de la reencarnación. Ésa fue la conclusión a la que llegué después de mucha observación a lo largo de los años. Los buenos espíritus no están a nuestra disposición las 24 horas del día para responder a nuestras preguntas, lo cual está muy bien, porque de lo contrario nos convertiríamos en robots, sin libre albedrío para decidir.

De vez en cuando todavía tenía ganas de salir corriendo, tomar un autobús e irme sin destino. Mi espíritu era muy rebelde y el pasado interfería con mi presente. Todos los miércoles, Luiz asistía a otro Centro Espírita. Como no dijo nada, nunca supe si pensaba que era bueno o malo, si aceptaba o no la Doctrina, aunque siempre le dije que una vez que pudiera hablar de sus emociones, sus enojos y miedos, se sentiría mucho mejor, pero su bloqueo era enorme y nunca me dijo nada al respecto.

Cuando cumplí 50 años, en mi cumpleaños, recibí un mensaje del mentor Alexandre, cumpliendo su promesa que en el momento adecuado me enviaría un aviso que todo era real.

"Querida hija,

Sé que siempre has querido un mensaje nuestro directo a tu corazón. Sin embargo, hija, ¿cómo puedes hablar e interrumpir el curso normal de tu libre albedrío? Tuviste que pasar por las pruebas y mantenerte firme. Luchando con tus propias fuerzas. Pero siempre estuvimos con los brazos abiertos, apoyándote en los momentos de dudas más difíciles e incertidumbres. En otra experiencia física, ya fuiste colocada con nosotros, que hoy formamos un equipo material y espiritual. Sin embargo, al no aceptar la bendita mediumnidad que te restauraría espiritualmente, sin estar preparada, te alejaste de tus hermanos de ideales, abandonando el compromiso que habías asumido. En esta experiencia ahora, cuando el dolor te llevó de regreso a nuestro corazón, todavía eras reacia a abrazar compromisos mediúmnicos. Fue necesario tu testimonio de fidelidad a la Casa que con amor te acogió. Fue a través de mis brazos que naciste a la vida transitoria. Desde entonces estamos esperando tu regreso a la experiencia mediúmnica, la bendita oportunidad de reiniciar el compromiso adquirido. Jesús, que siempre vela por todos nosotros, iluminará tu camino y tu, hoy más preparadas, aprenderás a ver las luces que brillan para facilitar tu rescate en esta vida. El apostolado mediúmnico guiado por la humildad de corazón, la disciplina, la lealtad y el amor a los demás, será siempre una victoria para saldar las deudas pasadas. Nadie es médium por imposición de la espiritualidad. Aquellos que, además de la mediumnidad, eligieron en la erraticidad, cuando cada uno ve más claramente sus propias necesidades. Camina con calma y seguridad, abrazando el Evangelio como código de vida. No te cuestiones sobre la caridad que debes hacer. Somos luces brillantes en los corazones, instruyendo y despertando las mentes a las realidades de la vida verdadera. Cada persona iluminada que se entrega a las enseñanzas de Jesús, por sí misma, continúa durante la vida haciendo la caridad que considera más adecuada. La caridad es sublime, pero debe hacerse en total donación y, sobre todo, de forma anónima, para que no acabemos predicando en público nuestras pequeñas obras. Jesús dijo que no sepa tu mano izquierda lo que hace tu derecha. Él, el ser más amoroso del mundo, reunió a la multitud, les habló de la vida eterna. Esa gente necesitaba cada vez más que el pan material del pan espiritual. Los hermanos que llegan a nuestro templo tienen el estómago y las necesidades cubiertas. Sin embargo, tienen hambre de caridad moral, de aliviar el sufrimiento que esconden tras la vestimenta correcta, la sonrisa disfrazada y más aun el antiguo orgullo. Llegan con aire de ostentación, pero, en el fondo, están más necesitados que quienes extienden la mano para pedir. Los hijos de las familias adineradas necesitan enseñanzas cristianas para desarrollarse con equilibrio. Y porque están rodeados de facilidades que se pierden en vicios. Para ellos todo se ofrece para suplir los caprichos de la vida, pero a estos hijos rara vez se les ofrece pan espiritual, y crecen sin freno alguno para los espíritus endeudados que son y que, si se corrigen, podrían hacer mucho más por su propio beneficio y por la Humanidad.

Querida hija, estos son nuestros pobres. Ricos en materia, pobres en espíritu. Ayudándolos con la iluminación espiritual, continuarán durante la vida haciendo caridad, porque tomarán conciencia de la necesidad de hacer el bien. Cuando llegue el momento pasaremos a otras actividades, ahora se necesita mucha preparación.

El marido amado es un alma sensible y buena, justo la lucha por la supervivencia lo encaminó hacia caminos más materiales. Cuando llegue el momento, estará más cerca de nosotros por su propia voluntad. Es tu deber como esposa y amiga comprender más y no pedir lo que aun no es tiempo. Recuerda que en el difícil momento de tu enfermedad él estuvo presente, solidario a su manera, afrontando la prueba con los recursos que tenía.

Los hijos comienzan a dejar los lazos paternos para afrontar sus propias luchas de reencarnación. Todos están bajo la protección de Jesús. Confiemos.

Alexandre.

Mensaje recibido el 04-11-1992, en el Grupo de Edificación Espírita, psicografía de doña Mércia.

En ese momento siento la presencia del mentor Alexandre, beso sus manos en pensamiento y agradezco las oportunidades que he tenido en la vida, el apoyo constante de la espiritualidad, a través del dolor. Usando mi libre albedrío, según las aclaraciones que recibí de él cuando aun estaba en el plano espiritual, caminé hacia la Doctrina Espírita. Les cuento que este mensaje fue el mejor regalo que recibí en mi vida, ya que habló directamente a mi corazón. Con cariño y amor, aun en pensamiento, caigo de rodillas, agradeciéndole por permitirnos a Francisco y a mí ayudar en lo posible, aliviando el dolor físico y moral. Lo veo ofrecerme un crisantemo amarillo, sonreír y desaparecer.

Este mensaje definitivamente terminó mi inseguridad, dudas y miedos.

Realmente me convertí en una espírita.

XLIII. BALANCE

Porque quien pide recibe; y el que busca encuentra.

Jesús - Lucas 1 1: 10

Empecé a dar conferencias en otros Centros Espíritas y en uno de ellos, emocionada, hablando del paso de Jesús por la Tierra, caminando por los caminos de Galilea, con el pelo largo, ropa blanca y "sandalias hawaianas en los pies", no pude soportar mi enojo, di un buen rato, me reí y todos se rieron conmigo. Comencé a coordinar el Servicio Fraternal y el Servicio Público de los jueves, en la Federación Espírita del Estado de Goiás, con la aprobación de doña Mércia, ya que el trabajo no era una medida única.

Ahora pude ser más disciplinada y hablar con ella antes de tomar cualquier medida. En su equilibrio pude ver a través de la mediumnidad, mi ser en evolución, mi búsqueda existencial. El trabajo que más me conmueve es la Atención Fraterna, porque puede ayudar a personas que sufren, heridas y deprimidas, a través del contacto directo.

Los fuertes dolores de pecho y de espalda estuvieron muy presentes en mi vida, lo que me llevó a ser hospitalizada una o dos veces al mes. No podía salir de casa sin Isordil, un medicamento sublingual para el corazón. Cuando vinieron, no sabía qué hacer. El suicidio seguía en mi mente, pero ahora sin fuerza, sin causar ningún daño ni grandes consecuencias.

- Sufrimiento. La Doctrina de los Espíritus estaba teniendo en mí su efecto beneficioso.

Por la noche hablé con Francisco, cuyas claras explicaciones capturé en mis pensamientos, pero aun así sentí la necesidad de alguien encarnado con quien intercambiar ideas. Le rogué que me ayudara en esos momentos de tanta angustia, que me encontrara con quien hablar, que no me tildara de psicótica, neurótica u obsesionada, que pudiera comprender mi lado espiritual, mi gran amor por Jesús, porque creía que había superado incluso ese momento fue por ese amor, un sentimiento diferente a los demás, que me protegía, impidiéndome quitarme la vida. No comenté este sentimiento por miedo a que me tacharan de fanática, pero le pedí con vehemencia a Francisco, como nunca antes se lo había pedido, que promoviera mi encuentro con alguien con quien pudiera desahogarme, ya que estaba al límite de mis fuerzas.

Me había mudado a un departamento en el cuarto piso. Elegí un piso más alto, pero todavía tenía un poco de miedo, ya que en el fondo escuché una advertencia que tuviera cuidado. Una noche soñé con el nombre de una psicoanalista al que debía ver. Al día siguiente me acordé del sueño y del nombre. Carla era su nombre. Entonces recordé que años atrás mi hijo Mário, a los dieciocho años, había ido a terapia con ella, pero yo no la conocía personalmente. Conseguí su número de teléfono y concerté una cita, donde hablé sin parar durante una hora sobre los problemas que me consumían y descubrí que me entendían. Fue como saciar mi sed espiritual de siglos de antigüedad, miré y vi una luz brillante a su lado. No sé si le estaba hablando a ella o era la luz brillante que le transmitía lo que necesitaba escuchar. ¿Será Francisco? Hasta el día de hoy no sé cómo es Francisco, solo lo veo con luz, no porque sea de espíritu elevado, pero solo puedo verlo así. Descubrí cosas increíbles sobre mí, pero lo que me ayudó a enterrar de una vez por todas la idea del suicidio fue darme cuenta de que, incluso a los 57 años,

No había podido adaptarme a la reencarnación, mi mente se negaba a estar en este hermoso planeta. Trajo desde el plano espiritual dudas, deseos, angustias y el rechazo de un nuevo renacimiento. Tampoco había podido liberarme de las adicciones del pasado, independientemente del dolor físico que me aquejaba, había estado enfermo espiritualmente durante siglos, rechazando siempre el beneficio de la reencarnación y trayendo como legado el suicidio. Nada en este mundo me satisfacía, solo mi amor por Jesús. Los comportamientos inconstantes eran búsquedas de mi identidad, intentos de hacerlo bien. La Doctrina Espírita me salvó de otra caída fatal, tal como lo había predicho Alexandre.

Sentí que Carla se inspiró cuando me dijo las palabras que necesitaba escuchar. Penetró profundamente dentro de mí, armonizando los eslabones de la cadena rota. Le revelé lo que nunca había podido hablar con nadie: mis deseos espirituales. La experiencia que estaba pasando fue extraordinaria. Ella no hizo conmigo la regresión a vidas pasadas, pero la espiritualidad lo hizo en mí, lenta, gradual y sin hipnotismo, sin psicofonía ni nada místico. Finalmente nací para la vida, había encontrado lo que buscaba desde niña. Carla habló conmigo y creyó en mí. Era la pieza clave que faltaba en mi vida. Muchos intentaron ayudarme a descubrirme: Miriam, el Dr. Dirceu, Nice, Catalina y Luciana, y otros, pero yo no estaba preparada para el descubrimiento, necesitaba crecer espiritualmente para eso.

Doña Mércia había cumplido lo que me prometió en el plano espiritual: sin su ayuda me hubiera sido casi imposible ajustar mis conocimientos y disciplina dentro de la Doctrina de los Espíritus.

Pero faltaba en mi existencia el tercer elemento, el trípode tenía que estar completo: espiritual - doctrina espírita - material.

La ayuda profesional era necesaria en ese momento de mi vida: sería la pieza final para encajar en mi tumultuosa existencia, ayudándome a aceptar la reencarnación, definitivamente.

La idea del suicidio estaba lejos de mí. ¡Gracias a Dios! Empecé a ver la vida con otros ojos. Por primera vez ya no deseaba la muerte. Todo parecía tener un color diferente. Acepté vivir con los problemas y dificultades cotidianos. Luiz y yo encontramos un equilibrio y nuestros hijos siguieron cada uno su propio camino. Continué haciendo lo que sabía, sin sentirme culpable: acercarme a mi prójimo.

¿Cómo se sienten los familiares de un ser querido que dejó esta vida por suicidio?

No dejes que se desanimen.

Que no se sientan culpables.

Recuerden, con tres encarnaciones, hoy estoy aquí encarnada, luchando y amando, progresando y creciendo espiritualmente.

Nadie muere, existe un Valle de los Suicidas, pero antes que el ser amado se quitara la vida ya estaba al límite de su razón desequilibrada, pues casi todo aquel que comete este acto se encuentra unido a obsesores, dificultando la existencia de la persona encarnada, un valle de oscuridad.

No se sientan culpables, pues muchas veces se han utilizado todos los recursos, se ha ofrecido ayuda y la familia queda impotente ante este espíritu obstinado. Lo mismo se aplica a la familia que nunca se dio cuenta cuando un ser querido tenía el objetivo de acabar con su propia vida. No se rebelen, habrá muchas perplejidades y preguntas, pero no todo en esta existencia nos está dado para saberlo. No se avergüencen que un ser querido se fue por suicidio, no se quitó la vida por cobardía, fue por desesperación por no saber afrontar las dificultades de la vida, siendo atormentado por obsesores. Un acto en sí mismo de no sumisión a la voluntad de Dios.

Recuerden, nadie se queda sin apoyo divino, oraciones, y las oraciones pueden ayudar al espíritu en discordia, que encontró en el suicidio la única salida porque pensaba que encontraría la paz que tanto deseaba. Un día será rescatado por benefactores espirituales dependiendo de su sincero arrepentimiento.

La familia en duelo se quedará sin rebelarse, aferrándose a Jesús, incluso sin poder comprender la mente suicida. Recuerden siempre que alguien en el plano espiritual es solidario y seguramente mirará con mucho cariño a este ser querido fallecido, no se encontrará abandonado a su suerte.

Orar, orar, orar, este es el camino de los familiares, y la Doctrina Espírita seguramente los llevará a encontrar algo de la paz perdida, ya que nos da la esperanza que todos, sin excepción, supliremos nuestras faltas en el futuro próximo, con mayor discernimiento. Recordemos las palabras de Jesús, cuando nos sentimos impotentes en situaciones difíciles: Hágase tu voluntad en la tierra como en el cielo. Confía y espera.

Aun con todas las revelaciones, los dolores en el pecho aparecían con frecuencia, diagnosticados como angina, acompañados de componentes psicológicos. Tomaba hasta 18 dosis de medicamento al día. ¡Cuántas veces Mário y Luiz fueron conmigo al hospital de madrugada! La doctora Sílvia, especialista en cardiología, empezó a dudar de mí, me consideraba psicótica, más aun porque ella nació evangélica y yo era espiritista, pero no quería buscar otro médico, estaba cansada y todo seguiría igual, no habría diagnóstico.

Para mi vergüenza, pero ahora sin sentirme culpable, el dolor en mi pecho continuó. Sin saber a quién acudir, seguí el tratamiento con la Dra. Sílvia, quien me dijo que lo correcto era no sentir más dolor después de desbloquear la vena, pero mi cerebro no registraba lo que quería. Fueron necesarias otros cuatro años de angustia. Mi marido, mis hijos y mis amigos sufrieron conmigo, pero nadie pudo ayudarme. Hice pruebas en el Instituto del Corazón, en la capital de São Paulo, donde no encontraron nada. Carla acompañó con mucho cariño estos momentos míos. Doña Mércia me brindó tratamiento espiritual y nada mejoró. Dra. Sílvia fue a una conferencia, me ingresaron en el hospital y me dejó al cuidado del Dr. Reis, quien inmediatamente me pidió un examen sofisticado del esófago. Cuando el médico me hizo el examen sentí el mismo dolor en el pecho. Las contracciones también venían del esófago. Me sometí a un tratamiento serio, hoy sigo cuidando mi alimentación, pero el médico me explica que tengo ambos problemas, corazón y esófago, y que el dolor siempre será difícil de diagnosticar cuando se produzca el espasmo.

Nunca dejé de trabajar en el Grupo de Edificación Espírita: solo se trataba de mejorar y allí estaba trabajando nuevamente. Francisco siempre estuvo a mi lado, dándome fuerzas y explicándome mis rescates, facilitando la comprensión de las razones por las que sufrí.

Mi futuro es de Dios según mis compromisos espirituales, pero encontraré lo que tanto busqué, la tranquilidad. Ya no tenía ideas suicidas, pude vivir en el mundo sin correr contra el tiempo. Casi no podía creer que había logrado esta gracia. Me sentí muy bien, sin querer adelantar la señal, quizás no puedo expresar lo mucho que el descubrirme ayudó a mi recuperación. Siempre había tenido fe en Jesús, pero, como explicó Alexandre, me faltaba un mayor apoyo, una fe razonada que me ofrecía el Espiritismo. Sabía que mi lucha contra el desánimo, el optimismo de pensar que mañana siempre sería mejor que hoy, habían sido armas espirituales que me ayudaron a combatir mis imperfecciones.

Si digo que amo la vida me estaré perdiendo de la verdad, la amo con equilibrio y serenidad. Creo que estoy lista para el gran viaje, pero estoy viviendo en paz, con los pies en la tierra, despertando bien cada día y agradeciendo a Dios por las oportunidades que me brinda para mis reajustes espirituales y aun con ganas de salir de esta encarnación por las leyes naturales.

Pude comprender por primera vez el placer de estar viva, lo que resultó en mi liberación de las cadenas que me ataban al pasado.

A todo aquel que quiera salir de esta existencia, que reconsidere esta actitud extrema. Hablo por experiencia de cuánto sufrimiento pasa el espíritu en esta existencia hasta encontrar el valor para realizar el acto demencial. Lo que viene después... mira el comienzo de este libro.

No renuncies a vivir, busca ayuda espiritual y profesional, trabaja, estudia, trata de comprender la Doctrina de los Espíritus. Responderá a tus deseos y preguntas, iluminando tu camino. No te dejes vencer por el desánimo, cuando aparezcan pensamientos suicidas, empieza a orar, apóyate en alguien que te ayude a salir de esa ilusión que mediante el suicidio se acabará el sufrimiento.

Jesús es nuestro amigo y Maestro, tenlo como tu compañero de viaje. No será un viaje fácil, utiliza tu libre albedrío y elige la vida con todas sus dificultades y contratiempos. Cualquiera que sea el problema al que te enfrentes, no te sientas víctima para no dar acceso a los obsesores.

La luz disipa las tinieblas, la oración será siempre una brújula segura, el trabajo completará la curación del alma. La elección siempre será tuya, no de tu oponente.

¿Recordar vidas pasadas ayuda a armonizarnos?

Para mí, como fue todo natural, sin inducción, valió mucho la pena. Creo que un terapeuta adecuado, en casos extremos, puede ayudar a la persona a encontrar su camino.

Tan pronto como me recuperé del problema de mi esófago, fuimos a cenar a un restaurante, donde comí un trozo de pescado en mal estado. Literalmente hablando, casi muero por la infección intestinal. El médico que vi no entendía la gravedad de la situación y solo llamó a un gastroenterólogo tres días después de mi hospitalización, porque pensó que era emocional. Cuando llegó el especialista, tuvo que actuar con rapidez, temiendo que la infección llegara al torrente sanguíneo, lo que sería mortal. La vergüenza, la humillación por estar involucrado en una situación tan deprimente, fue muy intensa, pero no pude hacer más que permanecer en silencio, rezar y esperar. No pensé en el suicidio. Sabía que había logrado encarnar después de mucha ayuda. Pero, ¿hizo alguna diferencia para mí sentirme encarnada, ya no luchar contra la vida, ya no buscar algo que sabía que existía, pero que no sabía cómo encontrarlo?

Hizo toda la diferencia en mi vida. Mi corazón se calmó. Doña Mércia me enseñó a amar la Doctrina Espírita, Carla me ofreció su capacidad psicológica para ayudarme a descubrir los caminos trazados. Entendí que no era una fanática, sino simplemente diferente en las diferencias de la vida. Debido a mi encuentro con Cristo, en el Sermón de la Montaña, mi lado espiritual prevaleció sobre la materia, ya no necesitaba luchar contra ella. Acepté la Doctrina Espírita, ahora sin dudas ni angustias. Ella se convirtió en mi pasaporte al otro lado de la vida.

Luiz, en aquella época también espírita, se convirtió en un ser mejor, pero como yo, todavía tiene marcas de otras vidas. Solo sabré si nos hemos perdonado cuando nos encontremos en el plano espiritual, ya que él rechaza este tema, ni siquiera sé si leerá estos informes, ni puedo predecir si terminaremos nuestros días juntos.

Francisco y yo ayudamos a todos los que podemos, hoy en perfecta comprensión espiritual, totalmente diferente a otras encarnaciones. Nos amamos unos a otros como hermanos en Cristo, sabiendo que hemos sido bendecidos con tantas revelaciones y que nuestras responsabilidades son mayores de lo que creemos.

Siento que mis sufrimientos no fueron en vano. A través de ellos viví experiencias maravillosas, conocí personas queridas, quienes me tendieron la mano y a quienes les estoy muy agradecida. Al escribir las páginas de mi vida, me siento pequeña ante el Universo y las leyes de Dios. No sé lo que me depara el futuro, llevo cicatrices y dolores crónicos de esta y otras vidas, pero mi espíritu ha sido sanado, mi cuerpo está más armonizado. Creo que he saldado algunas deudas.

Si tú que leíste mi historia te sentiste en algún momento identificado con mis experiencias, sabes que nada está perdido, eres capaz de superar tus limitaciones. Busca y ciertamente encontrarás la paz perdida. Recuerda: mañana será otro día.

Transcribo aquí el final de mi primer libro *Un Punto en la Naturaleza,* con el que cierro toda mi existencia en un ciclo de amor.

"El regalo más sagrado que podemos tener es el amor a la vida. Tuve momentos en los que perdí el control y me desesperé. Si estamos aquí es porque lo merecemos, tenemos nuestros niveles para descansar, estos son nuestros momentos de paz y tranquilidad, pero habrá que volver a empezar la subida paso a paso.

Ahora me encuentro descansando en la meseta de mi existencia.

Escribo, amo y sueño, y recuerdo que sale para toda la vida. Vi el sol brillando, gente en la acera, ancianos tomando el Sol, niños jugando, amantes tomados de la mano, ¡sonrisas! ¡Alegrías!

¡Vi que había renacido! Me dejé y me entregué a la vida. Suavemente. Completamente despierta. Confié en la vida. Salí de la tumba. Sentí el viento, la brisa y por qué no, pensé que era hermosa, libre, amada. Sonrío. Mi sonrisa llenó el Universo. Nada me entristecería. ¡Renací! Pensé por un momento en la tumba vacía y fría, en la que había permanecido por un tiempo que el tiempo no puede determinar, indefinidamente. Pozo frío y cruel que me atrapó en el esplendor de mi existencia. Quien me negó el amor, la libertad, mi propia identidad. ¡Un ser amorfo! ¡Parásito de la vida!¡Aleluya! ¡Aleluya!

Renací. Siento cada momento. La flor que se abre, el gallo que canta, la Luna que sale, el canto que se mece, el aire frío de la noche, siento la vida. Ella me conmueve y me deleita. Me hago niña, quiero ser niña, para captar la ingenuidad del mundo. No tener malicia. Ser puros y queridos.

Me siento con derecho, salí de mi propia tumba, tiré toda la suciedad, me quité los harapos rotos. Me quedé desnuda ante el Universo.

Desnuda de prejuicios, dolor, tristeza. ¡Renací de entre los muertos!

Grité pidiendo libertad y salí al viento.

Nunca más la tumba oscura. Solo claridad, paz, amor.

Quiero alegría. Que mis ojos vean la razón de vivir, que mis oídos capten el canto de los pájaros, que mi alma se llene de amor para dar y recibir.

Sentir. Para luchar. Amar. No más vacío, no más angustia: tengo inmortalidad, soy inmortal.

Quiero ser, de ahora en adelante, agua de olor, deliciosa, fragante, real. Quiero ser simplemente yo, sin etiquetas ni sellos.

Ser yo - La Vida misma.

EPÍLOGO

El primer cuidado de todo espírita sincero debe ser el de averiguar si en los consejos que dan los espíritus hay algo que le concierne.

El Evangelio según el Espiritismo

No quería reencarnar, vivir... ni pensar, sumisa, sino rebelde, en busca de mi paz perdida.

Hoy, a mis 65 años, soy una espírita convencida, con mis errores y aciertos ya no quedan dudas ni angustias en mi mente suicida.

¿Cómo ocurrió mi curación?

Exactamente como me explicó Alexandre sobre el plan espiritual:

Jesús,

Doctrina Espírita como fundamento,

Disciplina,

Libre albedrío.

No puedo decir si estos valores se pueden generalizar a todas las personas que tienen una mente suicida, pero podría ser una luz al final del túnel. En mi caso especialmente. Eso es lo que me salvó de un acto loco.

En cuanto a Luiz y a mí, fue como se esperaba, una relación de evidencia y expiación. Creo que ambos crecimos, mejoramos en la escala. El lado emocional lo demostró, a través de sus acciones, trabajador, honesto, impecable en el cumplimiento de sus deberes como esposo y padre, en lo que a la parte material se refiere.

De mutuo acuerdo, después de cuarenta y seis años de noviazgo, compromiso y matrimonio, nos separamos. Me parece que ya no teníamos nada que hacer juntos, el nudo se rompió.

Se sinceró al expresarse, confirmando su posición en el plano espiritual:

"Termino algo que nunca quise, me casé bajo tu presión. Cuando dijiste que me amabas con locura, no sentí que tuviera fuerzas para decir que aun no estaba preparado para una vida juntos."

Me quedé perpleja cuando escuché estas palabras, con el libro ya escrito: él, sin tener ningún conocimiento de nuestro pasado, en otras palabras, ¡dijo lo que me dijo en el plano espiritual!

¿Hubo perdón entre nosotros, tan bien explicado por Alexandre?

Esta pregunta quedará sin respuesta, ya que solo lo sabremos realmente cuando hagamos el gran viaje de regreso a la patria espiritual, pero siento que hoy estamos mejor que ayer.

Si me hubieran explicado a dónde me llevaría mi libre albedrío si tuviera éxito en la idea del suicidio, en ser prueba viviente de la reencarnación, como espíritu rebelde que era, diría:

Nunca, jamás me expondré de esta manera. Hoy me someto a la voluntad superior.

Agradezco a Alexandre, mi gran amigo espiritual, la oportunidad que nos brindó a Luiz, a Francisco y a mí de intentar hacer las cosas bien en esta encarnación.

Lo más importante es que estoy viva y la vida continúa. Jesús siempre será mi guía y conductor.

Elza Ferreira.

Grandes Éxitos de Zibia Gasparetto

Con más de 20 millones de títulos vendidos, la autora ha contribuido para el fortalecimiento de la literatura espiritualista en el mercado editorial y para la popularización de la espiritualidad. Conozca más éxitos de la escritora.

Romances Dictados por el espíritu Lucius

La Fuerza de la Vida

La Verdad de cada uno

La vida sabe lo que hace

Ella confió en la vida

Entre el Amor y la Guerra

Esmeralda

Espinas del Tiempo

Lazos Eternos

Nada es por Casualidad

Nadie es de Nadie

El Abogado de Dios

El Mañana a Dios pertenece

El Amor Venció

Encuentro Inesperado

Al borde del destino

El Astuto

El Morro de las Ilusiones

¿Dónde está Teresa?

Por las puertas del Corazón

Cuando la Vida escoge

Cuando llega la Hora

Cuando es necesario volver

Abriéndose para la Vida

Sin miedo de vivir

Solo el amor lo consigue

Todos Somos Inocentes

Todo tiene su precio

Todo valió la pena

Un amor de verdad

Venciendo el pasado

Otros éxitos de Andrés Luiz Ruiz y Lúcio

Trilogía El Amor Jamás te Olvida

La Fuerza de la Bondad

Bajo las Manos de la Misericordia

Despidiéndose de la Tierra

Al Final de la Última Hora

Esculpiendo su Destino

Hay Flores sobre las Piedras

Los Peñascos son de Arena

Otros éxitos de Gilvanize Balbino Pereira

Linternas del Tiempo

Los Ángeles de Jade

El Horizonte de las Alondras

Cetros Partidos

Lágrimas del Sol

Salmos de Redención

Libros de Eliana Machado Coelho y Schellida

Corazones sin Destino

El Brillo de la Verdad

El Derecho de Ser Feliz

El Retorno

En el Silencio de las Pasiones

Fuerza para Recomenzar

La Certeza de la Victoria

La Conquista de la Paz

Lecciones que la Vida Ofrece

Más Fuerte que Nunca

Sin Reglas para Amar

Un Diario en el Tiempo

Un Motivo para Vivir

¡Eliana Machado Coelho y Schellida, Romances que cautivan, enseñan, conmueven y pueden cambiar tu vida!

Romances de Arandi Gomes Texeira y el conde J.W. Rochester

El Condado de Lancaster

El Poder del Amor

El Proceso

La Pulsera de Cleopatra

La Reencarnación de una Reina

Ustedes son dioses

Libros de Marcelo Cezar y Marco Aurelio

El Amor es para los Fuertes

La Última Oportunidad

Nada es como Parece

Para Siempre Conmigo

Solo Dios lo Sabe

Tú haces el Mañana

Un Soplo de Ternura

Libros de Vera Kryzhanovskaia y JW Rochester

La Venganza del Judío

La Monja de los Casamientos

La Hija del Hechicero

La Flor del Pantano

La Ira Divina

La Leyenda del Castillo de Montignoso

La Muerte del Planeta

La Noche de San Bartolomé

La Venganza del Judío

Bienaventurados los pobres de espíritu

Cobra Capela

Dolores

Trilogía del Reino de las Sombras

De los Cielos a la Tierra

Episodios de la Vida de Tiberius

Hechizo Infernal

Herculanum

En la Frontera

Naema, la Bruja

En el Castillo de Escocia (Trilogía 2)

Nueva Era

El Elixir de la larga vida

El Faraón Mernephtah

Los Legisladores

Los Magos

El Terrible Fantasma

El Paraíso sin Adán

Romance de una Reina

Luminarias Checas

Narraciones Ocultas

La Monja de los Casamientos

Libros de Elisa Masselli

Siempre existe una razón

Nada queda sin respuesta

La vida está hecha de decisiones

La Misión de cada uno

Es necesario algo más

El Pasado no importa

El Destino en sus manos

Dios estaba con él

Cuando el pasado no pasa

Apenas comenzando

Libros de Vera Lúcia Marinzeck de Carvalho

y Patricia

Violetas en la Ventana

Viviendo en el Mundo de los espíritus

La Casa del Escritor

El Vuelo de la Gaviota

Vera Lúcia Marinzeck de Carvalho

y Antônio Charles

Amad a los Enemigos

Esclavo Bernardino

la Roca de los Amantes

Rosa, la tercera víctima fatal

Cautivos y Libertos

Libros de Mónica de Castro y Leonel

A Pesar de Todo

Con el Amor no se Juega

De Frente con la Verdad

De Todo mi Ser

Deseo

El Precio de Ser Diferente

Gemelas

Giselle, La Amante del Inquisidor

Greta

Hasta que la Vida los Separe

Impulsos del Corazón

Jurema de la Selva

La Actriz

La Fuerza del Destino

Recuerdos que el Viento Trae

Secretos del Alma

Sintiendo en la Propia Piel

Otros Libros de Valter Turini y Monseñor Eusébio Sintra

Isabel de Aragón, La reina médium

El Monasterio de San Jerónimo

El Pescador de Almas

La Sonrisa de Piedra

Los Caminos del Viento

Si no te amase tanto...

www.ingramcontent.com/pod-product-compliance
Lightning Source LLC
LaVergne TN
LVHW060325051026
849517LV00004B/1231
9798330526734